청소년을 위한

학교기반 인지치료

Torrey A. Creed · Jarrod Reisweber · Aaron T. Beck 공저
이동형 · 장유진 · 신윤정 공역

Cognitive Therapy for Adolescents in School Settings

학지사

이 학술서는 2017년 정부(교육부)의 재원으로 한국연구재단의 지원을
받아 출판되었음(2017S1A3A2067778).

역자 서문

학교에서 학생들을 대상으로 제공하는 심리상담 서비스는 전통적인 치료 장면에서 제공되는 서비스와는 차별화될 필요가 있다. 이 책의 저자 중 한 명인 Aaron T. Beck이 창시한 인지치료는 현대 상담 및 심리치료 분야에서 널리 활용되고 있는 모델로 많은 장점을 갖추고 있으며, 특히 문제해결 지향성, 단기적 적용성, 구체성, 교육적 관련성, 견고한 실증 기반 등의 특징은 학교 장면의 고유한 요구에 잘 부합되는 요소로 평가받고 있다.

이러한 인지치료를 학교 현장에서 효과적으로 적용하기 위해서는 훈련 중에 있는 심리 및 상담 전공자나 현장의 전문가에게 인지치료의 원리와 다양한 기법을 명쾌하게 소개할 뿐 아니라 무엇보다도 분주한 학교 현장에서 그 원리와 기법을 쉽게 적용할 수 있도록 길잡이 역할을 하는 전문적이면서도 실용적인 도서가 필요하다. 여러분이 지금 손에 들고 있는『청소년을 위한 학교기반 인지치료』는 바로 그 역할을 충실히 하기 위해 집필된 책이다. 사실, 국내에서도 이미 인지치료에 관한 몇몇 이론서 및 실용적 지침서 등이 번역되어 출간되었지만, 청소년 대상의 학교기반 적용에 초점을 두면서, 특히 학교 현장에서 실제 상담

업무에 종사하는 전문가가 쉽게 학습하고 참고할 수 있도록 집필된 전문적 실용서는 부족하였다. 이에 역자들은 일반대학원, 교육대학원 혹은 상담전문대학원에서 심리사, 상담사, 상담교사를 양성하고, 현직 교과교사 및 상담교사를 재교육하고 있는 현직 교수들로서 이러한 전문서의 필요성에 공감하고 이 책을 번역하게 되었다.

이 책의 두드러진 특징은 학교 장면에서 비교적 쉽게 활용 가능한 인지치료의 핵심 원리와 주요 기법을 4명의 청소년 사례를 통해서 비교적 쉽고 간명한 필체로 소개하고 있다는 점이다. 인지치료의 핵심 원리나 기법, 전략의 예시를 위해 4명의 청소년을 상담한 축어록이 적절히 제시되고 있으며, 치료 과정에서 각 사례에 대해 숙고해야 할 주요 질문과 각 장의 말미에 독자 활동을 제시하고 있는 점도 이 책의 돋보이는 장점이다. 따라서 독자들은 이 책을 정독하면서 학습하는 가운데 청소년 연령대에 있는 내담자의 호소 문제를 함께 고민하며, 구체적인 사례를 통해 인지치료를 진행하는 과정을 간접적으로 경험할 수 있을 것이다. 더욱이 이러한 질문과 활동을 수업 등에서 소집단 토의의 주제로 활용한다면 학습 효과가 더욱 커질 것이라고 생각된다. 이 책은 또한 상담 장면에서 사용할 수 있는 열여섯 가지의 활동지 혹은 서식을 제공하고 있어서, 인지치료의 원리와 기법을 숙지한 후에 즉각적으로 현장 적용이 가능하도록 안내하고 있다.

이 책의 1장과 2장은 신윤정 교수가, 3장과 4장은 장유진 교수가, 5장과 부록은 이동형 교수가 맡아서 번역하였다. 전체적으로 용어를 통일하기 위해 협의하였고, 초벌 번역을 한 후 피드백을 주고받으면서 몇 차례 교차 검토를 통해 완성도를 높이고자 노력하였으나, 아직 부족한 부분도 있을 것이다. 이러한 부분은 추후에 보완할 것을 약속드린다.

이 책의 원서인 『Cognitive Therapy for Adolescents in School Settings』는 길퍼드(Guilford) 출판사가 학교 현장의 심리상담 전문가를 위해 기획해 온 『길퍼드 학교기반 개입의 실제(Guilford Practical Interventions in Schools)』 시리즈 중 한 권으로, 국내에서 이 시리즈에 포함된 일부 도서가 번역·출간되어 학교 현장의 심리상담 전문가에 의해 활용되고 있다. 역자들은 인지치료를 학교 현장에서 쉽게 적용할 수 있도록 안내하고 있는 이 책을 번역하여 국내의 독자들에게 소개하게 된 것을 매우 뜻깊고 보람되게 생각한다. 이 책이 오늘도 학교 현장에서 학생들의 문제와 미래를 함께 고민하며 그들을 효과적으로 조력하고 지원하기 위해 묵묵히 수고하고 있는 상담교사, 상담사, 그 외의 다양한 심리상담 전문가 그리고 이러한 전문적 역할을 수행하기 위한 준비 과정에 있는 학부생, 대학원생에게 반가운 길잡이가 되길 바란다.

2019년 6월
이동형 · 장유진 · 신윤정

감사의 글

저자들은 Philadelphia시의 행동건강 및 정신지체 서비스부와 지역사회 행동건강부에 감사를 표하고 싶다. 이 두 부서는 Beck Initiative 프로그램을 위해 함께 협력하였다. 이 프로그램을 통해서 지역사회의 많은 상담훈련생이 다양한 문제와 장애를 예방하고 치료하기 위한 목적으로 인지치료를 수행할 수 있도록 훈련을 받았다. 이 프로그램과 훈련생들은 이 책이 나오는 데 영감이 되었다. 특히 Arthur C. Evans 박사, Gail Edelsohn 박사, Marc Forman 박사, J. Bryce McLaulin 박사, Regina Xhezo 박사께 감사를 전하고 싶다. 이들은 증거 기반의 실무를 지역사회 정신건강 분야에 접목하는 데 높은 헌신을 보였다. 우리는 또한 Philadelphia의 Frankford 고등학교에 소재한 Warren E. Smith 부설 클리닉의 상담자 및 행정가에게 감사하며, Pennsylvania의 Plymouth Meeting에 소재한 Silver Springs-Martin Luther School의 상담자 및 행정가에게도 그들이 제공한 소중한 통찰에 대해 감사한다. 끝으로, 이 책에 있는 그림과 각종 활동지를 제작하는 데 Health Hodge가 기여한 것에 대해 감사한다.

Torrey A. Creed: 의미 있고, 보람되며, 균형을 이룬 전문적 진로를 개발하는 데 지도해 주시고 지원을 아끼지 않으신 내 멘토 Aaron T. Beck 교수님과 Guy Diamond 교수님, Philip C. Kendall 교수님께 감사를 전하고 싶다. 내 부모님 Trevor와 Cathryn Weiss의 사랑과 지원에 대해 늘 감사하며, 사랑과 조언, 놀라운 위안을 준 아들 Jeremy Creed에게도 감사한다.

Jarrod Reisweber: 이 책을 훌륭한 공저자로서 집필해 주었으며, 뛰어난 임상 수퍼바이저이고 멘토이기도 한 Aaron T. Beck 교수님께 감사를 전하고 싶다. 무엇보다도 Erika D. Curiel에게 감사하며, 그녀의 지속적인 사랑과 응원이 없었다면 이 책을 집필하기 어려웠을 것이다.

Aaron T. Beck: 이 책을 내 아내, 자녀들, 손자·손녀들, 증손자·증손녀들에게 바치고 싶다.

차례

chapter

01 인지치료 개요

 지난 50여 년 동안 인지치료(Cognitive Therapy: CT)는 계속 연구되고 정교화되어 왔으며, 학생들이 경험하는 다양한 장애 및 스트레스 요인을 효과적으로 치료하는 모델로 발전해왔다. CT가 효과적이라는 과학적 증거와 더불어, 인지치료는 상담 전문가들과 청소년들이 모두 잘 활용할 수 있는 모델을 중심으로 구조화되어 있다. 이러한 요인들은 학교의 정신건강 전문가들이 인지치료에 대해 알고 공유하고자 하는 등의 관심을 갖게 하는 데 기여하였다.

 학교 및 지역 정신건강 전문가들에게 인지치료(또는 다른 경험적 연구 결과 기반의 치료)를 훈련시키는 것은 현재 인지치료 관련 연구 분야에서 상대적으로 새로운 관심사이다. 현재까지는 고도로 통제된 조건하에서 치료들의 효과를 검증하는 연구들이 주로 이루어져 왔다. 비평가들은 이러한 기존 인지치료와 다른 치료법들의 효과에 대한 연구들이 주의 깊게 선택된 내담자와 적은 내담자 수 등의 이상적인 조건에서 실시되었다는 점에서, 실제 상황에서도 이러한 치료 방법들이 효과적일 거라는 충분한 증거가 없다는 점을 지적했다. 따라서 연구자들은 지역 정신건강 센터, 학교, 병원 및 기타 환경에서 일하는 상담 전문가들이 내담자들과 이 치료법을 공유하는 방식을 탐색함으로써, 이러한 치료법이 여러 다양한 환경에서도 적용되는지를 확인하기 시작하였다.

정신건강 서비스에 대한 연구와 서비스 제공 간의 간극을 좁히고자 하는 시도로서, 이 책의 저자들은 연구 결과에 바탕을 두고 임상 경험들을 활용하여 학교 기반의 인지치료를 위한 유용한 틀을 제공하고자 이 책을 고안하고 집필하였다. 우리는 학교의 정신건강 전문가들의 피드백을 바탕으로 하여, 그들이 학교 및 관련 현장에서 실제로 매일매일 청소년들과 일을 하며 경험하는 독특한 도전들과 보상들을 잘 표현해 보고자 노력하였다. 특히 이 책은 의도적으로 인지치료 모델에 대한 연구 자체보다 인지치료의 임상적 활용에 좀 더 집중하였다. 또한 이 장에서 소개된 인지치료의 활용과 관련된 연구에 관심이 있는 독자들을 위해서, 각장의 마지막 부분과 책의 맨 뒷부분에 참고문헌 목록을 첨부하였다.

이 책은 학교 장면에서 청소년들과 일하는 다양한 학교 관련 전문가 독자들을 고려하며 구성되고 집필되었다. 다양한 학교 관련 전문가는 학교 심리학자, 학교 사회복지사, 임상심리사, 상담교사, 정신건강 지원종사자, 교사 및 다른 여러 역할을(하지만 이들에게만 한정되지는 않은) 수행하고 있는 사람들을 포괄한다. 이 책에서는 학교 장면에서 청소년들과 일하며 인지치료 기술들을 사용할 모든 사람을 가장 광범위하고 폭넓게 포함시키는 단어로 상담자를 사용하였다. 비록 이 단어가 이 책을 읽는 모든 독자의 다양한 역할에 정확히 부합하지 않을 수도 있지만, 이 책 저자들의 의도는 학교 환경에서 청소년들을 돕고 그들의 삶에서 의미 있는 변화를 이끌어 내기 위하여 헌신하는 모든 전문가를 아우르는데 있다.

학교 장면에서 일하는 상담자들에게 특히 유용할 수 있는 방식으로 인지치료를 소개하기 위하여, 저자들은 다음과 같이 교재 내용을 구성하였다.

- 학교 내에서 볼 수 있는 다양한 문제를 겪고 있는 네 명의 청소년 사례 (vignette)를 제시하였다. 이러한 사례들은 학교 장면 내 청소년들에게 인지치료가 어떠한 방식으로 적용될 수 있는지 살펴보는 데 도움이 될 것이다.
- 일반적인 인지모델을 제시하고, 인지치료에서 공통적으로 사용되는 용어와 개념들에 대해 논의하였다.
- 어떻게 인지치료 사례 개념화를 하는지와 이 사례 개념화를 통해 어떻게 학생들에 대한 특정 개입방법을 선택할 수 있는지에 대한 설명을 담았다.
- 학교 장면에서 흔히 볼 수 있는 다양한 문제들에 적용 가능한 특정 인지치료 기술들(인지적 및 행동적)에 대해 기술하였다.
- 특히 학교 장면의 요구에 효과적으로 적용되고 부합되는 인지치료의 구조에 초점을 맞춰, 인지치료의 구조에 대해 논의하였다.
- 학교기반 치료에서의 부모 참여에 대한 질문을 탐색하였다.
- 학교 장면에서 일을 하면서 경험하는 독특한 도전들과 보상들에 대해 고려하였다.

우리가 학생들과의 강한 관계(라포) 형성, 공감 표현하기, 혹은 신뢰 구축과 같은 기본적인 기술들에 대해서는 특별히 강조하지 않은 것을 알 수 있을 것이다. 이러한 기술은 다양한 형태의 치료법에서 중요한 만큼, 인지치료에서도 매우 중요하다. 치료에서 필수적인 요소인 이러한 기술들 없이는 아무리 상담자가 숙련되게 개입 방안들을 선택하고 사용하더라도 내담자들에게 의미 있는 변화가 일어날 가능성은 거의 없다. 그러나 이러한 기술들은 인지치료에만 국한되는 것이 아니다. 만약 당신이 경험 있는 상담자라면 이러한 기술들은 이미 개발되고 습득된 기술이며, 만약 상담자로서 훈련을 받고 있다면 인지치료 외에 통합적인 훈련 과정의 일부로 포함되어 있을 것이다. 따라서 이 책에서는 학생과 함께 사용할 인지모델 및 인지적 개입 방안과 연관이 있는 개념적인 이해와 기술에 초점을 맞추고자 한다.

✐ 사례 소개

다음에 소개되는 사례들은 우리가 함께 일했던 고등학생들의 실제 이야기에 기반을 둔 네 명의 청소년에 대한 이야기이다. 그러나 앞으로 소개될 이야기들 중 어느 것도 학생들의 실제 사례는 아니다. 대신, 청소년기에 종종 볼 수 있는 문제들과 학교 장면에서 볼 수 있는, 일반적이지만 다루기 어려운 사례들을 모아 재구성하였다. 다음의 사례들을 읽으며, 나라면 이 학생들과 어떻게 작업을 하고자 하는지에 대해서 생각해 보도록 하자.

> Alfred, Anjanae, David와 Michele은 학교 내 청소년들이 가지고 있는 다양한 문제를 겪고 있다. 우리는 이 책을 통해서 이들의 치료 과정을 따라가 보고자 한다.

Alfred

Dillman 코치는 현재 심각한 학업 어려움으로 인해서 레슬링 팀에서 퇴출되고, 대학교 장학금 수혜 자격도 박탈될 위기에 놓인 17세의 멕시코계 미국인인 Alfred에 대해서 의논하기 위해 당신을 찾아왔다. 당신은 다른 학생들로부터 Alfred가 최근에 주말 파티에서 마약과 술을 했다는 이야기를 전해 들었다.

Dillman 코치는 Alfred를 '나쁜 친구들과 어울리는 좋은 아이'라고 묘사하였다. 코치는 Alfred가 과거에는 주로 친구들에게 좋은 본보기가 되는 행동을 하였고, 연습시 다른 레슬링 선수들에게 긍정적인 영향을 미쳤다고 이야기하였다. Dillman 코치는 "Alfred가 때때로 지나치게 공격적이기도 하지만, 과거엔 항상 조절할 수 있었어요."라고 말하였다. 그러나 6주 전에 Alfred가 레슬링 연습 중 다른 동료와 신체적으로 싸운 후에, Dillman 코치는 그를 레슬링 연습에서 제외시켰다. 그 후 Alfred는 코치를 찾아오거나, 연습을 하러 돌아오지 않았다. Dillman 코치가 Alfred의 선생님들과 연락을 취했을 때, Alfred가 그때부터 학교도 안 나오고 있고 성적도 빠르게 떨어지고 있음을 알게 되었다. 현재 Alfred

는 낮은 성적 때문에 운동경기에 참여할 자격이 없는 상태이다. Dillman 코치는 Alfred에 대한 실망감을 표현하며, 그가 항상 자기가 자라온 환경에서는 운동만이 '동네를 벗어날 방법'이라고 이야기한 걸 기억해 냈다.

　그다음 주 내내, 당신은 다른 학생들로부터 Alfred가 그 동네의 갱단인 도그타운(Dogtown)의 멤버들이랑 같이 있는 걸 봤다는 소문도 접했다. 당신은 이 소식에 대해서 코치에게 물어보았고, 코치는 놀랍지 않다는 반응을 보였다. 코치는 Alfred의 아버지는 Alfred가 어렸을 때 집을 나갔고, Alfred의 엄마는 심각한 약물중독 문제를 가지고 있어서, 집에서 그를 지도해 주고 문제가 발생할 때 도와줄 사람이 아무도 없을 거라고 하였다. 코치는 "이 아이는 자기 주변 환경을 다룰 수 있는 방법이 운동을 하는 것과 갱단 멤버들과 어울리는 것 둘 중 하나밖에 없다고 생각해요."라고 이야기해 주었다.

　만약 당신이 Alfred와 같은 학생과 함께 일을 한다면, 어디서부터 시작하고 싶은가? 그와 만나기 전에 더 알고 싶은 정보들이 있는가? 첫 회기 때 그와 무엇을 하고 싶은가? 치료를 위해서 어떤 목표를 세우고자 하는가? 그리고 그 목표를 성취하기 위해서 어떻게 상담을 진행할 계획인가? 만약 Alfred가 당신과 일을 한다면, 이후 검토가 필요한 내용들을 기록해 보라.

_____

_____

_____

_____

_____

_____

_____

_____

_____

Anjanae

보건교사는 당신에게 9학년에 재학 중인 14세의 아프리카계 미국인인 Anjanae를 의뢰하기 위해 전화를 했다. Anjanae는 양호실에서 지난주 내내 아침마다 토할 것 같다는 증상을 호소해 왔고, 이에 보건교사는 임신 테스트를 해보자고 제안했다. 임신 테스트 결과 양성 반응이 나오자, Anjanae는 망연자실해하고 심하게 감정적으로 불안정한 상태가 되었고, 이에 보건교사는 상담실에 의뢰하게 되었다.

당신의 상담실에 도착했을 때, Anjanae는 눈물범벅에 긴장된 상태였다. Anjanae가 울음을 멈추고 호흡을 좀 가다듬을 수 있게 된 후, 당신은 배경 정보를 수집하기 시작하였다. Anjanae는 평균 3.7의 성적을 유지하는 매우 높은 학업 성취도를 보이고 있었다. 그러나 Anjanae는 자기를 평균적인 학생이라고 설명했다. Anjanae는 자신이 집에서 공부나 숙제를 할 시간이 거의 없어서 성적이 더 잘 나올 수도 있지만, 그렇지 못하다고 하였다. Anjanae는 4남매 중 맏이로서, 엄마가 저녁에 일을 할 때 동생들을 돌봐야 한다고 하였다. 그녀는 저녁 식사를 준비하고 치우고, 동생들의 숙제를 점검하고, 목욕을 시키고, 잠자리를 만들고 재우는 역할을 한다고 하였다. 그래서 이런 집안일과 동생 돌보는 일들을 다 마치고 나면 너무 지쳐서 숙제를 하거나 공부를 하기 어렵다고 하였다. 마침내 잠자리에 들게 되면 종종 성적, 가족 그리고 폭력 사건이 많은 자기 집 주변 동네에서의 안전 문제 등에 대한 걱정에 2시간 동안 깨어 있는 채로 누워 있기도 한다고 설명하였다. Anjanae는 주목받는 걸 두려워해서, 만약 교실에서 발표를 해야 한다면 마감일 전날 밤에 종종 잠을 이루지 못한다고 하였다.

Anjanae는 최근 새로운 남자친구와 성적인 관계를 맺고 있고, 이 관계가 지금 그녀의 삶에서 유일하게 자기 자신을 위해 하는 일이라고 설명했다. 현재 그녀가 임신을 한 것은 이 남자친구와의 성관계로 인한 결과이다. Anjanae는 자신의 엄마가 임신 사실에 대해서 어떻게 반응할 것인지, 임신이 고등학교와 대학교 진학에 미칠 영향, 그리고 남자친구가 이 임신 소식을 듣고 나서도 계속 자기

랑 만나 줄 것인지 등에 대한 걱정과 공포에 사로잡혀 있다. Anjanae와 일을 할 때 당신은 어떤 문제를 가장 우선순위로 놓고 작업을 하겠는가? 장기적으로 보았을 때 Anjanae의 삶에서 중요하다고 생각되는 문제에는 어떤 것이 있는가? 그리고 학교기반 치료를 하는 상황에서 이러한 장기 계획이 필요한 문제들에 대해 당신은 어떻게 생각하는가?

_____

_____

_____

_____

_____

_____

_____

_____

David

이른 목요일 아침, 출근을 하니 상담실 문 앞에 두 명의 학생이 기다리고 있다. 머리에 손을 얹고 있는 14세의 아프리카계 미국인 소년 옆에 14세의 백인 소녀가 사무실 문 앞에 몸을 기대고 앉아 있다. 소녀는 당신과 이야기를 할 수 있는지를 물어보았고, 당신이 사무실로 들어가자마자 거의 동시에 "어떤 애들이 David를 괴롭히고 있고 전 그걸 참을 수가 없어요!" 하고 소리쳤다.

그러고 나서 그 소녀는 학교에서나 방과 후에 David를 괴롭힌 남자애들에 대해서 설명했다. "걔네들은 David를 계속 괴롭혀 오고 있고, 그래서 David가 정말 많이 속상해하고 힘들어하고 있어요."라고 하소연을 했다. 당신은 David에게 몸을 돌려서 왜 그 남자아이들이 David를 괴롭히고 있는지 물었고, 그 뒤 그 소녀가 다시 말할 때까지 계속 침묵이 흘렀다. "걔네들은 David가 다르기 때문에 괴롭히는 거예요. …… David가 게이인 사실이 걔네들에게 위협적이기 때문에 그래요." 당신은 그 소녀를 교실로 돌려보낸 후 재빨리 David의 파일을 살펴보았고, David가 유치원 시절부터 괴롭힘을 당해 온 기록을 확인했다. 이전 상담 기록에 의하면, David는 학습장애를 가지고 있었고, 이는 David의 자존감에 영향을 미치고 있었다.

David와의 몇 번의 상담 회기를 마친 후, David는 서서히 당신을 신뢰하기 시작했고, "저는 절대로 괜찮은 사람인 적이 없고요, 잘 어울린 적도 없어요."라고 이야기했다. David는 자신이 아프리카계 미국인이자 게이로서 겪는 어려움에 대해서 상세히 설명하였고, 이러한 자신의 정체성이 어떻게 자기가 기억하는 한 오랫동안 다른 사람들로부터 거부를 당하는 결과로 이어졌는지에 대해서 설명하였다. David는 또한 있는 그대로의 자기 자신을 존중해 주는 사람을 찾는 것이 얼마나 어려운 일인지에 대해서도 설명하였다.

가장 최근 회기에, 당신은 David에게 David가 생각하기에 스스로가 학교에서 그리고 친구들과 아무것도 안 하고 단절된 상태로 지낸다고 생각하는지에 대해서 물었다. David는 학교가 끝난 후 친구들과 거의 어울리지도 않고, 대부분의 수업 시간 내내 잠으로 시간을 보내고 있었다. 이러한 학교 내 생활과 친구들과의 관계에서의 문제들은 중학교 때부터 쭉 지속되고 있는 문제였지만, 최근 더 심해지고 있었다. David는 "기본적으로, 저는 제가 다른 사람들과 완전히 다르다고 느껴요. 저는 다른 사람들이 하는 동일한 방식으로 배울 수도 없고, 데이트에 대한 생각을 하는 것 자체도 악몽이에요. 저는 그냥 모든 걸 다 포기하고 싶어요."라고 말했다.

당신은 David를 어떻게 도와주고자 하는가? 무엇이 당신의 목표가 될 것인가? David의 상황에 영향을 미치고 있는 문화들에 대해서 어떻게 생각하는가? 어떤 방식의 개입이 David에게 가장 좋을 것 같은가? 그리고 개입 방안들 중에서 어떤 선택을 하고자 하는가?

_____

_____

_____

_____

_____

_____

_____

_____

Michele

어느 날 오후, 16세 백인 소녀가 눈물을 닦으며 상담실에 들어왔다. 그녀는 교실에서 지난 20분 동안 울음을 멈출 수가 없었기 때문에 상담실에 잠시 앉아 있어도 되겠냐고 물어보았다. 당신이 이름을 묻자, 그 소녀는 자신이 Michele이라고 이야기하지만, 당신과 눈을 마주치지는 않았다. 당신은 다른 학생과 상담을 마칠 몇 분 동안 상담실에 앉아 있어도 된다고 허락하였다. 당신이 15분 후에 돌아왔을 때, Michele은 여전히 울면서 상담실 구석 의자에 앉아 있었다. 걱정이 된 당신은 Michele에게 같이 이야기를 하겠냐고 물어보았다.

Michele은 당신을 신뢰하는 데 오랜 시간이 걸리며, 자신에 대해서 이야기를 거의 하지 않았다. 하지만 몇 번의 회기를 통해서 마침내 자신이 심하게 우울하다는 사실을 드러냈다. Michele은 쉽게 그리고 자주 울고, 먹고 자는 데 어려움을 겪고 있으며, 완전히 지치고 피곤하다고 하였다. 가장 슬프고 힘든 순간에, Michele은 자살이 자신의 삶의 어려움들로부터 도망치는 유일한 길이라고 생각한다고 하였다. 정말 기분이 처지고 좌절감을 느낄 때, Michele은 허벅지를 면도칼로 긋기도 한다고 하였다. 칼로 그은 상처는 생명에 위험을 느낄 정도로 깊은 적은 없었지만, 피가 나고 흉터를 남긴 것으로 보였다.

　Michele은 자기를 이렇게 슬프게 만드는 두 가지 중요한 일이 있다고 하였다. 첫 번째는 8~11세 때의 일로, Michele 엄마의 남자친구가 Michele을 성적으로 학대를 한 것이었다. Michele이 친구에게 그 학대에 대해 이야기했을 때, 친구는 어른에게 비밀을 이야기했고, 그 사람은 Michele의 엄마와 경찰에게 학대 사실에 대해서 알렸다. Michele의 엄마는 Michele에게 Michele이 엄마의 남자친구를 훔치려고 한다고 비난하였고, 그 남자친구와의 관계가 끝난 것에 대해서 여전히 Michele을 비난했다. 성적 학대에 대한 혼란과 더불어 자신의 엄마와의 힘든 관계에 대한 슬픔은 종종 자살을 생각하게 할 만큼 Michele을 슬프게 한다.

　Michele의 슬픔을 야기한 두 번째 이유는 Michele의 몸무게가 키를 고려했을 때 평균임에도 불구하고 자기 스스로를 '살진 돼지'로 보는 데 있다. Michele은 몸무게를 줄일 수 있도록 아무것도 안 먹다가 너무나도 배고파지면 한번에 엄청난 양의 음식을 먹어치우는 행동 패턴을 반복하고 있다. 많은 양의 음식을 먹을 때, Michele은 자기 스스로에게 너무나도 화가 나며, 자신은 의지가 없기 때문에 평생 뚱뚱할 거고, 어떤 남자도 자신에게 관심을 가지지 않을 거라고 스스로를 비난했다. 이러한 행태는 Michele 스스로를 너무나도 화나게 만들고, 그래서 그녀는 종종 허벅지 위쪽을 칼로 긋곤 했다. 또한 Michele은 자신이 매력적이라는 점을 스스로 확인하고 싶어서 남자아이들로부터 성적인 관심을 끌고자 했다. 이러한 그녀의 노력은 종종 그 남자아이가 자신에게 관심이 있다는 걸 확인하고 스스로 안심시켜 주기 위한 방법으로써 그 남자아이와 성관계를 맺는 걸로 끝이 났다. 그러나 그 남자들의 관심이 성관계 이후 지속되지 않을 때, Michele은 화가 나고 스스로가 더 매력적이 되기 위해서 굶기로 다짐했다. 이러한 반복적인 굶주림, 폭식 그리고 가벼운 성관계와 거절당함의 악순환은 Michele로 하여금 항상 슬프고 외로운 감정을 갖게 만들었다.

　Michele은 자신이 성관계를 맺은 남자아이들과 몇몇 수업을 같이 듣고 있는데, 이는 Michele로 하여금 수업을 듣는 동안 자신의 이러한 문제들에 대해서 생각을 하게 만들었다. 이러한 문제들에 대해서 생각을 하기 시작하면 슬픈 감정이 들고, 그러면 울기 시작하여 우는 것을 멈추는 것이 힘들기 때문에, Michele은 자신이 슬픈 감정을 느낄 때 당신의 사무실에 방문해도 되는지를 물었다.

수업 시간에 울게 되면 당신의 사무실에 방문해 앉아 있어도 되는지를 묻는 Michele의 요청에 대해서 어떻게 반응하겠는가? 어떻게 Michele이 현재 반복되고 있는 악순환을 변화시킬 수 있도록 도울 수 있겠는가? 현재 Michele이 경험하고 있는 어려움 중에서 어떤 문제부터 다루고자 하는가? Michele이 가진 여러 문제의 우선순위를 어떻게 정하고자 하는가? Michele의 상담자로서, 법적으로 어느 정도까지 학교 관계자들에게 보고를 하고 알려야 할 의무가 있는가?

사례들에 대한 요약

Alfred, Anjanae, David와 Michele의 사례들은 학교에서 상담을 받고자 오는 학생들의 복잡한 상황과 문제들의 일부를 보여 주고 있다. 일부 문제는 심리장애로 가장 잘 묘사될 수 있지만, 다른 문제들은 집에서, 학교에서 혹은 삶의 다른 영역에서 경험한 어려운 상황들로 인해 발생하였다. CT는 상담자가 선택한 개입 방안과 치료가 진행되는 방식을 안내할 수 있는 방법으로서, 앞의 사례의 어떤 학생들에게도 사용할 수 있을 정도로 충분히 유연한 치료적 접근이다. 이 모델은 또한 각 사례의 마지막에 물은 다양한 질문에 대답하도록 도울 수 있다. CT를 토대로 나올 수 있는 반응들은 CT를 사용하지 않고 내린 당신의 현재 반응과도 유사할 수 있다. 또한 다른 반응들의 경우는 CT의 관점을 통해서 문제들을 바라볼 때 바뀔 수도 있다. 종합해 보면, 인지적 접근은 학생들이 현재 가지고 있는 다양한 범위의 어려움들을 다루기에 충분히 넓은 이론적인 치료적 틀을 제공하며, 현재 상담실에 앉아 있는 청소년의 독특한 요구와 문제에 충분히 효과적이고 구체적인 지침을 제공할 수 있다.

✎ 인지이론과 인지모델에 대한 소개

사람들은 자신이 그렇게 하고 있다는 것을 종종 인식하지 못한다고 할지라도 자신의 주변 세계와 자신이 그 세계에 적응하는 방식에 대해서 항상 생각하고 있다. 이러한 생각은 의식 수준의 바로 아래에 있는데 우리가 느끼고 행동하는 방식에 중대한 영향을 미친다. 학생들과 작업을 하는 인지 상담자는 이러한 형태의 생각을 의식 수준으로 끌어올림으로써 학생들이 적극적으로 그것을 평가할 수 있도록 돕는다. 정확하거나 도움이 되는 생각들은 강화시키는 반면, 왜곡되거나 도움이 되지 않는 생각들은 더 도움이 되는 방식으로 수정한다. 이러한 생각에 영향을 미치는 사고와 신념에 초점을 맞춤으로써 학생들이 더 바람직한 행동과 감정을 경험할 수 있는 방식으로 사고하도록 돕는다. [그림 1-1]은 특정 상황에서 사고, 감정 및 행동이 서로 연결되어 지속되는 주기(cycle)를 만드는 걸 묘사하고 있다. 이 개념은 이 장의 뒷부분에서 훨씬 더 자세하게 소개될 것이다.

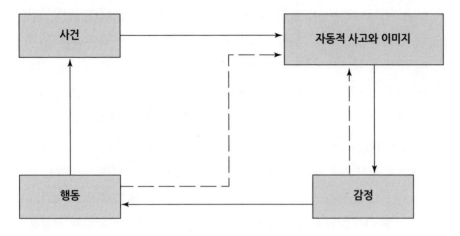

[그림 1-1] 일반적인 인지모델

일반적인 인지모델(general cognitive model)에서 특정 사건은 주기의 시작을 유
발한다(Beck, 1964). 이 사건에는 아침에 울리는 알람 시계, 데이트 요청, 배고픔
을 느끼는 것 등을 비롯해 거의 모든 것이 포함될 수 있다. 그 사건은 학생의 마
음 안에서 일반적으로 의도하지 않고 자동적으로 생각들을 야기한다. 그 생각
들은 아마 학생 자신도 알아채지 못할 수도 있다. 다음으로는 그 생각에 대한 정
서적인 반응들이 생기는데, 이러한 생각과 정서를 바탕으로 행동이 일어난다.
그 행동은 감정과 행동이 뒤따를 수 있으며, 그 자체가 생각을 촉발시키는 사건
이 될 수도 있고, 이러한 주기는 끊임없이 지속된다. 이러한 과정을 알아차리지
못하는 상태에서 학생은 촉발시킨 사건 자체가 정서를 유발하였다고 생각하고
("그게 날 이렇게 화나게 만든다." 혹은 "그게 정말 날 긴장하게 만든다.") 이러한 상황
들을 변화시키기엔 자신이 무력하고 힘이 없다고 느낄 수 있다. 이러한 과정을
이해하는 것은 이 주기 안에서 변화를 이끌어 낼 수 있으며, 이것이 자신의 반응
에 대해 선택할 수 있도록 돕는다. 이 모델을 복사하여 사용할 수 있도록 이 책
마지막의 부록에 제시하였다.
　이러한 과정을 더 구체적으로 평가하기 위해서 Michele의 사례에 인지모델
을 적용해 보자. Michele이 점심시간에 급식실에서 막 웃고 있는 남자애들이

> 상황 그 자체가 특정 감정을 유발하는 것은 아니다. 특정 상황에 대한 생각이 사람들로 하여금 특정한 감정을 경험하게 만든다.

가득 앉아 있는 테이블 옆을 지나간다. 이 사건(자신이 걸어가는 동안 아이들이 막 웃기 시작하는 걸 듣는 사건)은 Michele의 마음에서 다양한 생각을 일으킨다. '나는 쟤네가 나를 비웃고 있는 걸 알아. 쟤네는 내가 입지 말아야 할 청바지를 입고 있는 커다랗고 뚱뚱한 돼지 같다고 생각하고 있어. 확신컨대, Jay가 쟤네에게 우리가 같이 잤다고 얘기했을 거야. 나는 쟤네가 내가 아무하고나 자고 돌아다닌다고 생각한다는 걸 확신할 수 있어.' 이때 Michele의 머리 속에는 자신의 몸에 대한 왜곡된 이미지와 자신이 Jay에게 키스하는 모습 등 다양한 이미지가 함께 스쳐 지나갈 수 있다. Michele은 이러한 생각들과 이미지들이 자기 머릿속을 스쳐 지나간다는 사실을 인식하지 못할 수도 있다. 종종 우리가 실제로 알아차리는 것은 강한 감정이다. Michele은 남자애들의 웃음과 그 애들이 무엇에 대한 이야기를 하고 있을지를 생각하자마자 슬프고 당황했다. 자신의 머리 속에서 도는 부정적인 생각들과 강한 부정적인 감정들을 바탕으로, Michele은 점심을 두 종류로 사고, 외롭고 슬퍼하며, 마음의 안정을 얻기 위해 점심으로 산 음식들을 모두 재빨리 먹어치웠다. 폭식은 자신이 음식이나 자신의 몸무게에 대한 통제력이 전혀 없다는 Michele의 신념을 강화시켜 주며, 이는 다시 Michele의 부정적인 생각, 감정 및 행동으로 이어지는 부정적인 주기로 연결된다. 친구들과 같이 점심을 먹기보다 혼자서 외로이 점심을 먹는 행동 또한 어느 누구도 Michele이랑 같이 있고 싶어 하지 않는다는 Michele의 신념을 강화시킨다. 슬픔이나 부끄러운 감정과 더불어, 이러한 왜곡된 신념은 Michele로 하여금 누군가는 자신을 매력적으로 느낄 수 있다고 스스로 재확신을 주기 위한 방안으로 주말에 같이 성관계를 맺을 남자아이를 찾는 행동을 야기할 것이다. Michele에 대한 배려 없이 이루어질 가벼운 성관계를 맺는 행동은 다시 Michele이 가치가 없는 존재라는 신념을 더욱 강화시킬 수 있다. 이러한 강화된 신념은 Michele이 더 혼자 고립되고, 더 우울해지며, 안정을 위해 과식을 하고, 결국 자신에게 상처를 입힐 관계를 맺는 악순환을 지속시킨다. [그림 1-2]에서 볼 수 있는 바와 같이, 이는 자신을 둘러싼 세상과 자신에 대

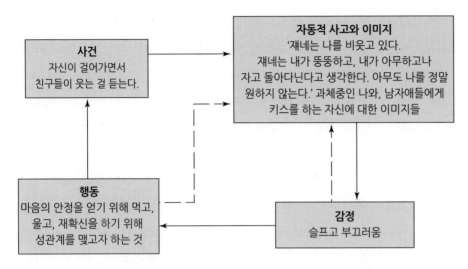

[그림 1-2] 일반적인 인지모델: 점심시간에 급식실에 있는 Michele

한 Michele의 시각을 더 공고하게 만들면서 스스로 유지되고 지속되는 구조를 만들어 낸다.

이제 월요일 아침에 당신은 Michele과 함께 앉아 있고, Michele이 급식실에서 자신을 비웃고 있는 남자애들에 대한 이야기를 하고 있다고 생각해 보자. 만약 당신이 CT를 사용한다면, Michele은 자신에 대해서 스스로 만들어 낸 생각들을 인식할 수 있고, 화가 났을 때 화를 달래기 위한 회피용으로 혹은 안정용으로 사용해 온 타인과의 관계와 음식에 대한 자신의 신념을 탐색해 보고 평가할 수 있다. 그런 다음 친구들과 좀 더 건강한 상호작용을 추구할 수 있는 적절한 대처기술들을 사용해 볼 수 있을 것이다. 새로운 건강한 관계를 갖기 위한 시도의 구체적인 결과들과 상관없이, 당신과 Michele은 변화를 만들어 내고 그녀 스스로에 대해서 더 잘 알고 배울 수 있는 새로운 정보들을 얻을 수 있을 것이다. 성공적인 대처는 자기가 스스로에게 말해 온 부정적인 생각들이 사실이 아니라는 증거로써 사용될 수 있고, 성공적이지 못한 대처 방식들은 더 구체적이고 적응적인 대처 기술을 어떤 측면에서 습득하고 적용해야 하는지에 대한 정보를 제공해 줄 수 있을 것이다.

이 예시에서 한 단계 더 나아가서, Michele이 금요일에 파티를 가기로 결정했다고 상상해 보자. 그녀가 파티에 도착했을 때, 그녀는 자신이 매력적이라고 생각하는 Alex와 이야기하려고 노력한다. 그러나 Alex는 Michele를 알아차리지 못하고 걸어간다. 일반적인 인지모델로 돌아가서, 이 사건(인정되지 않음)은 Michele로 하여금 일련의 감정과 행동 반응에 따른 생각을 촉발시킨다. 그러나 Michele이 가질 수 있는 사고의 범위는 다양하다. 예를 들어, Michele은 '나는 완전 뚱뚱한 실패자야. 걔는 나랑 어떤 것도 하고 싶어 하지 않아. 난 그냥 집에 있어야 했어.'와 같이 생각할 수도 있다. 이런 생각은 Michele이 슬픈 감정을 느끼고, 사회적으로 고립되고, 기분을 좋게 하기 위해 더 많이 먹으며, 안심하기 위해 성관계를 맺고, 심지어 스스로 자해를 하는 행동으로 이어질 수 있다. 다른 시나리오로, Michele이 CT 기술을 습득하고 익히기 위해서 당신과 함께 작업하

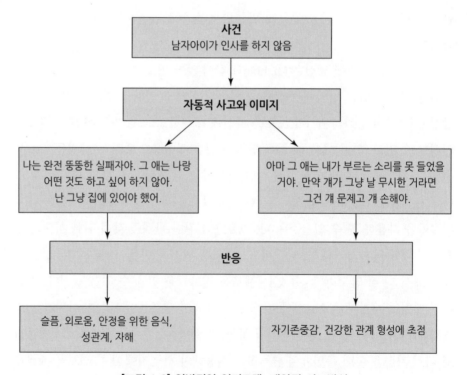

[그림 1-3] 일반적인 인지모델: 대안적 사고방식

는 걸 상상해 보자. 촉발 사건이 일어났을 때, Michele은 스스로 '아마 그 애는 내가 부르는 소리를 못 들었을 거야. 게다가 만약 걔가 내가 부르는 걸 듣고 무시했다고 하더라도 그건 걔 문제고 걔 손해야. 어느 쪽이든 나는 집에서 혼자 슬프고 외로워하기보다 파티에 간 내 자신이 자랑스러워.'라고 생각할 수 있다. 이러한 생각은 첫 번째 시나리오와 다르게 자기 스스로를 존중하고, 있는 그대로의 자신을 가치롭게 여기고 존중해 주는 사람들과 관계를 맺고자 하는 의지 등 다른 감정들을 이끌어 낸다. 각 시나리오 모두 촉발 사건은 같았다. 하지만 같은 상황에 대한 Michele의 사고방식은 두 개의 매우 다른 결과를 이끌어 냈다([그림 1-3] 참조).

CT는 개별 학생들이 자기 자신, 타인 그리고 세상에 대해 생각하는 방식을 이해하고, 어떻게 이러한 사고가 감정과 행동에 영향을 미치는지를 이해하며, 이러한 사고가 학생의 인생에 여러 어려움을 야기하는 방식을 알아차릴 수 있도록 돕는 인지모델로 사용될 수 있다. CT는 학생들이 그러한 왜곡되고 부정적인 생각들을 수정할 수 있는 다양한 개개인 맞춤형 전략들을 사용함으로써 어려움을 줄이고 강점을 강화시킬 수 있도록 돕는다.

✎ 학생들에게 인지모델 소개하기

CT의 독특한 측면 중 하나는 이 모델이 매우 명료하다는 점이다. 인지 상담자로서, 우리는 학생들이 인지모델을 이해하고 그것이 어떻게 작동하는지 알기를 원하기 때문에 이 모델에 대해서 학생들에게 설명을 하고 토론을 하는 데 시간을 할애한다. 일부 상담자는 이러한 방식이 이상하다고 생각한다. 결국 모든 학생이 다 상담자가 되도록 훈련을 받는 것은 아니지 않는가? 하지만 그렇지 않다! 우리의 목표는 모든 학생이 궁극적으로 자기 자신을 위한 상담자가 되어서 인생을 살면서 문제를 야기할 수 있는 자신의 생각과 신념을 탐색하고 평가할 수 있도록 하는 것이다. 우리는 문제를 야기할 수 있는 사고방식과 기저의 신념을 가지고 있고 이는 인간의 일부이다. 학생들이 이러한 사고와 신념이 야기하는 문제들에 걸려 넘어지지 않고 자신의 삶을 잘 살 수 있도록 이러한 사고와 신념을 어떻게 다루고 작업할 수 있는지를 배우는 것은 평생에 걸쳐 학생들에게 정말 도움이 되는 기술이다.

인지모델은 여러 가지 방법으로 학생들에게 설명될 수 있지만, 우리가 훈련시킨 많은 상담자와 함께 작업한 많은 학생에게 특히 잘 어울리는 간단한 이야기가 있다. 그 이야기를 여기에 소개하고자 한다. 단, 이 이야기는 단지 하나의 예에 불과하다는 걸 기억해 두기 바란다. 당신은 이 이야기를 수정하여 특정 학생에게 더 적합하게 만들 수 있다. 이 롤러코스터 이야기를 소개한 후, 우리는 그것이 당신과 당신의 학생들의 요구를 충족시키기기 위해 어떻게 변화될 수 있는지에 대해서 이야기해 볼 것이다.

롤러코스터 이야기

> 롤러코스터 이야기는 학생들의 상황, 우리의 생각 그리고 반응 간의 관계에 대한 이해를 돕기 위한 방법 중 하나이다.

"지난 여름 어느 날, 친구 2명이 놀이공원에 가서 놀기로 했어. 한두 시간 재미나게 논 후, 아이들은 큰 롤러코스터가 있는 곳으로 갔어. Jeremy는 줄을 서기 위해 달렸고, Trevor는 그 뒤를 천천히 따라갔지. 그들이 줄을 서서 기다리고 있을 때, 그들은 이렇게 보였어……." [상담자는 Jeremy와 Trevor를 묘사하는 그림을 그리거나, 잡지의 그림을 잘라서 사용하거나, 행동으로 연기하듯 보여 줄 수 있다. 예시의 한 예가 [그림 1-4]에 나와 있는데, 이는 Jeremy가 행복하고 흥분해 보이고 Trevor가 겁먹은 것처럼 보이는 것을 보여 주기 위한 것이다. 그러나 상담자는 아래에서 볼 수 있듯이 감정을 직접적으로 명명해선 안 된다.]

"네가 생각할 때, Jeremy가 어떤 기분인 것 같아?" [학생을 바라보고 Jeremy가 흥분했는지, 행복했는지 등을 이야기하게끔 한다. 학생들이 '나는 기다릴 수가 없어!'와 같은 생각이 아닌 감정을 이야기할 수 있도록 돕는다.]

Jeremy   Trevor

[그림 1-4] Jeremy와 Trevor

"Trevor는 기분이 어떨 것 같아?" [학생을 바라보며, Trevor가 무서워한다 거나 걱정한다 등을 표현하게끔 한다. 역시 학생들이 생각 대신 감정을 이야 기하도록 돕는다.]

"잘했어! 내가 생각해도 네 말이 맞는 것 같아. Jeremy는 롤러코스터 타는 게 정말 신나고 기대되고 좋은데, Trevor는 전혀 그렇게 보이지 않네. 그러 면 여기서부터가 재미있는 지점이야. 많은 학생은 상담을 시작할 때 나한테 와서 자기 인생에서 자기를 특정한 방식으로 만드는 무언가가 있다고 이야기해. 마치 롤러코스터가 Jeremy를 흥분하게 만들고 Trevor는 무섭게 만드는 것처럼 말이지. 그런데 내가 여기서 궁금한 건 어떻게 똑같은 롤러코스터가 두 사람을 완전히 다른 두 가지 방식으로 느끼게 만들 수 있냐는 거야. 똑같은 롤러코스터인데! 그래서 사람들이 느끼는 감정에 책임이 있는 게 롤러코스터 자체가 아니라 아마 다른 게 아닐까 생각해. 자, Jeremy랑 Trevor에게 무슨 일이 일어나고 있는지 다시 볼까? Jeremy가 롤러코스터를 기다리는 줄에 서 있는 동안 무엇을 생각하고 있을까? 그리고 Trevor는 무엇이라고 말하고 있어?"

[상담자는 학생과 함께 Jeremy와 Trevor가 롤러코스터를 바라보면서 가지게 된 (자동적) 사고를 보고 있다. 만약 상담자인 당신이 Jeremy와 Trevor를 그린다면, 당신은 각자 인물들의 머리에 [그림 1-5]에서 볼 수 있는 것과 같이 우리가 만화에서 보는 생각 풍선을 그려 넣을 수 있다. 만약 이야기를 말로 표현한다면, 학생으로 하여금 Jeremy와 Trevor인 척하고 각자의 머리 속에서

Jeremy   Trevor

[그림 1-5] 생각 풍선을 더한 Jeremy와 Trevor

어떤 생각들이 나타날지에 대해서 이야기해 보도록 한다. 여기서 목표는 학생들이 두 가지의 다른 생각을 구별해 내도록 돕는 것이다. Jeremy는 롤러코스터를 타는 것이 재미있고 잘 이루어질 거라 생각하고, Trevor는 일들이 정말 잘못 굴러가고 있다고 생각할 것이다.]

"내가 생각할 때 네 말이 맞는 것 같아. Jeremy는 아마도 롤러코스터 타는 것이 얼마나 좋을지에 대해 스스로 생각하고 말하고 있을 거야. 그리고 Trevor는 꽤 나쁜 일이 일어날 것이라고 생각하고 있을 거야. 아마도 자기가 토를 하거나 롤러코스터가 트랙에서 벗어나 떨어지는 것과 같은 상상을 하고 있을지도 몰라. 롤러코스터가 이 아이들이 어떻게 느끼는지를 결정하는 것이 아니라면, 내 생각엔 그 아이들이 생각하는 방식이 그들이 느끼는 방식에 영향을 미치는 것일 수 있어. 네가 생각할 때 그게 가능할 것 같니?"

"음, 그러면 이제 다른 걸 시도해 보자. Trevor가 롤러코스터 타는 것에 대해서 조금이라도 낫게 느끼도록 도우려면, Jeremy는 Trevor에게 어떤 말을 해 줄 수 있을까? [여기에서 Trevor가 그의 걱정에 대처하도록 도울 수 있는 걸 찾고 있는데, 예를 들면 "괜찮을 거야. 내가 너랑 같이 앉을게." "작년에 너는 무서워했지만 거의 이것만큼 큰 롤러코스터를 탔고, 막상 타고 난 후에는 좋아하게 되었지!" "네가 할 수 있다는 것을 자신에게 보여 주는 거야!" 등이 포함된다. 만약 학생이 Trevor가 롤러코스터를 타는 걸 피하는 식으로 이끄는 반응을 제안한다면("꼭 탈 필요는 없어. 내가 탈 동안 저기서 기다려."), 학생에게 그러한 반응이 다음번에 Trevor가 롤러코스터를 탈 수 있도록 도울지, 아니면 Trevor를 더 무서워하게 할지에 대해서 생각해 보도록 물어본다. 여기서 목표는 Trevor가 롤러코스터를 타는 것에 대해서 더 편하게 생각하도록 돕는 것이다.]

"좋아, 네 말이 맞는 거 같아. 만약 Jeremy가 Trevor에게 이것보다 더 힘든 일을 직면한 적이 있고, 결국은 용감하게 행동한 것에 대해서 스스로 자랑스럽게 여길 것이라 말한다면, Trevor는 아마도 롤러코스터 타는 것에 대해서 덜 안 좋게 생각할 거야. Trevor가 갑자기 롤러코스터 타는 걸 엄청 좋아하게 된다는 게 아니라, 만약 자기가 스스로에게 혼잣말을 하는 걸 '이건 정말 최악이야. 나는 아마 토하고 말 거야.'에서 '잘 해낼 수 있어. 고작 60초 동안 타는 건데.'로 바꿔 보면 아마도 훨씬 더 기분이 나아질 거라는 거야."

"우리가 앞으로 함께 할 작업들에서 네가 스스로 이러한 작업을 해 보도록 도울 거야. 우리는 네가 네 자신에게 다양한 상황에서 스스로 하는 말들에 대해 같이 들여다보고, 그런 생각들에 어떻게 반응하는지를 볼 거야. 그러고 난 후, 우리는 Jeremy가 Trevor에게 이야기한 것처럼 네가 그런 상황들에서 좀 더 기분이 나아지도록 돕기 위해 스스로 말할 수 있는 다른 것들이 있는지 살펴볼 거야. 시간이 지남에 따라 우리는 네가 스스로에게 말하는 것에 일정한 패턴들이 있는지를 볼 것이고, 네게 도움이 되지 않는 것을 바꿀 수 있도록 작업해 볼 거야. 어떻게 생각해?"

롤러코스터 이야기를 사용하여 작업하는 이러한 보기는 구체적인 방식으로 학생들과 함께 작업하는 걸 보여 주는 하나의 예시이다. 당신은 어떤 이야기든 동일한 것에 대해서 두 사람이 다른 방식으로 느끼는 예시를 만들어 제시해 볼 수 있다. 학생이 정말 좋아할 만한 또는 정말 싫어할 만한 것, 최근 뉴스나 대중문화에서 많이 나오는 내용들 혹은 음식이나 음악 등 어떤 것이든 관련 있는 것들을 창의적으로 예시를 만들어 사용해 볼 수 있다. 가장 중요한 것은 학생이 이 인지모델을 이해하고 있는 것이다. 학생의 이해도를 확인하는 가장 좋은 방법은 학생으로 하여금 상담자에게 롤러코스터 외에 다른 걸 사용해서 롤러코스터 이야기를 해 보라고 요청하는 것이다. 예를 들어, 두 명의 청소년이 구석에 있는 개를 본 이야기와 같은 유사한 이야기로 시작해 볼 수 있다. 한 명은 무서워하고, 다른 한 명은 개를 엄청 사랑하고 개랑 같이 걷는 상상을 하는 것만으로도 행복감을 느낀다고 이야기해 볼 수 있다. 만약 학생이 행복한 청소년이 무서워하는 청소년에게 그 상황을 좀 더 쉽게 받아들일 수 있도록 이야기를 해 본다면 무엇을 이야기해 볼 수 있을지를 만들어 낼 수 있을 것이다. 나이가 들고, 더 성숙하거나 혹은 더 인지적으로 뛰어난 학생에게는 여기서 기술한 바 그대로 모델을 설명할 수 있을 것이다. 그러나 우리는 대체로 롤러코스터 이야기와 같이 약간 재미가 있는 내용에 학생들이 더 잘 반응한다는 걸 확인했다. 따라서 특정 학생에게 어떤 방식으로 이 모델을 설명하는 것이 학생의 반응을 가장 잘 이끌어낼지에 대해서는 당신의 임상적인 판단을 따를 것을 추천한다. 다음 빈칸에 학생의 주의와 관심을 끌고 이 인지모델을 잘 이해하도록 도울 수 있는 당신만의 롤러코스터 이야기를 작성해 보자.

_____

_____

_____

_____

_____

_____

_____

_____

_____

✎ 인지치료의 주요 개념

CT의 주요 개념을 확실하게 이해하는 것은 학생 맞춤형 전략을 수립하는 데 도움이 된다. 이 개념들 중 가장 중요한 것은 자동적 사고(automatic thoughts), 중간신념(intermediate beliefs), 핵심신념(core beliefs) 그리고 보상전략(compensatory strategies)이다(Beck, Rush, Shaw, & Emory, 1979). 이 용어들은 서로 관련이 있는데, 하나의 용어에 대한 이해가 다른 용어의 이해를 바탕으로 하기 때문이다. 이 개념들은 일반적으로 Freud의 심리적 구조에 대한 기술처럼 빙산과 유사하다고 생각할 수 있다([그림 1-6] 참조). 보상전략, 행동 및 감정을 포함한 반응은 물 위에서 보이는 빙산의 일각이다. 이러한 반응은 보통 많은 노력

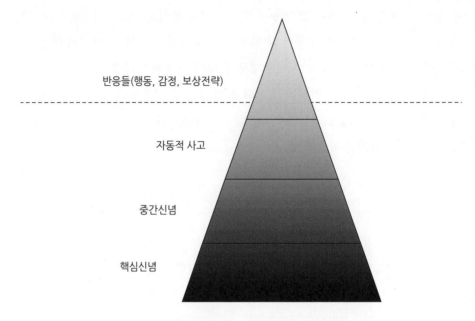

반응들(행동, 감정, 보상전략)

자동적 사고

중간신념

핵심신념

[그림 1-6] CT의 주요 개념들 간의 관계 표상

없이 관찰될 수 있다. 자동적 사고는 바다 표면 바로 아래에 있으며, 물 속에서 어디를 봐야 하는지만 정확히 알면 쉽게 볼 수 있다. 중간신념은 좀 더 빙산의 아래쪽에 있고 수면 아래로 잠수한 사람은 볼 수 있다. 핵심신념은 바다 밑바닥 근처에 있어 도달하기가 훨씬 더 어렵다.

자동적 사고와 이미지

우리 생각과 신념의 세 가지 단계 중 자동적 사고는 가장 쉽게 접근할 수 있다. 자동적 사고는 의식적인 인식 수준보다 약간 낮은 곳에 위치해 있어서 일반적으로 약간의 연습만으로도 검토를 위해 의식적 수준으로 가져올 수 있다. 자동적 사고와 이미지는 외부 사건에 대한 반응으로 발생하는 빠르고 평가적인 사고와 이미지이다(Beck et al., 1979). 이러한 자동적 사고와 이미지는 긍정적이거나 부정적이거나, 도움이 되거나 도움이 되지 않거나 혹은 정확하거나 부정확할 수 있다. 그러나 이러한 자동적 사고와 이미지는 흔히 다음과 같은 세 가지 일반적 범주 중 하나에 해당된다(Beck, 1995).

① 부정적인 자동적 사고와 이미지는 종종 개인이 최악이라고 가정하는 상황을 나타내지만, 그 개인의 가정을 뒷받침할 증거가 거의 없거나 전혀 없는 경우가 많다.
② 허용적인 자동적 사고와 이미지는 어떤 행동을 허용하거나 어떤 행동에 대해 핑계를 댈 수 있게 하는 것들로, 이들이 없다면 죄책감이나 불편감이 초래된다.
③ 대처 사고와 이미지는 개인으로 하여금 어려운 상황을 건강한 방식으로 다룰 수 있도록 돕는다.

앞의 예로 돌아가서, 점심 때 남자애들이 웃고 있는 걸 들었을 때 Michele의 부정적인 자동적 사고는 '나는 쟤네가 나를 비웃고 있는 걸 알아. 쟤네는 내가 입지 말아야 할 청바지를 입고 있는 뚱뚱한 돼지 같다고 생각하고 있어. 확신컨대, Jay가 쟤네에게 우리가 같이 잤다고 얘기했을 거야. 나는 쟤네가 내가 아무하고나 자고 돌아다닌다고 생각한다는 걸 확신할 수 있어.'였다. 그녀는 또한 자기 스스로가 매우 매력적이지 않고 과체중이라고 생각하며 자신에 대해 부정적인 이미지를 가지고 있었다. 나중에 파티에 가서 한 소년이 그녀에게 반응하지 않았을 때, 그녀의 자동적 사고는 부정적이거나('나는 완전 뚱뚱한 실패자야. 걔는 나랑 어떤 것도 하고 싶어 하지 않아. 난 그냥 집에 있어야 했어.') 혹은 적응적일 수도 있다("아마 내가 부르는 소리를 못 들었을 거야. 만약 나를 무시한 거라면 그건 개 문제고 개 손해야."). 〈표 1-1〉은 다른 다양한 자동적 사고의 예이다. 현실적으로, 자동적 사고는 사람들에 따라 그리고 그들이 처한 다양한 상황에 따라 매우 다양할 수 있다.

이러한 빠른 반응과 판단은 대체로 강한 감정적·신체적 그리고 행동적인 반응으로 이어진다. 사실, 학생들이 자신의 자동적 사고와 이미지를 식별해 낼

〈표 1-1〉 자동적 사고의 예

부정적	허용적	대처
내가 다 망쳐 버렸어.	난 그럴 자격이 있어.	나는 그냥 최선을 다할 거야. 그것만으로 충분해.
그는 내가 여기 있길 원하지 않아.	그냥 이번 한 번만……	나는 시도를 해 본 내 자신이 자랑스러워.
노력을 해 봤자 소용이 없어.	나는 내 책임을 다했어. 만약 걔네들이 하지 않으면 그건 내 잘못이 아니야.	어쨌든 난 이 일로부터 배울 거고, 만약 필요하면 다시 시도할 거야.
그녀는 내가 멍청하다고 생각하고 있을 거야.	모든 사람이 그렇게 하니까 나도 그럴 수 있어.	모든 사람은 실수를 해.
나는 할 수 없어.	사람들이 그것에 대해 내 탓을 하니, 내가 하는 편이 낫지.	나는 내가 기대한 것 이상으로 더 잘할지도 몰라.
나는 여기에 맞지 않아.	만약 그녀가 그걸 모른다면 상처도 받지 않을 거야.	나는 이걸 처리할 수 있어.

수 있도록 돕는 좋은 방법은 학생들로 하여금 강한 반응이 일어날 때 멈추고 스스로에게 "지금 내 머릿속에 뭐가 지나간 거지?"라고 물어보도록 하는 것이다 (Beck, 1995). 사고 기록지는 학생들이 자신의 생각이 상황 및 감정과 어떻게 관련이 있는지를 스스로 보고, 자신의 자동적 사고를 인지하고 추적하도록 돕는데 가장 탁월한 방법이다(Beck et al., 1979). 상담자들이 자기 자신의 사고 기록지들을 기록해 보는 것은 자신의 자동적 사고를 이해하고 그것이 자신의 반응에 미치는 영향에 대해 이해하는 흥미롭고도 재미있는 방법이다. 사고 기록지들은 3장에서 좀 더 자세하게 소개될 것이다.

당신은 때때로 자신이 가지고 있는 자동적 사고들을 식별해 낼 수 있는가? 당신이 강한 정서적 반응을 하게 되는 상황들을 기억하고, 스스로에게 "뭐가 지금 내 머릿속을 지나갔지?"라고 물어보라. 어떤 상황이었는가? 그 상황에서 당신이 어떤 생각을 하고 있는지 알아차렸는가? 만약 자동적 사고를 식별해 내는 데 어

려움을 겪었다면 걱정하지 말라. 다음 장들에서 자동적 사고들을 충분히 살펴
볼 시간을 가질 것이다.

_____

_____

_____

_____

_____

_____

_____

인지적 오류

자동적 사고들은 정확할 수도 있지만, 고등학생들(그리고 모든 연령의 사람들)
의 논리적 사고 안에는 종종 정확하지 않거나 도움이 되지 않는 자동적 사고들
로 이끄는 공통적인 오류가 있다. 이러한 인지적 오류는 정서적인 문제가 없는
사람들보다 정신적 고통이 있거나 정신과적 장애가 있는 사람들에게서 더 자주
발생한다(Beck, 1976). 고등학생과 함께 작업할 때, 이러한 인지적 오류를 '생각
의 함정'이라고 일컫기도 한다. 생각의 함정은 청소년들이 경험하는 공통적인
사고 패턴으로서, 문제가 되거나 도움이 안 되는 자동적 사고를 야기하기도 한
다. 〈표 1-2〉는 청소년이 경험할 수 있는 일반적인 생각의 함정을 보여 준다. 반
복 사용이 가능한 생각의 함정 워크시트는 이 책 마지막의 〈부록 1-2〉에 나와 있
다. 처음에는 정확히 어떤 인지적 오류가 발생했는지 식별하는 것이 치료의 주
요 초점이 아니다. 대신 사고의 논리에 오류가 있다는 것을 인식하는 것이 중요
하다. 왜냐하면 오류는 사고들이 탐색되고 더 도움이 되는 것으로 바뀔 수 있다
는 신호이기 때문이다.

〈표 1-2〉 생각의 함정

반복	한 번 일어난 일이 항상 같은 방식으로 일어날 것이라 생각하는 것
'다 내 탓'	나쁜 일이 일어났을 때 사실 당신과 아무 관련이 없는데도 스스로를 비난하는 것
비관주의자	일이 항상 최악의 결과를 가져올 것이라 예상하는 것
선택적인 시야	상황의 좋은 면을 보기보다는 일어날 수도 있는 혹은 이미 일어난 나쁘고 위험한 쪽만 집어내서 보는 것
증거 무시	어떤 일이 일어날지를 예상하기 위해서 모든 증거를 살펴보기보다는 최악의 일이 일어날 것을 보여 주는 증거만 선택하여 보는 것
뛰어넘기	어떤 상황에 대해서 모든 사실을 파악하기 전에 결론에 도달하는 것
마음 읽기	어떤 증거도 없이 어떤 사람이 당신에 대해서 나쁘게 생각한다고 판단하는 것같이 좋지 않은 방식으로 마음을 읽는 것
당위성	'나를 거스르는 사람하고는 한 판 붙어야 해!', '나는 절대 화를 내서는 안 돼!'와 같은 '당위적' 생각
크리스털 볼	미래에 일어날 일을 예상하며 아마 일이 그르쳐질 것이라 예상하는 것
완벽한 재앙	어떤 일이 완벽하지 못하다면 완전히 실패한 일이라고 생각하는 것

당신의 생각들 중 이런 생각의 함정이 있는가? 어떤 것인가?

_____

_____

_____

_____

당신의 학생들에게서 어떤 생각의 함정을 가장 많이 발견하는가?

_____

_____

_____

그러나 학생의 자동적 사고는 사실이다!

앞서 언급했듯이 모든 자동적 사고가 잘못되었거나 생각의 함정을 기반으로
한 것은 아니다. 때로는 그 자동적 사고가 사실이거나, 도움이 되거나 혹은 둘
다일 수 있다. 예를 들어, Alfred는 종종 스스로에 대해 '재능 있는 레슬링 선수
이고, 이 레슬링이 이 동네를 벗어나는 나의 유일한 희망이다.'라고 생각할 수
있다. 이러한 생각은 도움이 되고 아마도 정확한 생각일 수 있고, 상담자로서 그
걸 변화시키고 수정하도록 도울 필요는 없다. 한편, David는 '나의 학습장애는
내가 절대 다른 사람들처럼 빨리 읽지 못한다는 걸 의미하고, 그건 내가 멍청하
다는 거다.'라고 생각할 수 있다. 이러한 생각은 슬프고 화나는 감정을 야기할
수 있다. 이 사고의 첫 번째 부분은 정확할 수 있지만, 이러한 생각들이 David
의 기분을 나쁘게 만들고, 자신은 바보라는 결론을 내리게 하기 때문에 도움이
되는 생각이 아니다. CT를 처음 배우는 상담자들은 학생들이 갖고 있는 생각들
이 사실이지만 동시에 David의 사례에서처럼 학생이 잘 지낼 수 있는 데 방해가
되는 생각이기 때문에 어떻게 대응해야 하는지 어려움을 겪는다(그 생각에 도전
하는 것은 효과적이지도 현실적이지도 않기 때문에). 개입에 관련된 이후 장들에서
정확하지만 자신에게는 도움이 안 되는 학생들의 생각들을 다루는 데 도움이
되는 인지적 · 행동적인 전략들에 대해서 논의할 것이다.

기저신념

우리의 자동적 사고는 우리 자신과 타인 그리고
우리를 둘러싼 주변 세계에 대한 우리의 신념을 표
현하는 것이다. 이러한 **기저신념**(underlying beliefs)은
우리가 세상을 바라보고, 일련의 사건을 해석하고,
일어날 일들에 대해서 기대를 하는 방식에 색을 입

> 기저신념은 우리 자신, 타인 그리고 우
> 리를 둘러싼 세상에 대해 이해하는 방
> 식이다. 자동적 사고는 빠르고 평가적
> 인 생각들로 이러한 기저신념에 의해
> 영향받고 형성된다.

힌 렌즈와 같이 작용한다(Beck et al., 1979). 기저신념은 종종 우리의 유전적 구
성과 우리의 초기 삶의 경험 사이의 상호작용의 결과로 형성된다. 그와 동시에,

우리는 또한 우리가 누구인지 그리고 어떻게 세상이 작동하는지에 대한 감각을 같이 발달시킨다. 기저신념에는 중간신념과 핵심신념이 있다. 그러나 중간신념 및 핵심신념을 분리하는 것은 쉬운 일이 아니며, 학교 장면에서 그렇게 세부적인 수준까지 이해할 정도로 학생과 함께 일을 할 충분한 시간을 갖지 못할 수 있다. 따라서 다음 장에서 중간신념과 핵심신념을 구분하여 설명할 것이나, 당신이 향후 학생들과 일을 할 때는 중간신념과 핵심신념을 함께 통합하여 기저신념으로 부르고 참고하도록 선택할 수 있다.

중간신념(intermediate beliefs)은 자동적 사고 바로 밑에 있는 중간 수준의 신념이다(Beck et al., 1979). 학생과 함께 작업하면서 학생의 자동적 사고를 추적할 때, 자동적인 사고들 사이에서 나타나는 패턴이나 공통점은 학생의 중간신념이 무엇일지 가늠케 해 준다. 중간신념은 세상이 어떻게 작동하는지에 대한 학생의 내재화된 '규칙'이라고 생각할 수 있다. 이러한 규칙은 종종 만약 어떤 일이 발생하게 되면 그 일은 특정한 결과(긍정적 혹은 부정적일 수 있음)로 이어진다고 믿는 식의 "만약 ······하면 ······할 텐데."와 같은 진술로 구성된다. 예를 들어, Michele의 자동적 사고와 행동을 살펴보면, 우리는 그녀의 중간신념에 대한 합리적 추측을 해 볼 수 있다. Michele은 '만약 내가 그 소년과 성관계를 가졌다면, 그건 그가 나를 좋아한다는 것을 의미한다.' 혹은 '남자애들이 나를 좋아하지 않으면, 나는 쓸모가 없다.'와 같은 생각들을 하고 있다. 그러한 생각을 바탕으로, 우리는 Michele이 ① 젊은 여성으로서의 가치는 남자의 인정을 기반으로 하고, ② 성관계를 갖는 것이 인정을 얻는 좋은 방법이라고 믿는다고 추측해 볼 수 있다. 그녀는 또한 성관계가 자신이 두려워하는 것만큼 자신이 육체적으로 매력적이지 않다는 걸 부정하는 방법이라고 믿고 있을 수 있다. 이에 상담자로서 우리는 우리의 학생들과 그들이 가지고 있는 다양한 추측에 대해서 자연스럽게 잘 확인해 볼 수 있다. 시간이 지남에 따라 자동적 사고들에 대한 탐색은 학생들이 가지고 있는 중간신념이 무엇인지 알려 준다. 우리의 초기 합리적인 추측은 틀릴 수도 있지만, 그걸 학생과 공유한 후에 그 합리적인 추측이 학생이 세상을 바라보는 방식과 어떤 면에서 일치하는지, 가능한 중간신념들을 같이 탐색해 볼 수 있다.

핵심신념(core beliefs)은 어떻게 우리가 우리 자신, 타인 그리고 세상을 바라보는지에 대한 기본 바탕이다(Beck et al., 1979). 엄격하고 절대적인 신념들은 대체로 아동기 때 우리의 경험들을 바탕으로 발달되어 온다. 예를 들어, 연령에 적합하지 않은 지나치게 어려운 과제들에 반복적으로 노출되어 온 아동은 자신이 무능하다는 신념을 발달시킬 수 있다. 혹은 주의나 관심을 받고자 노력을 하지만, 한 번도 그에 대한 적절한 반응을 받아 보지 못하고 거부당한 아동은 자신이 사랑스럽지 않다는 신념을 발달시킬 수 있다. 어떤 핵심신념은 여러 세대에 걸쳐서, 학생의 가족 내에서 직접적 혹은 간접적으로 형성되어 올 수 있다. 일례로, 아버지의 신념은 어떻게 자신이 아내와 아이들과 상호작용을 해야 하는지에 대한 신념을 형성한다. 부모의 부부로서의 상호작용과 아버지가 자신의 어머니와 자신 및 다른 자녀들과 하는 상호작용을 보고 자란 아동은 자기 자신만의 신념을 또한 발달시킬 것이다. 이러한 아동의 신념은 직접적으로('절대 아무에게도 의지하지 않아야 해.') 혹은 간접적으로(주기적인 폭력을 목격하면서) 형성될 수 있다. 이러한 가족의 자녀들은 가정 안팎에서의 자신만의 고유한 경험을 바탕으로, 각자 서로서로 다른 신념 그리고 부모의 신념과도 또 다른 자신만의 신념들을 발달시킨다. 이에 2장에서는 핵심신념을 구분하고 이해하는 방법에 대해서, 그리고 3장과 4장에서는 이러한 핵심신념을 수정하는 개입 방안들에 대해서 논의해 볼 것이다.

보상전략

학생들은 자신의 기저신념들을 다루고 세계의 '규칙'에 따라 생활하기 위해 사용하는 일련의 전략 또는 행동을 개발한다. 학생들이 어떻게 이 신념들에 대처하는지를 탐색하면, 어떻게 이러한 사고들과 행동들이 발달되었는지 이해하는 데 도움이 될 수 있다.

보상전략(compensatory strategies)은 일반적으로 ① 유지하기 전략, ② 반대하기 전략, ③ 회피하기 전략의 세 가지 범주 중 하나에 속한다(Beck, 1995). 유지하기 전략은 그들이 나타내는 핵심신념을 지지한다. 반대하기 전략은 핵심신념이 잘못되었다는 것을 증명하려고 노력하는 것이다. 마지막으로, 회피하기 전략은 학생들이 핵심신념을 활성화시키지 않으려고 노력하는 방법이다. 학생들은 자신의 핵심신념을 관리하기 위해 하나 이상의 보상전략을 사용할 수 있다. [그림 1-7]을 살펴보면, 이 학생은 앞서 제시한 세 가지 보상전략 중 어떤 것이든 사용해서 '나는 실패자야.'라는 핵심신념을 다룰 수 있다.

예를 들어, Michele의 중간신념('남자애가 나를 좋아하지 않는다면, 나는 가치 있는 사람이 아니다.')과 핵심신념('나는 사랑스럽지 않다.')은 충동적인 성관계라는 행동을 야기한다. Michele의 전략은 남자애들의 주의와 승인을 얻기 위해서 그들과 가벼운 성관계를 맺는 것이다. 그녀는 이러한 승인을 얻는 것이 자신이 가치롭지 않은 게 아니라는 걸 증명한다고 믿었다. 게다가 그녀는 남자애들이 자기에게 육체적으로 끌린다면, 자신은 자기가 두려워하는 것만큼 그렇게 매력적이지 않은 건 아니라는 걸 의미한다고 믿었다. 자신이 가치롭지 않다거나 혹은 매력적이지 않다는 것에 대한 확인을 하는 것은 자신이 완전히 매력적이지 않다는 Michele의 핵심신념과 자신의 핵심신념을 어떻게 다루어야 하는가에 대한

핵심신념

'나는 실패자야.'

유지하기 전략	반대하기 전략	회피하기 전략
'나는 실패자라 뭐든 더 많이 해야 하기 때문에, 과제들(발표나 시험 등)을 과하게 준비해. 그렇게 해야만 난 절대로 내 신념에 도전하지 않고 계속 믿을 수 있어.'	'나는 뭔가 새로운 걸 하도록 스스로 도전하고 있어. 나는 지금 신념이 잘못되었다는 걸 증명하기 위해 노력하고 있고, 그것이 여러 상황에서 내 행동을 결정하지.'	'나는 어려워 보이는 과제들은 다 회피해. 만약 내가 어떤 것도 도전하지 않는다면, 난 내가 정말 실패인 게 사실인지에 대해서 절대 알 필요가 없어.'

[그림 1-7] 보상전략들의 예시

Michele의 중간신념과 관련이 있다. 앞서 소개한 보상전략 중 Michele이 사용한 보상전략 범주는 무엇이라고 생각하는가?

_____

_____

_____

_____

안타깝게도, Michele의 전략에는 결점이 있다. Michele이 자신의 행동을 통해서 인정과 관심을 받기보다, 종종 남자아이들은 성관계를 맺은 후 그녀를 잊어버렸고, Michele는 자신에 대한 기저신념들을 기반으로 해서 이러한 반응들을 거절로 해석했다. 먼저, 그녀는 이 거절을 자신이 사실은 가치가 없고 사랑받지 못한다는 신호로 받아들였다. 두 번째, Michele은 거절을 자신이 육체적으로 매력적이지 않은 '뚱뚱한 돼지'라는 증거로 보았다. 이러한 해석은 자신의 몸무게를 조절하기 위해 굶고 폭식을 하는 것과 같은 새로운 전략으로 이끌었다. 이러한 해석은 또한 슬프고 절망적인 감정으로 이끌고, 이는 자신에 대한 기저신념을 강하게 만들었다.

이러한 행동이나 보상전략이 어떻게 그리고 왜 개발되었는지 이해하는 것은 학생들이 세상에 대한 자신의 관점을 이해하고 다루는 방법을 명확하게 이해하는 데 도움이 될 수 있다. 학생에게 문제를 일으키지 않거나 도움이 되지 않는 신념을 강화시키지 않는 방법으로써 이러한 신념을 다룰 수 있는 새로운 행동이 개발될 수 있다. 이 방법으로 각 학생에 대한 이해를 바탕으로 각 학생에게 맞춘 전략적인 개입을 선택해 나갈 수 있다.

이 단계에서 당신은 이러한 생각들이 정말 복잡하고 추상적이라고 느낄 수도 있다(이와 관련해 스치는 당신 자신의 자동적 사고가 있는가?). 어떻게 이 각각의 개념들과 설명들이 통합되어서 CT 작업을 가능케 하는지에 대해서 너무 걱정하지 말길 바란다. 대신, 이 내용들을 이 책을 통틀어서 앞으로 배워 가고 연습해 나갈 것들에 대한 소개 정도로 받아들이면 된다. 인지 상담은 처음엔 복잡해 보이지만, 이 책의 마지막 부분에 다다르면 이 개념들에 익숙해지고, 어떻게 학생들에게 그것을 유동적으로 적용할 수 있을지를 익히게 될 것이다.

🖊 학교기반 인지치료에서 변화의 수준

이미 알고 있듯이, 학교 환경에서 학생들과의 상담은 전통적인 외래치료와 여러 면에서 다르다. 학교 상담의 독특성이 미치는 영향은 책 전체에 걸쳐 다루어졌으며, 특히 5장에서 다루고 있다. 학교 상담에서 특히 중요한 것은 학생이나 상담자가 상담 회기 안에서 기대할 수 있는 변화 수준이다. 예를 들어, Anjanae와 같은 학생은 당장 급박한 자신의 문제(계획되지 않은 임신)를 해결하기 위해 상담에 참여할 수 있다. Anjanae와 상담자는 덜 급박한 문제들(완벽주의, 걱정, 형제자매들에 대한 양육자로서의 역할)에 대한 개입의 우선순위를 정하는 방식에 대해서 견해가 다를 수 있다. 학교 상담센터에 따라 학교 안에서 치료가 적절한 수준의 주제나 치료가 무엇인지에 대한 자신들만의 정책/규칙이나 기대가 다양할 수 있다. 학생들 또한 얼마나 자신의 문제들에 대해서 어느 수준까지 상담자에게 털어놓으려고 하는지, 상담 등을 통해 나타날 수 있는 변화에 대해서 충분히 생각해 보고 인지할 수 있는지, 그들의 사고 수준이 얼마나 정교하고 구체적인지 등에서 다양한 양상을 보인다. 상담자들 또한 얼마나 깊은 수준까지의 변화를 다루는 데 편안하게 느끼는지, 개별 상담 사례에 얼마나 많은 시간을 할애할 수 있는지, 그리고 학교 상담자로서 어떻게 자신의 역할을 보고 있는지 정도도 모두 다르고 다양하다.

이러한 상담센터, 상담자 그리고 학생들 간의 차이는 치료의 초점도 매우 다양하게 만든다. 어떤 학생들에 대한 상담은 학생의 현재 문제를 해결하기 위한 행동, 사고 및 감정의 변화에 초점을 더 맞출 수 있다. 다른 학생들의 경우는 어떻게 학생들이 자기 자신, 타인 그리고 세상을 바라보는지 등에서 주요 변화를 이끌어 내는 더 깊은 수준의 상담이 이루어질 수도 있다. 인지치료는 모든 수준에서의 변화를 이끌어 내는 데 효과적일 수 있다. 하지만 개별 학생을 상담하는 데 대부분의 상담자가 사용할 수 있는 시간이 한정적인 상황에서는 초기 상담 회기에서 목표를 명확하게 파악하는 것이 중요하다.

이 책 전체에서 우리는 어떤 기법이 더 즉각적이고 현재의 관심사를 파악하거나 보다 광범위하고 심층적인 수준의 변화를 목표로 사용될 수 있는지에 대해서 이야기할 것이다. 이것은 두 수준의 변화가 동시에 일어날 수 없거나 치료의 목표가 변화의 한 수준에서 다른 수준으로 바뀌지 않는다는 것을 의미하지는 않는다. 그보다는 상담자인 당신과 학생들이 함께 일을 할 때 변화의 수준에 맞는 치료 목표를 명확히 함으로써 그것에 기초하여 개입방안을 선택하고 개발할 수 있도록 상담을 진행해야 한다는 점을 강조하고자 하는 것이다.

Anjanae의 사례로 돌아가서, Anjanae의 즉각적인 그리고 장기적인 관심사는 둘 다 치료의 초점이 될 수 있다. 급박하다는 측면에서, Anjanae는 계획되지 않은 임신에 대한 대처가 필요한 상황이다. Anjanae는 일련의 결정을 해야 하고 자신의 결정에 따른 결과들을 다루어야 할 필요가 있다. 또한 그녀는 집에서의 많은 책임감, 학업 성적 및 안전에 대한 걱정 등을 포함해서 현재의 기능을 방해하는 위기 수준이 낮은 문제들을 가지고 있다. 더 깊게 파고들면, Anjanae의 자신과 자신을 둘러싼 세계에 대한 핵심신념은 현재의 문제들에 대한 도화선이 될 가능성이 있다. 예를 들어, 완벽주의에 대한 Anjanae의 생각을 탐색해 보는 것이 그녀에게 도움이 될 수 있다. 그녀가 평점 3.7 이상인 학생이면서 동시에 많은 책임을 수행하고 있는데도 스스로를 그냥 '평범한' 학생으로 묘사한다는 건 무얼 의미하는 걸까? 탐색이 필요한 다른 영역은 자기 자신을 잘 돌보는 것에 대한 Anjanae의 선택 방식이다. Anjanae는 남자친구와의 성적인 관계를 자기가 스스로에게 하는 단 하나의 긍정적인 일이라고 묘사했다. 하지만 자신을 위한 그 하나의 긍정적인 일인 남자친구와의 성관계는 안전한 성관계가 아니었고, 그로 인한 임신이 앞으로 자신의 학업 계획 및 관계들에 어떤 영향을 미칠지 걱정하게 만들고 있다. 또한 Anjanae는 집에서 자신의 욕구를 충족시키는 대신 다른 사람들을 돌보는 것과 같은 너무 많은 책임을 맡고 있다. 이러한 행동들에 비춰 볼 때 Anjanae가 어떤 사람인지 그리고 어떤 대우를 받아야 마땅한지에 대해서 그녀 자신이 갖고 있는 신념은 무엇이라고 생각되는가?

_____

_____

_____

_____

_____

　　Anjanae는 많은 학생과 마찬가지로 치료에서 다루어질 수 있는 많은 복잡한 문제를 가지고 있다. 그녀의 상담자로서 당신을 위한 도전은 어디서부터 시작을 하고, 장기 목표를 무엇으로 정할지 그리고 그 길에서 무엇을 다루어 나갈지를 정하는 것이다. 이러한 종류의 복잡성을 처리하기 위해 CT에서 상담 목표들을 구성하는 두 가지 주요 방법이 있다. 상담은 사고와 행동 패턴의 변화 또는 기저신념의 변화에 관련된 목표와 연계되어 진행된다. 우리는 어떤 상담도 이러한 목표들 중 하나 또는 다른 것에만 배타적으로 제한되어야 한다고 제안하지 않는다. 대신 학생의 의도를 명확히 하는 것과 당신의 의도가 무엇인지가 개입전략을 선택할 때 도움이 될 것이며, 상담의 전반적인 방향을 제시해 줄 것이다. 그러나 그 과정에서 당신은 사고 및 행동 방식 그리고 깊은 기저신념 모두를 다루며 작업하게 될 것이고, 치료를 어디서부터 시작할 것인지 선택하면 상담의 주요 초점이 어디에 맞추어질 것인지가 간단히 결정될 것이다. 이 선택은 학생의 목표와 우선순위, 특정 학생이 상담을 위해 사용할 수 있는 시간과 자원, 학생의 인지적 정교함 및 기타 중요한 요소에 따라 결정되어야 한다. 〈표 1-3〉은 이러한 의사 결정 요소 중 일부를 제시하고 있다. 치료 목표가 얼마나 광범위하게 정의되어야 하는지에 대한 결정은 특정 학교에 영향을 주는 주법 및 학교 법규에 따라 달라질 수 있다. 따라서 어떤 다른

사고와 행동 양식 혹은 더 깊은 수준의 기저신념의 변화와 관련된 목표와 연계해 상담을 하는 것은 상담의 초점을 명확히 하는 데 도움이 된다.

〈표 1-3〉 상담의 목표를 설정하는 결정 포인트

	사고와 행동 양식	기저신념 양식
학생의 목표	구체적, 행동 초점	관점 혹은 패턴의 변화
가용 시간과 자원	한정적	덜 한정적
학생의 인지적 발달	어리고, 구체적인 사고, 인지적으로 정교하지 못함	추상적으로 사고할 수 있음
학생의 동기	즉각적인 문제를 다루고자 함	장기적인 변화

유형의 상담과 마찬가지로, 현재 상담을 제공하는 상담자가 속한 특정 환경에 대한 법적 윤리적 가이드라인 내에서 상담이 이루어져야 한다.

　이 책 전체에 걸쳐, 우리는 학생의 상담 목표를 이루기 위한 방식으로 기저신념에 초점을 맞추어야 할지 혹은 사고나 행동 양식에 초점을 맞추어야 할지 등에 대한 다양한 상담적 접근을 제안할 것이다. 이러한 제안은 학생 개개인의 요구에 맞는 목표에 초점을 맞추기 위해 각 학생과 함께 일하는 것을 조정하는 데 도움이 될 것이다. 상담은 일반적으로 핵심신념이 무시되면서 사고와 행동 변화에 집중하지 않아야 하며, 그 반대의 경우도 마찬가지이다. 대신 당신과 학생은 변화를 위한 작업에 도움이 되도록 보다 폭넓은 관점을 사용하면서 상담의 목표를 명확하게 정의하고 그 방향으로 초점을 맞추게 될 것이다.

　우리의 경험을 바탕으로 볼 때, 대부분의 학교 상담 사례는 즉각적인 문제에 초점을 맞추고 있다. 왜냐하면 학생들은 대개 상담실에 도착하여 상담 회기 안에 해결하고자 하는 현재 문제들이나 고민들에 대해서 이야기를 하기 때문이다. 예를 들면, Alfred가 싸우느라 레슬링 훈련을 빠진 날에 학교 상담자와 이미 일하고 있었다면, 그는 레슬링 선수와 코치에 대한 분노 혹은 그들과의 갈등을 해결하는 방법에 대해서 이야기하고자 했을 것이다. 학교 상담실에 와서 자신이 쓸모없고 무능하다는 깊은 신념에 대해서 이야기를 하고자 하는 경우는 대부분의 학교 장면에서 매우 드물고, 대부분의 학교에서는 이러한 주제가 아마 학교 내에서 상담을 받기에 부적절하다고 볼 수 있다. 또한 이런 문제의 경우 외부 상담자에게 의뢰하는 것이 더 적절할 수도 있다. 그럼에도 불구하고 여전히 인지모델이 어떻게 학생들의 문제와 관련이 있는지 명확하고 상세하게 이해하는 것은 성공적인 인지 상담의 핵심 요소이다.

일단 학생의 사고, 감정 및 행동이 인지모델에 어떻게 들어맞는지를 이해하면, 상담자는 이 인지모델을 사용하여 학생과 함께 작업을 하기 위한 틀을 만들 수 있다. 한 학생이 자신의 문제를 이야기하기 위해 상담실에 도착했을 때, 이 모델(혹은 2장에서 좀 더 자세히 설명할 사례 개념화)은 회기와 회기 사이의 연속성을 구축하는 데 도움이 될 수 있다. 예를 들어, 문제 해결 혹은 생각의 함정을 인식하고 변화하고자 하는 학생을 돕기 위해 3과 4장에 소개된 개입 방안을 사용하면서, 상담자는 현재의 문제가 사례 개념화에 부합되는 방식에 대해서 좀 더 고민해 볼 수 있다. 어떻게 학생의 사고, 감정, 행동이 현재 문제에 영향을 미치는가? 학생의 현재 문제를 큰 그림 안에서 연결시켜 이해해 보고자 하는 시도는 기저신념을 목표로 하는 개입 방안을 선택하고 학생으로 하여금 자신의 패턴들을 인지하는 걸 시작하도록 도울 수 있다. 이는 매일 일상의 문제들도 같이 다루어지면서 동시에 체계적인 진전도 가능하도록 돕는다. 이러한 방식으로 사례 개념화를 사용하는 것은 상담 회기들이 매번 '급한 불 끄기'나 그 주의 위기를 다루는 회기들로 이어지는 것을 막는다.

예를 들어, 이 방법이 David와의 작업에 어떻게 적용될 수 있는지 생각해 보자. [그림 1-8]은 3회기가 끝나는 시점에서 당신이 고안한 인지적 개념도의 단순 버전이다. 2장에서 우리는 어떻게 사례 개념화를 할 것인지에 대해서 다룰 것이지만, 지금 일단 그림 내 정보들을 같이 살펴보도록 하자. 우리는 상담 작업에 특히 중요한 David의 배경 정보들과 David와 함께 확인한 핵심신념 및 중간신념들을 나열해 보았다. 그 밑에는 David로 하여금 문제를 야기하거나 심리적인 어려움을 갖게 만들 정도로 강한 반응을 보인 두 가지의 상황이 기술되어 있다.

초기 경험

David의 아버지는 동성애자들을 경멸하는 표현으로 부르곤 했다. David는 동성애자이다.
David는 육체적으로 공격적인 운동들을 좋아하지 않았는데 이에 대해 항상 비판을 받아 왔다.
David는 자신의 학습장애와 관련해서 학업적인 어려움을 경험했다.

기저신념(들)

'나는 가치가 없다.'(할 수 없음/무기력)
'나는 완전히 엉망진창이다.'(사랑받지 못함)
"만약 내가 '멍청한/바보 같은' 말을 절대 하지 않으면, 나는 괜찮을 거다."
'나는 내가 뭘 하든 성공해야 한다. 그렇지 않으면 난 완전 실패자다.'
'나는 남자에게 이끌리므로 나쁜 사람이다.'

생각 및 감정 패턴

'나는 모든 걸 다 망친다' - 슬픔

행동 패턴

연극 연습에서 일찍 떠남

[그림 1-8] David의 사례 개념화-단순 버전

출처: Beck (1995)에 근거함.

인지모델을 사용해서 스트레스를 받은 상황들을 살펴보는 것은 학생들로 하여금 자신들이 한 반응들을 이해하고 더 도움이 되는 반응을 이끌어 내도록 작업하는 데 매우 효과적이다. David의 가장 최근의 두 가지 어려운 상황은 David가 학교 연극에서 연기에 대해 친구로부터 받은 건설적 비판에 대해 강한 반응을 보인 것과 David가 자기의 동성 남자친구 중 한 명에게 매력을 느낀 것이다.

네 번째 회기에 왔을 때, David는 연극 연습을 하는 동안 친구가 자신에게 연기에 대한 피드백을 준 최근 대화에 대해서 이야기해 주었다. David는 친구의 피드백을 받고 너무 화가 나서 연습 중간에 나와 버렸다. 이제 그는 연극 감독과 갈등을 겪고 있고, 이 연극이 David의 학교생활에서 한 줄기 빛과도 같은 중요한 것이라 어떻게 해야 좋을지 몰라 매우 낙심하고 있다. 만약 David가 상담자인 당신에게 와서 이러한 이야기를 했는데 당신이 아직 CT 훈련을 받기 전이라면, 어떻게 이 학생과 함께 작업을 하고자 하겠는가?

_____

_____

_____

_____

_____

일부 상담자는 아마 David의 이야기를 듣고, 잘하기 위해서 열심히 노력한 일에 대해서 부정적인 피드백을 받는 게 얼마나 힘든 일인지를 이해한다고 공감하는 데 중점을 둘 것이다. (그러나 당신은 정말로 인지적 개념화 없이 왜 그것이 David에게 그렇게 힘든지 이해할 수 있는가?) 다른 상담자들은 친구의 피드백에 대한 David의 반응과 친구의 의도를 이해해 보려는 쪽으로 생각하도록 할 수 있다. 그 피드백이 악의적이었는가? 도움이 되었는가? 모욕적이었는가? 친구로부터 수집된 사실들을 바탕으로, 상담자들은 David가 어떻게 논쟁을 잘 다룰 수 있을지 결정하도록 도울 것이다(하지만 상담자도 David도 피드백을 준 남자아이 머리 속에서 무슨 일이 일어나고 있는지 어떻게 알겠는가?). 여전히 다른 상담자들은 다른 접근 방식을 사용해서 David가 이 문제를 해결할 수 있도록 돕고자 할 것이다. 이 모든 상담자 중에서, 그들이 사용한 어떤 접근 방식이 David로 하여금 다음 회기에 왔을 때 자기의 남자친구 중 한 명에게 매력을 느끼고 있는 것에 대해서 여전히 수치심을 느끼는 감정을 다룰 수 있을지 생각해 보자. 인지모델과 사례 개념화 없이, 이러한 문제들은 David를 위해서 전체적으로 진전이 있기보다는 서로 연결되지 않고 끊어진 개별적인 문제가 되어 버린다.

이제 다시 David와의 상담 회기로 돌아와서, 연극 연습 때 친구로부터 받은 피드백에 대해서 David가 당신에게 이야기를 하고 있다고 상상해 보자. 그러나 이번에는 David의 문제에 대해서 인지 상담적인 관점에서 생각해 보자. 이미 David에 대해서 알고 있는 것들, David의 과거, 자신과 세상에 대한 그의 신념 등에 대해서 생각해 본다. 그의 친구가 그 피드백을 통해서 뭘 의도한 것인지를 알아내려고 노력하기보다, 혹은 David가 계속 그에 대해서 반추하고 추측하도록 놔두기보다, 그의 친구의 피드백이 David가 자신에 대해 가지고 있는 신념들, 항상 모든 걸 망치고 한 번 실수를 하면 나는 실패자라고 생각하는 신념들에 얼마나 잘 부합되는지에 대해서 탐색하도록 한다. 이러한 탐색은 당신과 David 모두가 친구에 대한 David의 반응을 이해하고, 진실이거나 진실이 아닐 수도 있는 혹은 도움이 되거나 도움이 안 될 수도 있는 David의 자기 자신에 대한 신념들을 살펴볼 수 있게 돕는다. 이에 더하여 이러한 일련의 자기 자신에 대한 David의 신념이 궁극적으로 David의 특정한 생활양식들이나 행동 패턴에 미치는 영향을 볼 수 있도록 돕는다. 이러한 접근 방식을 통해 David는 상담 회기에 와서 일상의 스트레스를 분류해 내고, 지속적인 변화에 도움이 되는 수준에서 자신에 대해 더 배울 수 있다.

이어지는 장들에서는 더 폭넓은 이해를 할 수 있도록 어떻게 학생들과 이러한 문제들을 같이 탐색할 수 있을지에 대해서 이야기해 볼 것이다. 그런 다음 학생들에게 즉각적으로 그리고 좀 더 깊은 수준에서 변화를 가져올 수 있도록 돕는 중재 방안을 선택하고 사용하는 방법들에 대해서 살펴볼 것이다.

✏️ 인지치료의 구조에 대한 간략한 소개

CT의 독특한 특징 중 하나는 한 회기에서 다른 회기로 상담자들이 따르는 구조가 있다는 점이다. 이 책의 5장에서 그러한 구조가 각 회기를 안내하는 방식에 대해 자세히 설명하겠지만, 여기서 그 구조에 대해 간략히 소개하고자 한다. 1~4장에서 소개할 내용을 이해하지 않고는 상담 회기를 구조화하는 이유나 그러한 구조의 구성 요소에 대해서 이해하기 힘들다. 따라서 우리는 먼저 인지 모델과 인지적 사례 개념화로부터 나온 개입 방안에 대해서 좀 더 설명하고자 한다. 일단 이 개념들에 대한 이해가 정립되면, 그 뒤로 학교 장면에서 대체로 이루어지는 상대적으로 짧은 회기(30분 내외)에서 사용될 중요한 회기의 구성 요소들을 모두 포괄하는 형식으로서 회기 구조화를 기술할 것이다.

간단히 말해, 회기 구조란 회기의 뼈대를 의미하는 것으로 생각해 볼 수 있다. 회기에 따라 세부 내용은 다르지만, 각 회기에서는 다음과 같은 작업을 하게 된다.

- 회기 전 기록지 – 회기 시작 전 학생에 의해서 작성되는 워크시트
- 체크인
- 의제   약 5분
- 의제 내용들에 대한 논의 – 약 20분
- 과제 부여하기
- 요약 및 피드백   약 5분

각 구성 요소에 대한 설명은 이후에 할 것이다. 지금 이 목록에서 취해야 할 가장 중요한 정보는 CT 회기는 한 회기에서 다른 회기로 지속적으로 이루어지는 하나의 형식을 가지고 있다는 점이다. 이 형식은 당신과 당신의 학생들이 가능한 최대치의 상담 효과와 이득을 얻을 수 있으면서 짧은 시간을 유용하게 사

용할 수 있도록 도울 것이다.

✏ 지지 증거

여기서 그리고 다른 장들의 맨 뒷부분에서, 우리는 인지모델과 관련된 개념과 기술들에 대한 경험적인 지지 증거들에 대해서 살펴볼 것이다. 첫 장에서는 다양한 수준의 문제들과 장애들을 치료하는 데 효과적인 방법으로서 CT 및 그 기저 모델을 소개했다. CT와 인지행동치료(CBT)는 가장 광범위하게 연구된 심리치료법 중 일부이며, 인지치료의 효과성을 지지하는 모든 연구를 다 포함하는 것은 이 책의 범위를 훨씬 뛰어넘는다. 이 연구들의 자세한 세부사항들을 잘 정리해 놓은 유용한 참고 자료 중 세 가지는 다음과 같다.

- Beck, A. T. (2005). The current state of cognitive therapy: A 40-year retrospective. *Archives of General Psychiatry*, *62*, 953-959.
- Butler, A. C., Chapman, J. E., Forman, E. M., & Beck, A. T. (2006). The empirical status of cognitive-behavioral therapy: A review of meta-analysis. *Clinical Psychology Review*, *26*(1), 17-31.
- Chambless, D. L., & Ollendick, T. H. (2001). Empirically supported psychological interventions: Controversies and evidence. *Annual Review of Psychology*, *52*, 685-716.

CT와 CBT와 관련된 구체적인 연구 결과들을 요약하자면, CBT는 불안, 우울부터 품행장애에 이르기까지 아동 및 청소년들이 가지고 있는 문제들에 효과적임이 연구를 통해 밝혀졌다. 〈표 1-4〉는 CT와 CBT를 사용해서 그 효과성을 살펴본 일부 연구를 정리한 것이다. 그러나 이러한 개입 방안에 대한 연구에 대해서 더 알고자 하는 사람들을 위해서 제시된 것 외에 수백 개의 기존 논문이 존재

한다. 이 책에서 소개된 많은 기법과 개념은 지난 수십 년 동안 많은 인지 상담
자와 연구자에 의해 개발되었고, 외래, 학교, 입원 혹은 다른 정신건강 센터 등
에서 근무하는 많은 상담자에 의해서 공통적으로 사용된 것들이다. 이 책에 설
명된 수많은 인지 기술과 개념에 대한 전체 출처 목록은 다음 장들의 지지 증거
절과 참고문헌(pp. 251-259)을 보기 바란다.

〈표 1-4〉 CT와 CBT를 지지하는 연구 결과

장애	지지 연구
우울(청소년 대상/ 아동 대상 우울 증상)	Butler, Chapman, Forman, & Beck (2006); Chambless & Ollendick (2001); Grossman & Hughes (1992); Reinecke, Ryan, & DuBois (1998)
불안장애	Butler, Champman, Forman, & Beck (2006); Chambless & Ollendick (2001); Grossman & Hughes (1992); Kendall, Hudson, Gosch, Flannery-Schroeder, & Suveg (2008)
분리불안장애	Chambless & Ollendick (2001); Kendall, Hudson, Gosch, Flannery-Schroeder, & Suveg (2008)
회피장애	Chambless & Ollendick (2001)
과잉불안장애	Chambless & Ollendick (2001)
강박장애	March (1995); O'Kearney, Anstey, & von Sanden (2006)
공포증	Chambless & Ollendick (2001)
외상후 스트레스 장애	Cohen, Deblinger, Mannarino, & Steer (2004); Deblinger, Stauffer, & Steer (2001)
주의력결핍 과잉행동장애	Barkeley (2000); Braswell & Bloomquist (1991)
품행장애/반항장애	Chambless & Ollendick (2001)
의학적인 상태로 설명되지 않은 신체적 문제(신체화 장애)	Butler, Chapman, Forman, & Beck (2006); Grossman & Hughes (1992); Moss, McGrady, Davies, & Wickramasekera (2003)

🖊 요약

인지모델은 인지 상담자들이 학생들의 호소 문제 및 변화 방식들에 대해 사고하고 이를 이해하는 기본 골격이라고 할 수 있다. 이 모델에서 감정, 생각 및 행동들은 모두 서로 연결되어 있으며, 사건 또는 상황이 그들 사이의 관계에서 연쇄 반응을 야기할 수 있다. 인지 상담자는 학생들이 사고, 감정 및 행동을 수정할 수 있도록 돕는 데 가장 중점을 둔다. 사고에는 의식의 바로 아래에 있는 자동적 사고부터 어떻게 학생이 자기 자신과 세상을 바라보는지와 직접적 관련이 있는 기저신념들(중간신념 및 핵심신념)까지 총 세 단계의 사고가 있다. 학생들은 보상전략을 사용하여 세상이 어떻게 작동하는지에 대한 이러한 기저신념들을 관리한다. 인지 상담자는 학생들이 생각하고 느끼고 행동하는 이유를 이해하고 학생들이 긍정적인 변화를 할 수 있도록 돕기 위해 사고의 여러 단계에 중점을 둔다. 상담의 목표는 단기적으로, 구체적으로 초점을 맞추어 정의되거나 혹은 장기적으로, 좀 더 폭넓게 초점을 두어 정의된다. 상담 작업은 여전히 단기 및 장기 목표를 다룰 수 있지만, 구체적인 목표를 선택하면 상담자와 학생들이 상담의 목표를 달성하는 데 도움이 된다. CT 상담 회기의 구조는 가용한 상담 시간 동안 효율적으로 그 목표를 보다 쉽게 달성할 수 있게 도와준다.

🖊 독자 활동: 인지모델

인지모델을 이해하는 것은 당신과 당신이 상담하는 학생 모두에게 정말 중요하다. 학생들의 관심을 끌어들일 수 있는 인지모델의 개념들을 잘 표현하는 롤러코스터 이야기와 유사한 이야기들을 한번 생각해 보자. 그 이야기는 (롤러코스터나 개 이야기와 같이) 학생들을 상담실에 오게끔 한 상황과 상관없는 내용을 담은 것일 수도 있고, (두 친구가 복도에서 부딪쳤는데 한 명은 화가 나고 한 명은 그냥 어깨를 으쓱하며 지나가는 것과 같이) 좀 더 현실적인 내용을 담은 것일 수도 있다.

_____

_____

_____

_____

_____

_____

_____

_____

인지모델 안에 들어 있는 개념들을 사용해서 학생들이 모든 상황에 대해 아주 좋게 생각할 수 있도록 도와주는 것이 현실적인가? 아니면 (Trevor가 롤러코스터를 탈 수는 있지만 그렇다고 그것을 좋아하는 것은 아님과 같이) 그냥 그 상황에 대해서 조금 낫게 느끼도록 도와주는 것이 현실적인가? 학생들이 경험하는 상황들 중 약간 좀 낫게 느끼는 정도가 최선의 목표일 만한 상황들에는 어떤 것들이 있을까?

_____

_____

_____

_____

_____

_____

_____

_____

chapter

02 인지치료 사례 개념화

✏️ 심리적으로 설명해 본다면, 왜 학생들은 그런 행동을 하는가

　지금까지 우리는 환경이나 상황 자체가 학생들이 느끼는 걸 야기하는 것이 아니라고 설명했다. 오히려 특정 감정이나 행동으로 이끄는 것은 학생들이 상황을 보거나 생각하는 방식이라고 할 수 있다. 이를 설명하기 위해 학생들이 당신의 상담실에 들어오면서 가질 수 있는 몇 가지 자동적 사고를 살펴보자. 다음은 학생들이 의식적으로 인식할 수도 있고, 그렇지 않을 수도 있는 다양한 자동적 사고이다.

　학생 1: 상담은 도움이 될 수 있지만 시간 낭비일 수 있다. 결정을 내리기 전에 몇 번 받아나 보지 뭐.
　학생 2: 상담자와의 만남은 시간 낭비야. 상담자는 내가 겪고 있는 것을 이

해하지도 못할 거고, 난 그냥 미술 시간이나 놓치게 되겠지.

학생 3: 난 정말 도움이 필요해. 상담자가 Amy를 도왔으니까, 아마 이 상
담자도 날 도와줄 수 있을 거야.

지금까지 읽은 걸 바탕으로 생각해 보면, 아마도 이 학생들이 각각 모두 다르
게 느끼고 있음을 추측해 볼 수 있다. 그렇다면 각자의 기분이 어떨지 한번 추측
해 보자.

학생 1: _____

학생 2: _____

학생 3: _____

아마도 당신은 학생들의 생각을 바탕으로 학생 1은 조심스럽고, 학생 2는 짜증
스러워하고, 학생 3은 관심있고 기대하고 있다고 생각했을 것이다. 앞 장에서
설명한 바와 같이, 사람들이 생각하는 방식은 그들이 느끼는 것과 직접적으로
관련이 있다. 그리고 우리가 무언가에 대해 자동적으로 생각하는 방식은 우리
의 중간 및 핵심신념과 직접적으로 관련되어 있다. 그러므로 우리의 중간 및 핵
심신념은 우리가 감정을 느끼는 방식에 영향을 미치고, 이러한 기저신념들과 관
련된 자동적 사고들과 보상전략들은 인지 상담자들이 인지적 개념화(Cognitive
Conceptualization; Beck, 1995)라고 부르는 틀을 통해서 도표화되고 이해될 수 있
다. 인지적 개념화는 대개 시간이 지나면서 상담자가 학생들에 대해 더 많이 이
해하고, 학생이 자신에 대해서 더 많이 이해하고, 학생이 상담을 통해 변화하면
서 지속적으로 바뀐다. 이 인지적 개념화는 다음에 대한 상담자의 이해를 가장
잘 반영한다.

● 학생의 신념 형성에 관련이 있거나 그 신념을 형성하는 데 영향을 미친 학
생의 경험

- 학생이 자기 자신, 타인 그리고 세상에 대해서 믿고 있는 것
- 자신의 핵심신념을 기반으로 하여 학생이 맞추고 따라야 하는 규칙
- 학생이 의식 수준에서 혹은 의식 수준 아래에서 가지고 있는 깊은 수준의 신념에 기반을 둔 사고 양식

인지적 개념화에 대해서 생각할 때, 혹시 '아, 이거 일이 많은 것처럼 들리는데 내가 왜 이걸 해야 하지?' 와 같이 불안하거나 경계가 되는 감정이 들었는가? 만약 이런 생각이 지각된다면, 우리는 이러한 혼잣

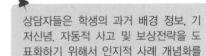

상담자들은 학생의 과거 배경 정보, 기저신념, 자동적 사고 및 보상전략을 도표화하기 위해서 인지적 사례 개념화를 사용한다.

말이 '음, 인지적 접근이 효과적이라고 증명되어 왔으니 한번 기회를 줘 볼까?' 와 같은 좀 더 열린 마음과 생각으로 바뀌길 기대한다. 그러다 보면 아마도 불안하고 초조한 감정이 호기심이 생기고 낙관적인 감정으로 변화되는 과정에 영향을 미치는 생각들을 알아채고 지각할 수 있을 것이다. 만약 이러한 생각의 변화를 갖는 데 성공하지 못했다면, 일단 조금만 참고 있어 보길 바란다. 다음 장들에서 학생들과 그리고 상담자인 당신을 위해서 필요한 다양한 기술을 강화시킬 방법들이 소개될 것이기 때문이다.

계속 읽기 전에, 먼저 자신이 함께 작업을 하는 학생들에 대해서 현재 어떻게 이해하고 있는지 생각해 보는 시간을 가져 보길 권한다. 그 아이들이 누구인지, 왜 그렇게 생각하고 행동하는지, 그리고 무엇이 그들의 현재 상태에 영향을 미치는지에 대해 감을 잡으려고 노력하고 있는가? 만약 그렇다면 당신은 이미 인지치료(CT) 상담자와 비슷한 방식으로 개념화하고 있는 것이고 매우 바람직하다. 이 장에서 소개될 대부분의 내용은 이미 당신이 하고 있는 것과 매우 유사할 것이다. 만약 당신의 학생들에 대해서 이런 방식으로 생각해 보는 것이 평소에 상담을 해 오던 방식과 많이 다르다면, 우리는 이러한 개념화가 어떻게 다를지, 그리고 어떻게 앞으로 CT 혹은 인지적 개념화를 당신의 학생과의 상담 작업에 통합시켜 사용할 수 있을지에 대해서 생각해 보길 바란다.

학생에 대한 인지적 개념화를 염두에 두고, 인지 상담자들은 현재 학생이 상

담 목표에 도달하는 것을 방해하는 행동, 사고 양식 혹은 기저신념들에 대해서 초점을 맞출 수 있다. 그렇게 함으로써 인지 상담은 전통적인 지지기반 상담의 효과를 넘어서서, 현재 학생의 삶에 문제를 야기하는 특정 사고 양식이나 신념에 대해서 학생과 함께 초점을 맞추고(닻을 내리고) 작업하는 것이 가능하게 된다. 우리는 닻(anchor)이라는 용어를 사용하여 학생과의 개별 회기뿐만 아니라 전반적인 상담이 당신과 학생이 변화시키려고 하는 주제 또는 문제에 고정되어 이루어질 것임을 명확히 하고자 한다.

일부 학생의 경우, 도움이 되지 않는 생각과 행동이 평소 삶에서 수행하는 역할을 이해하고 궁극적으로 그것을 변화시키는 것에 초점을 맞추고 상담을 진행할 것이다. 그러나 만약 학생들이 기저신념들에 관심이 있고 그것에 접근하는 게 가능하다면, 이는 단순히 도움이 안 되는 사고와 행동뿐 아니라 가장 바탕이 되는 기저신념들에서의 변화를 이끌어 내도록 도움으로써 더 지속적이며 오래가는 변화를 만들어 낼 수 있다. 이러한 상황이 발생하면, 상담자로서 당신은 현재의 문제와 관련된 기저신념에 대해서 각 회기마다 초점을 맞추고(닻을 내리고), 학생들이 그들의 목표를 달성하도록 도와줄 수 있다. 학생에 대한 인지적 개념화는 어떤 치료 방법을 사용할지 정하고, 어떤 중재 방안을 사용할지를 선택할 수 있도록 안내할 것이다. 행동, 사고 및/또는 기저신념들에 초점을 맞추

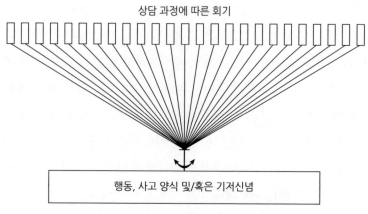

상담 과정에 따른 회기

행동, 사고 양식 및/혹은 기저신념

[그림 2-1] 시간의 흐름에 따른 CT 회기

는(닻을 내린) 인지 상담은 회기 간의 연속성을 만들어 내고 상담자와 학생 모두 변화를 위해 작업하고 있는 목표에 대한 명확한 관점을 갖게 한다. 이러한 인지적 개념화와 행동, 사고 양식 및 기저신념들에 고정한 치료 계획을 수립하는 것은 3장과 5장에 자세히 설명되어 있다. 행동 및 사고 양식과 기저신념들에 고정한 CT 회기에 대한 묘사는 [그림 2-1]에 나와 있다.

✏ 인지적 개념화

학생의 생각과 행동에 초점을 맞추든 학생들의 더 깊은 근본적인 신념에 고정을 하여 상담을 진행하든, 세 번째 회기쯤에는 학생에 대한 기초적인 인지적 개념화가 이루어질 필요가 있다. 전통적인 외래 상담 환경에서의 상담과는 달리, 우리는 인지치료를 하고자 하는 학교 상담자가 대다수의 학생과 함께 기저신념을 탐색하기에 충분한 시간을 갖지 못한다는 것을 발견했다. 기저신념에 초점을 맞추고 상담을 진행하지 않는다 하더라도, 행동/사고 패턴이 어떻게 기저신념에 영향을 미치고 또 기저신념으로부터 영향을 받는지를 이해하는 것은 여전히 중요하다. 이는 상담자로 하여금 개입 방식을 선택하게 하고, 어떤 개입 전략이 효과적으로 잘 적용될지를 이해하고, 왜 학생들이 특정한 방식으로 행동하는지를 이해하는 데 도움이 된다.

앞 장의 상담 사례에 등장하는 학생들에 대한 인지적 개념화는 이 장 전체에 걸쳐서 제시될 것이다. 사실, 이미 1장에서 당신은 David의 인지적 개념화와 신념에 대해서 작업을 시작하였다. 인지적 개념화에 대한 이해를 높이기 위해 핵심신념, 중간신념 및 자동적 사고와 같은 세 가지 신념에 대해 다음 쪽부터 자세히 설명할 것이다. 핵심신념과 중간신념은 학생의 세상과 자신에 대한 기저신념들일 뿐 아니라 세상을 살아가기 위해서 그들이 무엇을 해야 하는지에 대한 신념에 관한 것이기도 하다. 따라서 먼저 핵심신념과 중간신념을 각각 구분하여 설명하고, 그다음 기저신념들로서 둘을 합쳐 함께 고려하는 방법을 제시할 것이다. 그다음에 어떻게 이러한 기저신념들로부터 자동적 사고들이 나타나는 지를 설명할 것이다.

✎ 핵심신념

핵심신념(core beliefs)은 어린아이가 생애 초기부터 발달시키는 근본적인 신념 이다. 이러한 신념은 이후 갖게 될 신념들과 사고들을 위한 기반이 된다. 핵심 신념은 변경하기 어려울 수 있으며 각 학생의 초기 아동 경험과 직접 관련이 있 다. 자기 자신에 대한 이러한 신념은 일반적으로 두 가지 범주, 즉 무력감 혹은 사랑받지 못함에 대한 신념(Beck, Wright, Newman, & Liese, 1993) 중 하나로 연 결될 수 있다. 예를 들어, 어렸을 때부터 발달 연령에 비해 지나치게 어렵고 부 적절한 과제들에 지속적으로 노출된 아동의 경우, 자신은 무력하거나 무능하다 는 신념을 갖게 된다. 관심을 받기 위해서 노력하나 그에 대한 적절한 반응을 지 속적으로 받아 보지 못한 아동의 경우는 자신이 사랑스럽지 않다는 신념을 갖게 될 수 있다. 이에 반해서, 시도해 보는 많은 것에서 충분히 유능감을 경험한 아 동은 자신의 환경에 대한 요구를 탐색할 수 있다는 신념을 갖게 될 것이다. 인정 받고 사랑받으며 자란 아동은 자신이 사랑스럽다는 신념을 키울 수 있다.

많은 핵심신념은 학생들의 가족에 의해 직접적으로나 간접적으로 형성되어 왔을 가능성이 높다. 예를 들어, 학대받는 가정에서 자랐던 어린 소녀를 생각해 보자. 가정에서 경험한 분노 감정에서 이어지는 폭력들은 어린 소녀로 하여금 분노는 위험하다는 신념을 갖게 할 수 있다. 이후에 타인들이 분노를 표현할 때 마다 어린 시절 아버지의 분노를 보았을 때처럼 '나는 지금 위험에 처해 있다.' 와 같은 자동적 사고가 작동되고, 그 결과로 그 상황에서 철회하는 행동적인 대 처 전략을 사용할 것이다. 시간이 지남에 따라 그 소녀는 자신을 보호하기 위한 방법으로 분노가 나타날 만한 어떤 상황이나 사람으로부터 철회하는 행동 양식 을 보일 가능성이 높다. 이러한 아동이 성장하여 엄마가 된다면, 그녀는 자신의 자녀가 화를 낼 때 그 화가 적절하고 위험한 것이 아니더라도 자녀로부터 거리를 두고 외면할 수 있다. 그녀의 자녀는 자신이 화를 낼 때마다 거리를 두고 멀리하는 엄마를 관찰하면서, '만약 내가 화를 내면 사람들은 나를 사랑하지 않을 거야.'와 같은 중간신념을 갖게 될 것이다. 이러한 방식으로 신념들은 의도하지 않게 세대에 걸쳐 전달되고, 전달되면서 다른 형식으로 변형된다. 만약 다른 가족 구성원의 신념이 여기에 같이 더해지면(훈육의 일부로서 화를 내어야 한다고 믿는 아버지, 화를 내면 더 화를 내는 방식으로 반응하는 이모/고모 등), 이 신념 체계는 더 복잡해지고 우리의 성격 안에서 아주 깊숙이 자리 잡게 된다.

아동기에서 비롯된 다른 신념들은 꼭 한 세대에서 다른 세대로 전달된 것은 아니며, 생애 초기 경험의 결과이기도 하다. '어떤 남자애도 나를 진심으로 아껴 주지 않을 것'이라고 생각하는 Michele을 예로 들어 보자. 우리가 초기 회기들에서 그녀로부터 습득한 과거력과 여러 정보를 기반으로 인지적 개념화를 시도하면서, 우리는 이러한 생각이 자신은 사랑스럽지 않다는 핵심신념과 그녀가 타인에게 제공해야 하는 유일한 것이 성관계라는 중간신념과 관련이 있다고 가정해 볼 수 있다. 이러한 신념들은 이전 세대를 거쳐서 전해져 내려온 신념 체계라기보다는 아동기 가족이 아닌 사람에 의해 이루어진 성적 학대 경험의 결과이다. 물론 그녀의 가족도 이러한 성에 대한 관념과 성적 학대와 관련된 그녀의 신념에 기여했을 수 있지만, 학대를 당한 경험이 Michele이 가지고 있는 이러한 신념들을 형성하는 데 가장 크게 작용했을 가능성이 높다.

자동적 사고나 중간신념과 마찬가지로 핵심신념은 ① 진실이고 도움이 되거나 ② 진실이지만 도움이 전혀 되지 않거나 혹은 ③ 진실이 아닐 수 있다. 상담에서 장기 목표는 건강한 핵심신념을 만들고 강화시키고, 도움이 되지 않는 핵심신념은 감소시키거나 수정하는 데 있다. 핵심신념은 (다른 어떤 사람들에게도 마찬가지이지만) 학생들 안에서 깊이 뿌리내리고 있고 아주 견고하고 완벽하게 믿고 있는 신념이기 때문에 수정하는 데 시간이 오래 걸린다. 우리는 3장과 4장의 개입 관련 부분에서 핵심신념을 변화시키는 방법에 대해서 탐색해 볼 것이다. 이러한 논의를 통해서 당신은 어떻게 초기 경험이 핵심신념에 연결되고, 학생들이 생각하고 자신을 둘러싼 세상과 상호작용하는 방식에 영향을 미치는지에 대해서 깨닫게 될 것이다.

✎ 중간신념

중간신념(intermediate beliefs)은 학생들이 어떻게 세상이 기능하는지를 인식하는 (일반적으로 표현되지 않는) 규칙이다(Beck et al., 1979). 상담자로서, 핵심신념은 학생들이 세상과 자신에 대해 '진실'이라고 믿는 것이고 그들이 자신들의 '진실'을 다루는 방법으로서 존재해야 한다고 믿는 '규칙'이라고 생각하면 이해하기가 쉬울 것이다. 그 규칙은 학생들이 자기 주변의 여러 사건을 탐색하고자 할 때 그들을 특정한 방향이나 방식으로 인도한다.

중간신념은 자동적 사고의 바로 밑에 위치한 중간 수준의 신념이다. 당신이 상담자로서 학생의 자동적 사고들에 대해서 인식하도록 도울 때, 이러한 자동적 사고들 사이에서 나타나는 패턴이나 공통점들이 그들의 중간신념에 대한 힌트를 제공한다. 중간신념은 어떻게 세상이 돌아가는지에 대해 학생들이 내재화한 '규칙들'이다. 이러한 규칙들은 대체로 학생들이 만약 어떤 일이 발생하면 그 뒤에는 특정한 결과(긍정적일 수도 있고 부정적일 수도 있는)가 나타날 거라는 "만약 ……하다면 ……할 것이다"와 같은 진술문의 형식을 갖고 있다.

1장에서 이러한 개념들을 소개할 때, 우리는 Michele의 자동적 사고와 행동들을 살펴보고, 그녀의 중간신념에 대해 합리적인 추측을 하기 시작했다. Michele은 '내가 그 남자애와 성관계를 가진다면, 그건 그 애가 나를 좋아한다는 의미일 것이다.'와 '만약 남자애들이 날 좋아하지 않는다면, 나는 쓸모가 없다.'와 같은 식으로 생각한다. 이러한 생각을 바탕으로 우리는 Michele이 ① 젊은 여성으로서 자기의 가치는 남자의 인정에 달려 있고, ② 남자와 성관계를 맺는 것이 인정을 받는 좋은 방법이며, ③ 성관계는 자신이 육체적으로 매력적이지 않은 게 아니라는 증거라고 생각한다는 것을 추측해 볼 수 있다.

✎ 보상전략

타인, 세상 그리고 자신에 대한 학생들의 기저신념을 바탕으로, 학생들은 자신의 기저신념들을 다루고 세상의 '규칙'에 따라서 살 수 있도록 돕는 일종의 보상전략들이나 행동들을 발달시킨다. 이러한 보상전략들(Beck, 1995)은 논리적인 것과 거리가 먼 것처럼 보여 때때로 관찰하기가 곤혹스럽거나 다루기가 곤란하고 힘들 수 있다. 여기서 기억해야 할 점은 이러한 행동들이 당신의 논리에는 맞지 않을 수 있지만(자기 자신의 고유한 신념을 기반으로 해서) 그것들의 이면에 나름의 논리가 없다는 것을 의미하지는 않는다는 것이다. 종종 우리는 멈추어 서서 학생들의 눈을 통해 보았을 때 세상이 어떻게 보이는지 이해할 수가 있고, 학생들의 기저신념에 따라서 보면 그 행동들이 잘 이해가 될 수 있다.

1장에서 언급한 바와 같이, 보상전략들은 ① 유지하기 전략(핵심신념 지지), ② 반대하기 전략(핵심신념이 잘못되었다는 걸 증명하기 위한 방법), ③ 회피하기 전략(핵심신념을 활성화하지 않으려고 애쓰는 방법)의 세 가지 범주 중 하나에 속한다. 학생들은 자신의 핵심신념을 다루기 위해 하나 이상의 전략을 사용할 수도 있다. 일례로, [그림 2-2]에서 요약한 것처럼 1장에서 다룬 Michele의 보상전략들을 살펴보자.

Michele의 반대하기 전략은 큰 결점을 가지고 있었다. 만약 성관계를 가진 후 남자애들이 Michele에 대한 관심을 거두어 버리면, Michele은 그러한 거절을 자신이 쓸모없고 사랑스럽지 못하고 매력적이지 않다는 증거로 이해한다. 궁극적으로 그녀의 자신에 대한 기저신념은 더 강화된다. 그렇다면 Michele에게서 어떤 종류의 유지하기 및 회피하기 전략을 살펴볼 수 있을까? 어떻게 이러한 전략 혹은 행동이 그녀의 신념에 영향을 미칠 수 있을까?

유지하기 전략: _____

_____

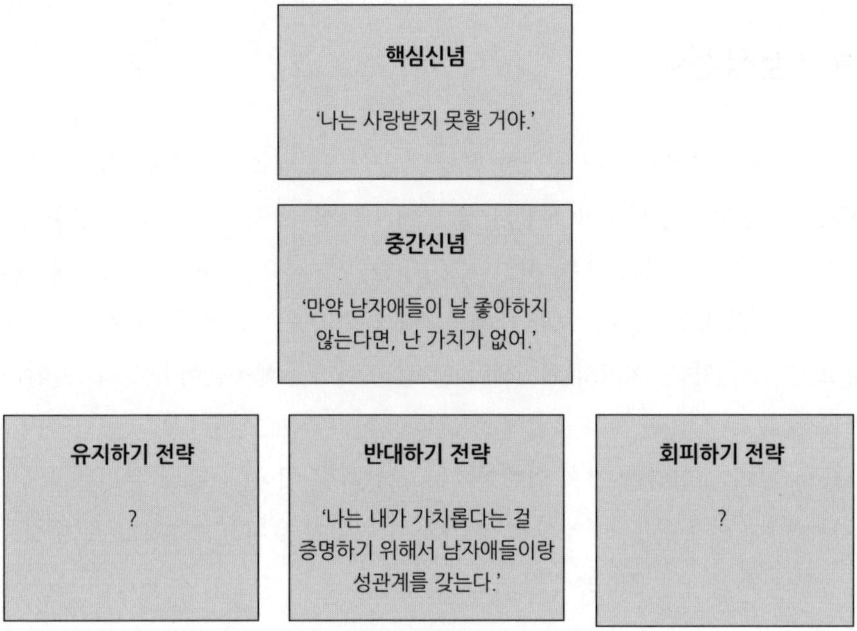

[그림 2-2] Michele의 보상전략

_____

_____

어떻게 유지하기 전략이 신념에 영향을 미치는가?: _____

_____

_____

_____

회피하기 전략: _____

_____

_____

_____

어떻게 회피하기 전략이 신념에 영향을 미치는가?: ＿＿＿＿＿＿＿＿＿＿
＿＿＿＿＿＿＿＿＿＿＿＿＿＿＿＿＿＿＿＿＿＿＿＿＿＿＿＿＿＿＿
＿＿＿＿＿＿＿＿＿＿＿＿＿＿＿＿＿＿＿＿＿＿＿＿＿＿＿＿＿＿＿
＿＿＿＿＿＿＿＿＿＿＿＿＿＿＿＿＿＿＿＿＿＿＿＿＿＿＿＿＿＿＿

　그녀의 상담자로서 당신은 Michele로 하여금 그녀가 정말 원하는 것과는 맞지 않는 것처럼 보이는 이러한 행동을 살펴보게끔 도울 수 있다. Michele의 기저신념들을 기반으로 해서 어떻게 그리고 왜 이러한 전략들을 사용하는지를 이해하는 것은 어떻게 Michele이 세상에 대해 이해를 하고 왜 그런 행동을 하는지를 좀 더 명확히 이해하는 데 도움이 될 것이다. 시간이 지남에 따라 인지 상담은 학생들에게 더 이상 문제를 야기하지 않거나, 도움이 안 되는 신념을 강화하지 않는 방식으로 그것을 다루는 새로운 전략이나 개입 방안에 초점을 맞출 수 있다.

사례 개념화는 상담의 특정 지점에서 학생에 대한 당신의 이해를 표상하는 것으로서, 서서히 발전해 나가는 학생에 대한 그림이다.

　이제 [그림 2-3]을 보자. 이 사례 개념화 기록지(Beck, 1995에 근거함)는 핵심 및 중간신념을 식별하고자 할 때 고려하면 좋을 질문들이 나열된 기록지로, 이를 사용하여 당신의 학생에 대한 이해를 시작해 볼 수 있다. 우리는 (이 책 마지막의 〈부록 2-1〉에 재사용할 수 있도록 포함된) 이러한 사례 개념화 도안을 당신이 상담하는 각 학생마다 사용하기를 적극 권장한다. 사례 개념화는 당신과 상담을 받는 학생이 학생의 생각과 신념에 대해서 더 많이 알게 되고, 이러한 생각과 신념이 상담을 통해 변화되면서 시간에 따라 변화할 수 있다. 1장에서 Michele의 이야기를 살펴본 후에 어떻게 [그림 2-3]에 제시되어 있는 빈 인지적 개념화 양식을 작성해 볼 것인지 생각해 보자. Michele에 대한 초기 인지적 개념화를 작성한 후에 [그림 2-4]에 제시되어 있는 완성된 인지적 개념화를 살펴봄으로써, 우리가 Michele에 대해서 했던 것과 당신이 스스로 작성한 것이 유사한지 아닌지 확인해 보길 바란다.

초기 경험

이 학생에게 영향을 미쳤을 중요한 초기 경험은 무엇인가?

기저신념(들)

이 학생이 자신과 세상에 대해 가지고 있는 가장 깊은 신념은 무엇인가?
이 학생은 자신의 핵심신념과 직접 관련하여 세상에서 어떻게 살아갈지에 대해 어떤
신념들을 가지고 있는가?

생각 및 감정 패턴

특정 상황에서 나타난, 빠르게 지나가는 평가적 생각은 무엇인가?
그러한 생각과 연결된 감정은 무엇인가?

행동 패턴

자신의 신념을 바탕으로 이 학생이 한 행동은 무엇인가?

[그림 2-3] Michele의 빈 인지적 개념화

출처: Beck(1995)에 근거함.

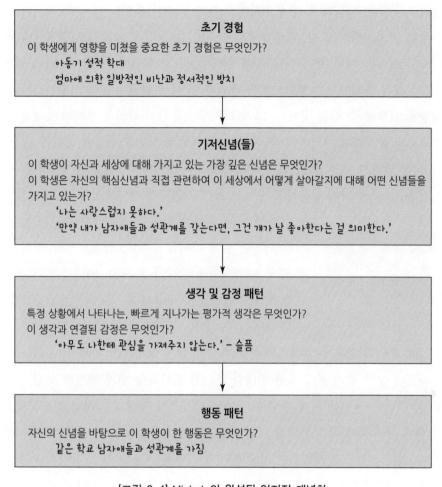

[그림 2-4] Michele의 완성된 인지적 개념화

✏ 인지적 개념화 단순화하기

  고등학교에서의 우리의 경험은 대부분의 상담자가 자신이 상담하는 학생들로 하여금 그들의 기저신념이 미치는 영향을 이해하도록 도울 만한 충분한 시간이 없을 것이라는 걸 깨닫게 한다. 하지만 치료가 기저신념의 변화에 초점을 맞출때(닻을 내렸을 때), 학생의 중간신념과 핵심신념의 차이를 그들에게 직접 설명하고자 하는 시도가 항상 유익하지도 혹은 필요한 과정도 아니다. 그러나 효과적인 인지 상담자로서, 학생들에게 이 차이를 설명하지 않기로 결정했다 하더라도 이러한 개념 간의 차이를 이해하는 것은 중요하다. 우리가 핵심신념과 중간신념을 분리해서 설명함으로써 당신은 이 각 신념들이 삶에 미치는 고유의 영향을 이해할 수 있을 것이다. 그러나 우리는 당신이 신념의 변화에 초점을 맞추고 그러한 변화를 이끌어 내는 것을 상담 목표로 하는 학생들과 대화를 할 때, 이 둘을 합쳐서 기저신념들로서 설명하기를 권장한다. [그림 2-5]의 그림은 우리가 Michele과 같이 공유하고자 하는 요약된 인지적 개념화이다. 치료 계획을 위해서는 더 자세한 인지적 개념화가 요구되나, 단순 버전은 쉽게 이해할 수 있는 방식으로서, 상담 목표에 도달하는 데 방해가 되는 Michele의 초기 경험들과 기저신념들에 대해서 Michele과 소통을 하는 데 사용될 수 있다.

> 학생과 사례 개념화를 공유하는 것은 학생이 자기 자신의 생각과 신념에 대한 이해를 확인하는 중요한 방법이다

[그림 2-5]와 같은 인지적 개념화를 학생과 함께 작성하기 위해서, 우리는 상담자들이 상담 회기 전에 학생에 대한 완전한 개념화를 먼저 작성해 보길 추천한다. 이러한 완전한 사례 개념화는 상담 회기에서 학생의 기저신념들을 학생과 함께 탐색하여 함께 인지적 개념화를 작성해 볼 때 정신적인 길잡이가 되어 줄 수 있다. 이 사례 개념화는 상담과 개입 방안을 적용할 때 상담자의 머릿속에서 상담에 대한 가이드로서 활용될 수 있으나, 꼭 학생에게 보여 줄 필요는 없다. 학생에 대한 개념화가 완성된 후에, 당신이 기록을 해 둔 것과 당신이 학생과 같이 동의한 것 간에 비교를 해 보는 것은 중요하다. 이는 당신의 초기 인지적 개념화 가정에서 어떤 점을 변경해야 하는지를 볼 수 있도록 도와주며, 어떤 경우에는 학생들이 자신에 대해서 힘들어하는 점이 무엇인지를 지각할 수 있도록 도와준다.

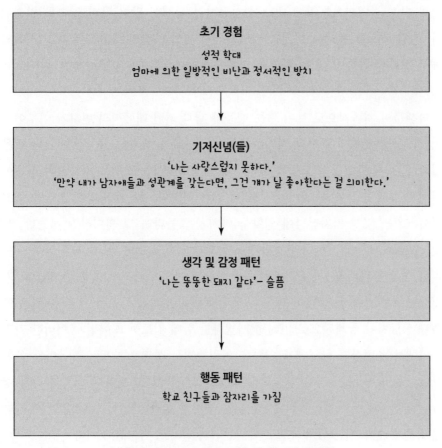

[그림 2-5] Michele에게 보여 준 인지적 개념화

✏ 자신의 인지적 개념화 활용하기

학생에 대한 당신의 초기 인지적 개념화는 학생과 처음 세 차례 가진 회기 동안 형성되어야 하고, 이는 진행 중인 가설(working hypothesis)로서 다루어져야 한다. 이러한 가설 혹은 합리적인 추측은 학생이 매 회기에 가지고 오는 것들을 기반으로 해서 상담자가 지속적으로 검토하고 검증해야 하며, 어떻게 학생이 세

상과 자신을 바라보는지에 대해서 상담자와 학생이 많이 알면 알수록 변경된다. 상담 과정을 통해서 인지적 개념화는 학생이 자신의 사고 양식과 기저신념에서 변화를 만들어 내고, 이러한 변화를 바탕으로 지속적으로 개선된다(Beck, 1995).

학생들이 지속적으로 보여 주는 행동과 생각 패턴 내에서의 변화가 이루어지기 전, 상담 초기에 학생의 기저신념들에서 변화가 이루어지는 것은 거의 드문일이다. 이에 대부분의 고등학생과의 초기 상담에서는 학생들의 생각과 행동에서의 변화에 초점을 둘 것이다. 그러나 이는 사고와 행동의 변화에 초점을 두고 변화시키는 것이 기저신념에 영향을 미치지 않는다는 걸 의미하진 않는다. 사실, 상담 회기가 기저신념의 변화에 고정되어 있다고 했을 때, 이러한 변화는 이러한 신념과 얽혀 있는 사고와 행동에 대한 도전의 결과로서 종종 나타난다. 기저신념에 초점을 둔 상담이 행동과 생각 패턴에 초점을 둔 상담과 다른 점은 학생과 상담자가 공개적으로 인지적 개념화를 함께 검토하고 어떻게 이러한 기저신념에서의 변화가 학생에게 영향을 미치는지를 살펴보는 데 있다. 어느 쪽에 상담의 초점이 가든, 상담자와 학생이 함께 더 정확하고 도움이 되는 생각과 행동을 발견할수록 학생은 더 도움이 되는 생각과 행동들을 지속적으로 사용하는 법을 습득하며, 이는 궁극적으로 핵심신념의 변화로 이어질 것이다.

우리 사례의 다른 학생인 David에게 이를 적용시켜 보자. David는 성 전형적인 행동이 가치롭게 여겨지고, 학업과 운동에서의 성공이 그와 그의 형제들에 대한 평가의 척도로 사용되는 남부 침례교도 가정에서 자랐다. David는 자기가 기억하는 한 항상 학업에서 어려움을 경험했고, 최근에 학습장애 진단을 받았다. 자기 원가족의 규칙과 다르게, David는 운동에 참여하는 걸 별로 좋아하지 않았다. David는 동성애자인데, 이 역시 그의 가족의 가치에 부합하지 않았다. 이제 고등학생인 David는 점점 수업에 덜 참여하고 있다. 다른 학생들에 따르면 David는 스스로 '모든 사람이 자기를 혐오한다.'고 생각하며 자기는 친구들이랑 잘 맞지 않는다고 믿고 있다.

계속해서 이 책을 읽기 전에, David의 사례를 다시 한 번 읽어 보고 상담자로서 당신의 David에 대한 초기 이해는 무엇인지 그리고 어떤 상담적 접근을 할 것인지 생각해 보자. 이를 통해 이미 읽은 장들에서 배운 내용들을 통합하여 사용해 보자. 어떻게 David에 대해서 이해를 하고 있는지, 그리고 어떤 상담적 접근을 할 것인지에 대한 기술이 끝난 후에는 초기 인지적 개념화를 작성해 보자 ([그림 2-6] 참조).

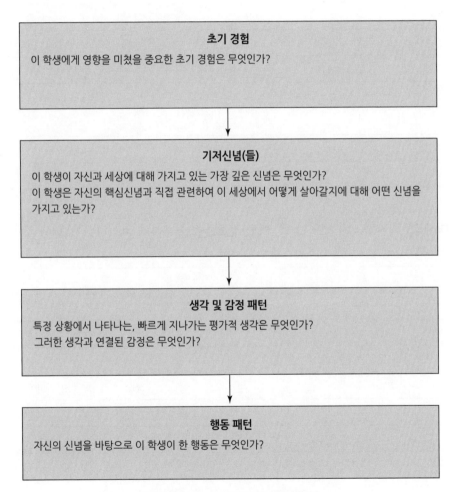

[그림 2-6] David의 빈 인지적 개념화

출처: Beck(1995)에 근거함.

당신이 상담자로서 David에 대한 초기 상담 개입을 한다고 가정할 때, David가
어려움을 겪고 있는 이유에 대해 당신이 이해한 것은 무엇인가?

_____

_____

_____

_____

_____

_____

_____

_____

_____

David를 이해하고자 노력할 때, 어떤 정보들을 중요하게 고려하겠는가?

_____

_____

_____

_____

_____

_____

_____

_____

_____

David가 자신의 심리적 문제들을 잘 다룰 수 있도록 어떻게 도와주겠는가?

_____

_____

_____

_____

_____

_____

_____

_____

_____

_____

상담 시, 무엇이 David에게 효과적이거나 효과적이지 않을 것 같은가?

_____

_____

_____

_____

_____

_____

_____

_____

_____

앞으로 나올 내용들을 읽고 나서 당신의 초기 인지적 개념화와 상담적 접근을 다시 한 번 살펴보고, 당신이 작성한 초기 인지적 개념화 및 상담적 접근과 우리가 작성한 것 간의 차이를 검토해 보라. David와 몇 번에 걸쳐 상담을 진행하고, 그의 상담 파일들을 읽고, 다른 학교 관계자들로부터 David에 대한 배경 정보들을 수집하고 나서, 우리는 David가 스스로에 대해서 생각하는 기저신념들과 어떻게 그것이 그에게 영향을 미치는지에 대한 강력한 가설을 세우게 되었다. David는 아마도 그의 기저신념들에 대해 인지하지 못하고 있을 수 있으나, 그의 자동적 사고들은 상담을 통해서 충분히 접근이 가능했다. 우리의 가설에 대한 증거 중 일부는 다른 학생들이 교실에서 좋은 의도를 가지고 David에게 건설적인 피드백을 제공하는 걸 목격했을 때 나타났다. 여러 상황에서 우리는 David가 건설적인 피드백을 부정적이고 자신을 공격하는 걸로 해석하고 받아들이고 있음을 알아차렸다.

[그림 2-7]을 보면 핵심신념과 중간신념이 따로 기술이 되어 있다. 이 책 마지막의 〈부록 2-1〉에 포함된 인지적 개념화 양식(J. S. Beck, 1995에 근거함)은 앞으로 학생들의 사례를 개념화할 때 복사해서 사용하라고 넣어 둔 것이다. [그림 2-7]은 우리가 David와 7회기를 마치고 작성한 사례 개념화이다. 이 그림의 초기 버전은 1장([그림 1-8])에 제시되어 있다. 하지만 보다시피 우리는 David에 대해서 더 많이 알아 갈수록 사례 개념화를 수정하였다. 우리는 David가 유능감과 관련하여 그의 아버지가 기대하는 영역에서 뛰어난 활동을 보이지 못하는 결과로 인하여 '나는 바보다.'와 같은 핵심신념을 가지고 있다고 개념화하였다. 당신의 David에 대한 사례 개념화도 유사한가?

우리는 David가 남자에게 매력을 느끼는 남자를 '구제불능'이라고 표현한 아버지와 함께 자라온 환경의 영향으로 인해 습득한 '내가 남자에게 매력을 느낀다면, 나는 구제불능이다.'와 같은 중간신념을 갖고 있다고 추측하고 개념화에 포함시켰다. 우리는 당신이 당신의 인지적 개념화의 초기 경험과 중간신념 부분에 이러한 유사한 정보들을 포함시켰길 바란다.

[그림 2-7]의 사례 개념화는 David와 상담을 한 상담자에 의해 수집된 정보와

초기 경험

이 학생에게 영향을 미쳤을 중요한 초기 경험은 무엇인가?

David의 아빠는 동성애자를 경멸하는 명칭으로 부르곤 했다. David는 동성애자이다.
David는 육체적으로 공격적인 운동을 즐기지 않았는데, 이는 항상 비판을 받아 왔다.
학업과 운동에서의 성공이 가치로운 것이고, 자기가치감을 측정하는 잣대였다.
David는 학습장애와 관련하여 학업적 어려움을 경험해 왔다.

기저신념(들)

이 학생이 자신과 세상에 대해 가지고 있는 가장 깊은 신념은 무엇인가?

이 학생은 자신의 핵심신념과 직접 관련하여 이 세상에서 어떻게 살아갈지에 대해 어떤 신념을 가지고 있는가?

"만약 내가 '바보 같은' 말을 하지 않으면 나는 괜찮을 거야."

'나는 가치롭지 않다.'(사랑스럽지 않다)   '나는 뭘 하든 성공해야 해. 그렇지 않으면 나는 완전 실패자다.'

'나는 바보다.'(무능력/무력함)   '만약 내가 남자애들에게 매력을 느낀다면, 나는 완전 구제
                                    불능이다.'

'나는 완전 구제불능이다.'   '내가 모든 사람이 나를 좋아하게 만든다면,
   (사랑스럽지 않다)   나는 괜찮아질 거다.'

생각 및 감정 패턴

특정 상황에서 나타나는, 빠르게 지나가는 평가적 생각은 무엇인가?

그러한 생각과 연결된 감정은 무엇인가?

'나는 모든 걸 망친다.'(슬픔)

'나는 괴물이다.'(슬픔)

행동 패턴

자신의 신념을 바탕으로 이 학생이 한 행동은 무엇인가?

친구들로부터 철수/고립

수업 포기

매력을 느끼는 남학생들을 피함

타인을 기쁘게 하려고 매우 노력함

[그림 2-7] David의 완성된 인지적 개념화

학교 내 다른 관계자들로부터 수집된 정보 그리고 그의 이전 상담자들로부터 확보된 상담 기록을 바탕으로 작성되었다. 이 사례 개념화의 일부 정보는 David의 진짜 생각과 신념을 정확히 기술하고 있을 수 있으나, 이 양식을 완성한 상담자가 약간의 실수를 했을 수도 있다. 결국 상담자들은 독심술가가 아니기 때문에, 임상적인 판단은 합리적인 추측(진행 중인 가설)을 하는 데 사용되며 이는 인지적 개념화를 형성하는 데 기여한다.

David와 그의 상담자가 지속적으로 상담 작업을 하면서, 상담자는 사례 개념화에 포함시켜야 할 새로운 요인을 발견하거나 혹은 이미 들어 있는 요인을 좀 더 잘 다듬고 정교화해야 할 수도 있다. 이러한 변화는 학생과 작업하면서 예상되고 기대되는 부분이며, 시간이 지남에 따라서 개념화는 점차 학생에 대한 상담자의 이해를 잘 나타내는 더 나은 표상으로 수정되고 개선되어야 한다. 만약 상담 회기가 기저신념들에 초점이 맞추어져 있다면, David와 그의 상담자는 그들의 수정된 인지적 개념화를 새롭게 진행되는 다양한 상황에 대한 David의 반응을 이해하는 틀로써 참고하여 사용할 수 있다.

✎ 자동적 사고: 기저신념에 대한 실마리

1장에서 언급한 바와 같이, 자동적 사고는 의식 과정의 흐름 안에 있는 생각이다. 이 장의 내용 대부분이 이 자동적 사고에 영향을 미치는 기저신념들에 대한 설명으로 이루어져 있기는 하나, 자동적 사고에 도전하고 이를 수정하는 작업은 대부분의 고등학생과 하는 상담 작업에서 주요 초점이 될 것이다. 어떻게 이러한 자동적 사고가 핵심 및 중간신념과 관련되어 있는지를 이해하기 위해서 [그림 2-8]을 보자.

[그림 2-8]은 어떻게 기저신념들이 학생들이 특정 상황에서 생각하는 방식에 영향을 미치는지를 보여 준다. 상담 회기에서 기저신념의 변화에 초점을 맞춘 학생들과는 이 도식화가 어떻게 그들의 생각이 기저신념과 관련되어 있는지 그

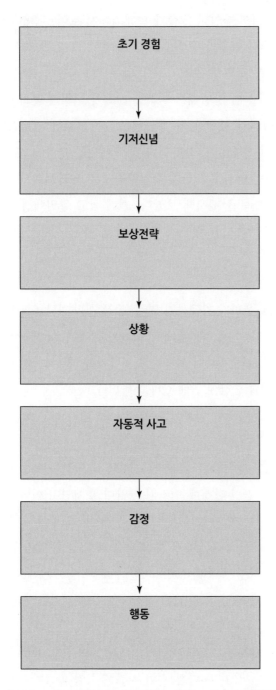

[그림 2-8] 자동적 사고에 영향을 미치는 인지적 개념화

리고 어떻게 삶에서의 다양한 경험과 연계되는지 보여 주는 데 도움이 될 수 있다. 다음의 축어록은 상담자가 David에게 어떻게 그의 기저신념들이 그의 문제들과 연결되는지를 설명해 주고자 시도하는 것으로서, 10회기에 이루어진 대화 내용이다. 실제 상담 장면에서 이러한 대화가 이렇게 빨리 이루어지고, 학생들이 이렇게 '이상적인' 대답을 할 가능성은 높지 않다는 점을 염두에 두기 바란다. 그러나 학생의 신념들이 그 학생의 삶에 미치는 영향을 이해하기 위해서 상담자와 학생이 어떤 방식으로 함께 작업하는지를 예로 보여 주기 위해서 다음과 같은 단순화된 축어록을 제시해 보았다. 실제 상담 장면에서 당신의 목표는 학생들로 하여금 이와 유사한 결론에 도달하도록 하는 것이지만, 그 과정은 더 더딜 수 있다.

> **상담자**: David, 우리가 지금까지 몇 주 동안 계속 만나 오면서 일종의 패턴을 발견했지. 어제 너의 친구 Jimmy가 네가 연극 연습 시간에 약간 정신이 팔려 있는 것같이 보였다고 이야기할 때 너는 꽤 기분이 안 좋아 보였고, 연습 중간에 집에 갔다고 하더라.
>
> **David**: 네, 정말 끔직한 기분이었어요. '나는 내가 하는 모든 걸 다 엉망진창으로 만들어?'라고 속으로 생각했어요.
>
> **상담자**: 음, 정말 상처받은 것 같구나. '나는 내가 하는 모든 걸 엉망으로 만든다.'와 관련된 감정에 연결된 생각이 무엇인지 이야기해 보면 좋을 것 같다. 너는 꽤 빠르게 스스로를 비난하는 일종의 패턴이 있는 듯해. 학교 과제에서 좋은 점수를 못 받았을 때도 몇 번 일찍 집에 갔고, 우리가 이러한 상황에 대해서 이야기한 후에 네가 '나는 바보다.' 혹은 '노력해 봤자 소용이 없다.'와 같은 생각을 했다고 기억해 냈잖아.
>
> **David**: 알아요. 이런 일들은 항상 제게 일어나요.
>
> **상담자**: 그래. 네가 스스로를 비난하고 사람들의 말의 일부나 성적 등에 초점을 맞추면서, 네가 다른 수업 시간에서 잘 따라가고 있고 연극에서는 중요한 역할을 하고 있다는 사실을 잊는 것 같아. 그런 부정적인 생

각들을 그렇게 자주 갖게 되면 정말 힘들 거 같아.

David: 저도 제가 왜 그러는지 모르겠어요. 하지만 가끔은 다른 좋은 일들은 중요하게 느껴지지 않아요.

상담자: 자, 여기서 보이는 패턴들을 살펴볼까? 뭐가 나올지 한번 보자. 내가 너에 대해서 어떻게 이해하고 있는지를 설명할 테니, 들어보고 내가 잘 이해하고 있는지 혹은 내가 놓치고 있는 게 없는지 알려 줄래?

David: 좋아요.

상담자: 고맙다. 자라 오면서 너의 가족, 특히 아버지가 네가 학교에서 잘하고, '남자 중의 상남자'같이 행동할 때만 인정을 해 주신 것 같구나.

David: 네, 하지만 전 학교에서 항상 잘하지도 않았고, 전 남자 중의 상남자도 아니에요. 전 항상 뭔가 열심히 노력하지만 결국 금방 실패해요.

상담자: 음, 아버지가 가치롭게 생각하는 기술들이나 능력 수준에 항상 맞추는 건 정말 쉬운 일이 아니였을 거란 생각이 들어.

David: 네.

상담자: 네가 가치로운 사람이라고 인정받을 수 있는 길은 좋은 운동선수나 학생이 되는 길뿐이라고 믿어 오게 된 것 같구나.

David: 네. 하지만 저는 연기를 좋아했고 그저 그런 학생이었죠. 그리고 전항상 구제불능이거나 바보라고 느꼈어요.

상담자: 나는 너에 대한 그런 말들이 네가 기분이 안 좋을 때 촉발되는 기저신념들 중 일부라고 생각해.

David: 네.

상담자: 그리고 '모든 사람은 나를 좋아해야 해.' 그리고 '나는 내가 하는 모든 일에서 꼭 잘해야 해.'와 같은 신념도 있는 것처럼 보여.

David: 맞아요. 제 친구들은 모든 사람이 날 좋아하지 않아도 괜찮다고 계속 이야기해 줘요. 어느 누구도 모든 사람에게 사랑받지 못한다구요. Kuse씨도 모든 연습이 완벽한 연습이 될 수 없다고 계속 이야기해 주고요. 제가 생각할 때는 그들은 저에 대해서 그냥 안타깝게 생각하는 것 같아요.

상담자: 음, 그러면 이 그림을 같이 살펴볼까? 이건 서로 관련이 있는 경험
들과 기저신념들에 대한 목록이야. 이것들은 네가 기분이 나쁠 때 떠
올리는 생각들과 연결되어 있어.([그림 2-9]를 David에게 보여 준다.)

이 상담자는 초기 경험과 기저신념들이 적힌 그림을 보여 주고, 어떻게 이들이
이전 사례 개념화에서 제시된 바와 같이 자동적 사고를 야기하는지 보여 줄 수 있
다. 이러한 인지적 개념화는 David가 자신의 생각들과 신념들을 그림의 다른 영
역들 중 어디에 놓을지 고민하는 걸 도우면서, 동시에 David로부터 가능한 한 많
은 정보를 얻으면서 상담자가 그려 나가는 협력적인 방식으로 만들어졌다. 이러
한 작업을 함으로써, 상담자는 그들이 작성하는 것이 David에게 이해가 되는지,
그리고 어떤 점이 잘못되었는지 등을 그와 지속적으로 확인해 볼 수 있다.

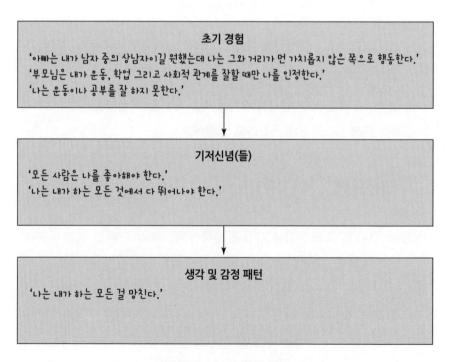

[그림 2-9] David와의 상담

상담자: 자, 우리가 이걸 작성해 나가면서 우리가 더 추가해야 하거나 혹은 여기서 **빼야** 하는 게 있니? 무언가 잘못 넣거나 하지도 않은 말을 넣거나 하지 않았어?

David: 아니요, 이거 완전 말 되는데요.

상담자: 음, 그러면 어떤 사람들이 네게 연습이 별로였다거나 부정적인 표현을 할 때, 네가 네 자신에 대한 부정적인 신념으로 돌아가는 방식으로 의미를 해석하고 있는 게 보이니?

David: 네, 제가 항상 그런 건 아니지만, 가끔 그게 제가 제 스스로 상황을 이해하는 방식이에요. 부정적인 방식으로 이해하는 거요.

다시 강조하자면, 수정되고 보완되는 개념화가 David에게 잘 맞는 것처럼 느낄 수 있도록 그가 동의하지 않는 건 어떤 것이라도 탐색되어야 한다. 이러한 과정은 그 그림이 정확하고, 학생에 의해서 잘 이해되고 있음을 확인하는 데 도움이 된다. 사고와 행동에 더하여 기저신념에 초점을 둔 상담을 받는 David와 같은 학생과 작업을 할 때, 이러한 그림은 이후 회기에서 문제들이 발생할 때마다 다시 참고하고 업데이트되어야 한다. 그래야 이 그림은 더 정확하고 정교해지며, 학생이 왜 자신이 그러한 방식으로 반응하는지에 대해서 더 많이 지각하는 데 도움이 될 수 있다.

기저신념에 초점을 둔 상담을 받지 않는 학생과 작업할 때에도 상담자는 여전히 자세한 인지적 개념화를 작성해야 하나, 그것을 학생들에게 반드시 보여 줄 필요는 없다. 그 대신, 인지적 개념화는 왜 그 학생이 자신의 목표 달성을 위한 진전이 있는지 없는지 그리고 어떤 개입 방법이나 접근 방식을 사용해야 하는지에 대해서 생각해 보는 데 도움이 된다. 만약 이 작업을 David와 한다면, 상담자로서 여전히 인지적 개념화를 그려야 하고, 이는 그가 왜 특정 사고 양식을 바꾸는 걸 어려워하는지 뿐 아니라, 왜 1장에서 소개된 생각의 함정에 빠져 있는지를 이해하는 데 도움을 줄 것이다. 당신이 선택하는 상담 개입 방법과 전략은 이 사례 개념화를 바탕으로 이루어질 것이고, 그럼으로써 학생의 목표를 달성할 수 있는 방식으로 사고 및 행동의 패턴을 바꿀 수 있을 것이다.

✎ 인지적 개념화, 치료 초점과 회기 전 기록지

아마도 당신에게 많은 학생과 기저신념들을 바꾸는 데 초점을 맞출 만한 시간이 없을 수 있다. 고등학교에서의 상담 회기는 외래 상담 환경에서 대체로 일주일에 한 번 50분에서 1시간씩 진행되는 전통적인 상담 회기보다 더 짧은 편이다. 또한 고등학생들은 상담자가 빨리 해결해 주기를 기대하면서 문제를 경험하고 난 후 바로 상담실을 방문하는 경우가 많다. 이러한 상황에서 상담은 학생의 긴급한 문제를 다루어 주면서 동시에 일종의 패턴 및/혹은 기저신념들에 초점을 맞추게 된다.

우리의 경험상 학생들은 부모님과 싸웠다던가, 학업에서 어려움이 있다던가, 친구와 갈등이 있다던가 등의 지금 가지고 있는 즉각적인 문제들 때문에 상담실을 찾는다. 학생들은 이러한 문제들이 즉시 사라질 수 있도록 도움을 받기를 원하고, 이에 대해서 상담자는 상담의 단기 목표로 접근함과 동시에 학생들이 어떻게 현재의 문제가 자신의 행동 및 사고 패턴과 관련되어 있고 일부는 기저신념과 관련되어 있는지를 볼 수 있도록 도움으로써 오래 지속되는 긍정적인 변화를 이끌어 낼 수 있다. 이러한 방법은 급박한 문제를 다룸과 동시에, 학생들이 그 문제의 패턴 아래에 놓여 있는 '무엇과 왜'를 이해할 수 있도록 돕는다.

상담에 덜 흥미를 보이거나, 보다 어리거나, 기능 수준이 보다 낮은 학생들과 작업할 때는 오직 사고와 행동 패턴에만 주목하여 작업을 해야겠지만, 기능 수준이 높은 학생과 작업할 때는 그것과 더불어 기저신념들에 대해서 함께 작업을 해 볼 수 있다. 이러한 접근은 '급한 불끄기' 방식에서 학생이 자신의 어려움을 이해하고 다루는 방법을 터득하도록 모델링해 주는 방식으로 이행하게 함으로써 미래에 학생 스스로가 '자신의 불을 끌 수 있도록' 준비시켜 준다. 이러한 접근 방식은 초기에는 상담자와 학생들의 문제 해결 과정의 속도를 좀 늦출 수 있으나, 장기적으로는 상담의 효과가 더욱 잘 나타날 수 있다. 인지적 전략들을 가르치는 것과 함께, 이러한 이해는 궁극적으로 학생들이 상담자의 제한된 지지 혹은 상담자의 도움 없이도 자신의 어려움을 다룰 수 있는 도구를 가지고 있다는 이해를 내재화하도록 도울 것이다. 사고 양식과 기저신념을 식별해 내고 변화시키는 전략들은 3장에 기술되어 있고, 행동 양식을 변화시키는 전략들은 4장에 기술되어 있다.

　자신의 문제에 관련된 생각과 행동 패턴을 이해하고, 그것을 치료 계획을 위한 초점으로서 집중하게끔 학생들을 돕기 위해서, 우리는 학생들에게 회기 전 기록지를 작성하도록 요청할 것을 추천한다([그림 2-10] 참조). 5장에서 더 자세하게 다룰 이 회기 전 기록지는 학생들이 당신을 보러 오고 난 직후에 빠르게 작성될 수 있다. 이러한 작업지는 학생들이 이전 회기에 배운 기술들을 적용해 볼 뿐 아니라 현재 상황과 관련된 행동, 감정, 사

회기 전 기록지는 학생으로 하여금 자신의 사고, 감정 행동 양식과 요구되는 기술들에 대해서 다시 되돌아보고 생각하게끔 도와준다.

고 양식을 멈추고 돌아보게끔 한다. 상담 회기 전에 이 기록지의 질문들에 대해서 학생들이 생각해 보는 것은 이미 습득한 CT 개념을 적용해 보고 자신의 문제를 다루기 위해서 적극적인 역할을 취하는 능력을 강화시킨다. 이 회기 전 기록지에 대한 이해를 시작으로, 어떻게 그것이 학생들로 하여금 치료의 목표를 달성하는 데 방해가 되는 자신의 문제를 다루는 데 적극적으로 참여하도록 돕는지 알아보기 위해서 Alfred가 작성한 기록지를 보고, 이 기록지를 Alfred와 그의 상담자가 함께 작업한 상담 작업과 연결시켜 이해해 보자([그림 2-10] 참조). 이 회기 전 기록지는 Alfred가 친구들과 싸우는 반복되는 문제를 가지고 있을 때 9회기 직전에 작성한 것이다. 복사하여 사용할 수 있는 회기 전 기록지는 이 책 마지막의 〈부록 2-2〉에서 찾아볼 수 있다.

　Alfred와 몇 달간 작업을 하면서 상담자는 Alfred가 기록지에 반복적으로 '애랑 한 판 붙을 거다.'와 같은 자동적 사고를 쓰고 있음을 발견했다. Alfred와 함께 이 생각에 대해서 탐색을 한 후, 상담자는 그것이 치료의 초점이 될 수 있는 중간신념과 관련이 있다고 생각했다. 상담자는 Alfred가 이 세상은 위험하다는 기저신념과 함께 안전하게 자신을 지키기 위해서는 내가 공격받기 전에 먼저 공격하는 것이 유일한 방법이라는 중간신념 둘 다를 가지고 있다는 강한 가

오늘 내가 이야기하고 싶은 것은: Keith가 오늘 복도에서 나한테 시비 걸려고 했다.	내 기분은 행복함 **화남** 슬픔 걱정됨 흥분됨 당황함 죄책감 편안함 기타	기분의 강도: 가장 높은 10 9 ⑧ 7 6 5 4 3 2 1 가장 낮은
내가 이 상황에 대해서 생각하고 있는 것은: Keith가 나한테 시비 걸 수 있다고 생각한다면, 나는 Keith를 데리고 나갈 거다(한판 붙을 거다).		
내가 그 문제를 해결할 최선의 방법은: 잘 모르겠다. 나는 Keith랑 한판 붙고 싶지만, 내가 그러면 안 되고 무시하거나 다른 걸 해야 한다고 상담자가 말할 거라는 걸 안다.		
지난 상담 이후 내가 생각하고 있는 것은: 자동적 사고 – 나는 내가 그런 걸 가지고 있다고 생각하지 않는다.		
나는 내 연습과제를 했다 ____X____ 하지 않았다 _____		

[그림 2-10] Alfred의 회기 전 기록지

설을 갖고 있다. Alfred의 신념들은 위험한 동네에서 자라면서 Alfred가 어렸을 때는 많은 상황에서 사실이었고, 일면 도움이 되었다. Alfred의 신념들은 형제자매들을 보호할 때 그리고 길거리 싸움과 레슬링 시합에서 이기면서 공격적인 행동 패턴과 더불어 강화되었다. 하지만 위험하고 공격적인 반응 패턴으로 바라보는 세상에 대한 그의 시각은 더 이상 그에게 도움이 되지도 않았고, 그가 학교에 있을 때나 그를 돕고자 하는 사람들과 있을 때는 사실도 아니었다. [그림 2-10]에 있는 회기 전 기록지를 마음속에 두고, 어떻게 다음의 대화에서 이 기록지가 상담 장면에서 중요한 역할을 하는지 살펴보자.

상담자: 기록지를 잘 작성했네, Alfred.

Alfred: 고맙습니다.

상담자: 이번 주에 무슨 일이 일어나고 있는지 정확히 파악하기도 전에 다른 사람들이 널 공격하려고 한다고 생각하는 문제가 있었나 보구나. 보아하니 이런 일이 자주 발생하는 것 같구나.

Alfred: 그런 거 같아요. 저는 만약 누군가가 저랑 싸우려고 하는지를 기다려서 알게 되길 원하지 않아요. 그보다는 내가 반격이 가능하다는 걸 먼저 그들에게 보여 주는 게 더 나아요.

상담자: 음, 그래. 지금 네게 일어나고 있는 그 생각들이 뭔지 이해가 돼. 사실 나는 그게 너의 많은 어려움과 관련된 기저신념이랑 관련이 있다고 생각이 드네.

Alfred: 네, 그게 제게 많은 문제를 일으키고 있죠. 하지만 사실이에요.

상담자: 솔직하게 이야기해 줘서 고맙구나. 그럼 방금 네 말을 한번 살펴보자. 내가 한 번이라도 너랑 싸우려고 한 적이 있니?

Alfred: 아뇨, 저는 대체로 선생님들과 싸우지 않아요. 대체로 여기 모든 애가 저를 시험하죠.

상담자: 좋아, 이 학교의 얼마나 많은 학생이랑 싸워 봤니?

Alfred: 12명쯤이요?

상담자: 음, 이 학교에 약 1,400명의 학생이 있어. 12명은 많아. 하지만 전체 학교의 학생들을 따져 보면 학생들의 1%도 안 돼.

Alfred: 그렇네요. 좋아요 그럼 모두가 아닌 그냥 일부 사람.

상담자: 맞아. 하지만 네가 자라 오면서 갖게 된 사람들과의 경험 때문에, 너는 너를 모르는 대부분의 사람이 너를 쫓아와서 너에게 싸움을 건다고 생각하는 것 같아. 맞는 것 같니?

Alfred: 네, 왜냐하면 그중에 누가 나한테 시비를 걸고 싶어 하는지 제가 알 수 없으니까요. 그 사람들 중에 도대체 누가 제가 맞서 싸우는 편이라는 걸 알아서 그냥 싸움 안 걸고 지나갈지 제가 알 방법이 없잖아요?

그렇게 싸움을 거는 사람들 중에 제가 그냥 무시하고 넘어갈 수 있는 사람이 있는지 없는지 제가 어떻게 알아요?

상담자: 좋은 질문이야. 함께 고민을 해 보자. 하지만 먼저 네가 그렇게 행동하는 이유를 네가 이해하고 있는지를 확인해 보고 싶다. 그렇게 함으로써 우리는 우리의 상담 시간 동안 왜 네가 그렇게 행동하는지에 초점을 둘 거고, 너의 행동을 이해하면 할수록 누가 너한테 싸움을 걸어오는지, 그리고 네가 믿을 수 있는 사람은 누구인지에 대해서 좀 더 생각해 보고 이해할 수 있을 거야. 네가 네 스스로의 상담자가 되는 거지.

Alfred: 그거 멋진데요. Alfred 박사같이 들려요. 저는 Alfred 박사가 벌만 받고 레슬링 팀에 다시 돌아갈 수 있었음 좋겠어요.

상담자: 좋은 목표입니다, 박사님!

다음 회기에서 상담자와 Alfred는 Alfred가 사람들을 보는 방식에 기여를 한 삶의 초기 경험을 인지적 개념화 그림에 기록할 것이다. 그렇게 함으로써 상담자는 Alfred가 항상 경계하고 공격적인 것이 Alfred에게는 자연스러운 일이고, 그가 성장하고 자라 온 환경 때문에 어떻게 그러한 행동이 Alfred에게는 보호하는 행동인지를 설명할 수 있어야 한다. 상담자는 학교 밖의 위험한 상황에서 그런 행동은 여전히 보호적인 측면이 있다는 점을 무시하거나 도전하지 않도록 주의해야 한다. Alfred가 어떻게 그의 기저신념들이 어린 시절에 영향을 받는지를 이해하고 있음을 보여 준 후, 상담자는 안내된 발견(guided discovery)과 같은 기술들을 활용하여 Alfred로 하여금 어떻게 그러한 신념들이 때로는 문제가 될 수 있는지 보도록 도와줄 수 있다.

청소년들과 함께 하는 여느 작업에서도 그러하지만, 그들이 이해하고 동일시할 수 있는 본보기를 제시하고 행동, 생각, 기저신념을 바꾸려고 시도할 때 참조할 수 있는 이미지를 활용하는 것은 특히 중요하다. Alfred가 운동에 적극적으로 참여하는 점을 바탕으로, 상담자는 경기를 하거나 감독을 할 때는 매우 공격적이지만 회의에 참가하거나 기자회견을 할 때는 침착한 운동 선수들의 이미지를 참조하게 할 수 있다. 이후 상담자는 Alfred와 이전에 목표였던 사고와 행동들에 더하여 어떻게 상담 회기가 기저신념들을 목표로 하여 이루어질 수 있는지를 함께 검토해 나갈 수 있을 것이다. Alfred와 함께 인지적 개념화 과정을 마친 후, 상담자는 각 회기 전에 작성될 앞으로의 회기 전 기록지에 기록될 매일의 문제들 속에서 그의 기저신념들이 어떤 역할을 할지에 대해서 생각해 보도록 격려할 수 있을 것이다.

✎ 지지 증거

핵심만 이야기한다면, 사례 개념화는 CT 상담자들이 학생에 대해서 생각하는 방식이고, 반복되는 특정한 문제에 대한 구체적인 개입 방안의 선택을 이끄는 틀이다. 사례 개념화의 활용과 발전은 CT에 기반을 둔 것이고, 이와 같은 생각하는 방식의 유용성을 검증하는 연구는 매우 어려운 작업이다. 사례 개념화가 그 자체로 경험적으로 지지되는 기술인지 알아보기 위해서는 CT에서 사례 개념화가 있을 때와 없을 때를 비교하여 사례 개념화가 있을 때 치료의 결과가 달라지는지를 측정해 보아야 할 것이다. 그러나 사례 개념화가 없는 CT는 더이상 CT가 될 수 없다! 오히려 전반적인 치료가 경험적으로 지지되었다(1장에서 기술한 바와 같이).

만약 사례 개념화와 CT 상담자들의 치료적 선택을 이끄는 방법들에 대한 더 자세한 내용을 읽고 싶다면 다음의 참고 자료를 추천한다.

- Beck, J. S. (1995). *Cognitive therapy: Basics and beyond*. New York: Guilford Press.
  이 책은 인지치료와 연구를 위한 벡 연구소(Beck Institute)의 소장이 집필한 것으로, 사례 개념화에 대한 충실한 기본 이해를 돕는 훌륭한 자료이며, 독자들이 자신의 상담 사례에 보편적으로 쉽게 적용해 볼 수 있도록 쓰였다.

🖉 요약 및 더 생각해 볼 문제

이 장은 어떻게 상담자들이 그들과 함께 작업하는 학생들에 대한 이해를 높일 수 있는지에 대한 많은 정보를 제공하였다. 인지모델에 대한 간략한 소개를 시작으로 학생들이 하는 행동과 어떻게 느끼는지와 관련된 생각에 강조점을 두었다. 이러한 생각은 기저신념의 영향을 받는데, 이는 인지적 개념화를 통해 그림으로 표현되었다. 학생들의 기저신념에 대한 인지적 개념화를 하는 것은 상담자로 하여금 왜 그 학생이 그러한 행동을 하는지에 대한 이해를 가능케 한다. 학생의 상담이 기저신념들에 초점을 둘 때, 학생들도 자신들이 생각하고 행동하고 느끼는 방식에 영향을 미치는 기저신념의 역할을 살펴볼 수 있다.

인지적 개념화는 핵심신념, 중간신념 그리고 자동적 사고로 구분되며, 이러한 특성은 당신이 상담을 하는 학생들을 위해 상담 계획을 세우고 학생들을 이해하는 데 도움이 될 것이다. 하지만 이 방법의 복잡성 때문에, 우리는 학생들과 인지적 개념화를 논의할 때 중간신념과 핵심신념을 하나로 합쳐서 기저신념으로서 보여 주길 추천한다. 자신에 대해서 탐색하길 주저하거나, 시간 제한이 있거나, 기능이 떨어지거나 혹은 어린 학생들과 작업할 시에는 인지적 개념화로 설명이 되는 생각과 행동 패턴에 초점을 두어 작업하는 것이 더 도움이 될 것이다. 초기에 생각과 행동을 다루는 데 고정된 상담도, 만약 임상적으로 적절하고 학생과 상담자가 인지적 개념화를 수립한다면, 상담 후기로 갈수록 기저신념에 초점을 맞추고 진행될 수 있다. 상담자가 인지적 신념에 초점을 둔 상담을 제공하든 그렇지 않든 상관없이 인지적 개념화는 각 학생에 대한 이해와 공감을 높이고, 가장 효과적인 기술들을 선택하고, 왜 학생들이 상담을 통해 진전이 있는지 혹은 없는지를 이해하는 데 중요한 틀이다.

🖉 독자 활동: 인지적 개념화

　이 책의 처음 두 장에서 소개된 개념들을 생각하면서, 인지모델의 어떤 측면이 이 책을 읽기 전 당신의 학생들에 대해서 이해해 온 내용과 일치하는지 혹은 일치하지 않는지를 생각해 보라. 우리는 당신 자신에 대해서 인지적 개념화를 시행해 볼 것을 권한다. [그림 2-11]과 〈부록 2-1〉 혹은 각자 가지고 있는 종이를 사용해서 해 볼 수 있다. 자기 자신에 대한 인지적 개념화를 완성한 후에는 다음의 질문들에 답을 해 보자. 자신에 대한 인지적 개념화를 완성하기 전에는 이 질문들을 읽지 않는 것이 좋다.

당신의 인지적 개념화를 완성하면서 당신 안에서 어떤 자동적 사고와 감정이 나타났는가?

_____

_____

_____

_____

_____

_____

_____

_____

_____

_____

_____

_____

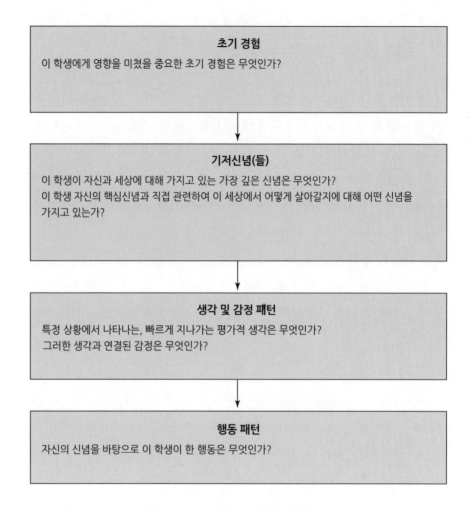

초기 경험

이 학생에게 영향을 미쳤을 중요한 초기 경험은 무엇인가?

기저신념(들)

이 학생이 자신과 세상에 대해 가지고 있는 가장 깊은 신념은 무엇인가?
이 학생 자신의 핵심신념과 직접 관련하여 이 세상에서 어떻게 살아갈지에 대해 어떤 신념을
가지고 있는가?

생각 및 감정 패턴

특정 상황에서 나타나는, 빠르게 지나가는 평가적 생각은 무엇인가?
그러한 생각과 연결된 감정은 무엇인가?

행동 패턴

자신의 신념을 바탕으로 이 학생이 한 행동은 무엇인가?

[그림 2-11] 상담자의 인지적 개념화

인지적 개념화는 상담자에게도 학생에게도 어려운 작업이다. 따라서 이러한
자기 자신에 대한 인지적 개념화를 완성해 보는 것이 앞으로 당신의 학생들이
경험할 수치심, 분노, 슬픔 그리고 다른 감정들을 처리해 나가는 과정에서 더 학
생들과 공감을 할 수 있는 데 도움이 되길 바라고, 그것이 이 자기성찰적인 활동
과 더불어 일어나길 바란다.

자기 자신에 대한 인지적 개념화를 완성했을 때, 자신에 대해서 가장 놀랐던 점은 무엇인가?

_____

_____

_____

_____

_____

자신과 자신의 초기 경험에 대한 이해가 현재 자신의 상담에 어떻게 영향을 미칠 수 있다고 생각하는가?

_____

_____

_____

_____

_____

우리는 상담자의 경험이 학생들과의 작업에서 학생에 대한 사례 개념화를 하는 방식에 영향을 미친다는 점을 발견하였다. 예를 들어, 초보 CT 상담자들은 자기 경험과 개념화와 유사한 방식으로 자신의 학생들에 대해 개념화를 하는 무의식적 경향이 있다. 만약 당신이 이런 경우이거나 혹은 당신의 많은 학생을 유사하게 사례 개념화하고 있다면, 그것들을 다시 한 번 검토하고 혹시 학생들의 사례 개념화에서 당신의 경험 혹은 자동적 사고를 기반으로 가설을 만든 건 아닌지 점검해 볼 필요가 있다. 즉, 상담자로서 당신이 도출해 낸 학생들의 개념화가 각 학생들이 각자 회기에 가지고 온 정보들을 잘 반영하여 만들어진 가설들을 기반으로 이루어졌음을 확인할 필요가 있다.

만약 당신이 현재 상담을 하고 있다면, 이러한 인지적 개념화가 상담에 어떻게
영향을 미칠 것 같은가? 그것이 유용할 것 같은가?

_____

_____

_____

_____

_____

_____

_____

chapter

03 인지적 기법

이 장에서는 우리가 학교 시스템 내에서 일하면서 가장 효과적이고 유용하다고 느꼈던 인지적 기법들을 소개한다. 우리의 경험에 따르면 이러한 기법들은 고등학교와 고등학생들의 고유한 특성에 잘 부합한다. 이 장을 다 읽고 나면 협력적 문제해결(collaborative problem solving), 사고 기록지(thought records), 생각 풍선(thought bubbles), 안내된 발견(guided discovery), 3C, 대처 카드(coping cards), 역 역할 연습(reverse role play)에 대한 기본적인 내용을 알게 될 것이다. 이 장의 마지막에 소개되는 기법은 하향 화살표(downward arrow) 기법인데, 이것은 상담자가 학생이 겪는 문제의 원인으로 작용하는 기저신념을 밝히기 위해 사용할 수 있다.

✎ 의사결정 포인트: 문제해결 혹은 개입

어떤 학생에게 시도할 개입 방법을 결정하기 전에 한 가지 질문에 답을 해 보아야 한다. 그 문제가 부정확하고 유용하지 않은 생각이나 기저신념의 결과인가, 그렇지 않으면 학생이 적절한 반응(사고, 감정, 행동)을 보이고 있는 문제 상황인가? 학생의 사고나 신념이 문제의 원인으로 작용하는 경우에는 인지적·행동적 전략이 보다 정확하고 유용한 사고나 신념을 갖도록 변화를 유도하는 데도움이 될 것이다. 하지만 상담자들은 흔히 "만약 학생의 생각이 사실에 근거한 거라면 어떻게 해야 하나요?"라는 질문을 받는다. 만약 생각을 바꾸는 것이 도

> 어떤 학생의 고통이 부정확하거나 유용하지 않은 생각이나 신념 때문이 아니라 상황에 대한 적절한 반응이라면 우리는 협력적 문제해결을 사용해야 한다.

움이 되는 상황이 아니라 그 문제가 학생의 삶에서 정말 문제가 되는 상황이라면 어떻게 하는가? 이런 상황이라면 당신과 그 학생은 바로 협력적 문제해결을 사용해야 한다.

✎ 협력적 문제해결

협력적 문제해결(collaborative problem solving)은 학생이 문제가 무엇인지 확인하고 그 문제에 어떻게 대응하는 것이 최선인지, 또한 어떤 경우에는 어떻게 상황 자체를 변화시킬지를 결정하도록 돕기 위한 질문을 던지는 과정이다(Beck, 1995). 때로는 학생과 협력적 문제해결을 하는 것 자체가 효과적인 개입이 될 수 있다. 특히 학생의 감정이 상황에 적절할 때에는 그 감정과 관련된 현실적이고 적응적인 생각을 변화시키는 것이 오히려 비생산적이기 때문에 협력적 문제해결이 더욱 효과적일 수 있다. 예를 들어, 부모를 잃었거나 수업에서 낙제한 학생에게 슬퍼하지 말라고 하는 것은 모욕적일 것이다. 단지 그들이 상황에 대해 생각하는 방식을 바꿔서 어느 정도는 괜찮게 느끼는 것이 가능할 뿐이다.

사고를 변화시키려는 어떤 노력도 Anjanae가 계획하지 않은 임신으로 괴로워한다는 사실 자체를 변화시키지는 못할 것이다. David의 신념을 평가하면서 그와 대화한다고 해서 그가 학습장애 때문에 학교 공부를 어려워한다는 사실을 변화시키지는 못할 것이다. 대신, 자신이 처한 상황으로 인해 생긴 감정 때문에 괴로워하는 학생들은 문제해결 방법을 통해 도움을 받을 수 있다. 이러한 방법을 학생과 협력하여 사용하게 되면 당신은 문제의 해결을 꾀할 수 있을 뿐 아니라 학생이 향후의 상황에서도 사용할 수 있는 문제해결 기술을 가르쳐 줄 수 있다. 우리는 다음과 같은 상황에서 학생들이 문제해결 방법을 사용하도록 격려하는 것이 좋다고 제안한다.

① 학생의 정서가 상황에 적절할 때
② 학생이 자신에게 해가 될 수 있는 상황에 놓여 있을 때
③ 당신과 학생이 함께 학생의 사고를 점검한 결과 그 사고가 정확하고 유용할 때
④ 학생의 기능 수준이 낮아서 신념, 사고, 행동이 당면한 문제와 어떤 관련이 있는지를 이해하기 어려울 때

학생들에게 문제해결 방법을 가르칠 때 우리는 ITCH 기법(Muñoz, Ippen, Rao, Le, & Dwyer, 2000)이 아주 효과적이라는 것을 발견해 왔다. 이 기법은 가능한 선택안들을 설정하고 각 안의 장점과 단점을 평가해 보는 데 초점을 둔다. 이렇게 하는 것이 많은 성인에게는 상식일 수 있지만, 우리는 스트레스 상황에 있는 청소년들에게는 항상 그렇지만은 않다는 것을 보아 왔다. 따라서 ITCH 기법은 청소년들이 기억하고 유용하게 사용할 수 있는 기술을 가르쳐 주는 간단한 기법이다. [그림 3-1]에는 우리가 상담 시간에 사용할 수 있는 절차가 기술되어 있다. [그림 3-2]는 학생들이 상담 시간 동안 혹은 상담 외의 상황에서 사용할 수 있는 기록지의 예시이다.

학생들이 이러한 절차를 사용하는 데 능숙해지게 되면 문제해결은 보다 자연

스러운 과정이 될 것이다. 시간이 지나면 학생들이 단계별로 정해진 절차를 하나하나 거칠 필요가 없을 정도로 이 과정이 보다 자동적으로 이루어질 수 있을 것이다. 만약 학생이 문제해결에 어려움을 경험하고 있다면, 문제해결을 어렵게 만드는 자신의 사고 패턴과 기저신념이 무엇인지 확인할 수 있도록 도와야 한다. 이것은 당신의 인지적 개념화 작업에 정보를 줄 것이며, 결과적으로 당신은 문제가 되는 사고 패턴이나 기저신념을 다루는 것이 좋을지, 아니면 문제해결 과정에서 보다 직접적인 지지를 제공하는 것이 좋을지를 결정할 필요가 있다. 만약 문제가 되는 행동, 사고 혹은 기저신념이 주어진 상황에서 큰 역할을 하고 있다면 당신은 이 장과 다음 장들에 소개된 기법들을 사용하여 그들과 상담할 수 있다. 문제가 되는 행동, 사고 혹은 기저신념이 학생이 겪는 어려움에 지속적으로 영향을 주고 있다면 그것들을 치료 목표로 잡을 수 있다.

문제해결을 위한 ITCH 사용법

- **문제 확인하기**(Identifying the Problem): 학생과 협력하여 지금 벌어지고 있는 일이 무엇이고 그 일에서 어려운 문제가 무엇인지를 확인한다.
- **가능한 해결 방안에 대해 생각하기**(Think about Possible Solutions): 학생과 협력하여 주어진 상황에 대처하기 위해 학생이 사용할 수 있는 선택안들이 무엇인지를 확인하도록 돕는다. 도움이 된다고 생각되는 해결 방안만 찾으려 하지 말고 가능한 여러 가지 가능성을 모두 생각해 본다.
- **시도할 해결 방안을 선택하기**(Choose a Solution to Try): 학생과 협력하여 가능한 방안들의 목록을 보면서 가장 괜찮은 방안을 선택한다. 이 해결 방안을 실행할 때 무엇이 장애가 될지, 그 장애를 극복하기 위한 방안은 어떤 것이 있는지 생각한다.
- **선택한 해결 방안이 얼마나 효과적인가?**(How Well Does it Work?): 해결 방안을 실행하기에 앞서 그것이 성공하거나 실패하는 데 영향을 미칠 요인들을 생각해 보게 한다. 학생이 해결 방안을 실행한 후에는 그 결과를 평가하고, 필요하다면 그 과정을 다시 시작한다.

[그림 3-1] 상담 시간에 사용할 수 있는 ITCH 문제해결 기법

출처: Muñoz, Ippen, Rao, Le, & Dwyer (2000)에 근거함.

문제 확인하기(Identifying the Problem): 지금 무슨 일이 일어나고 있고, 무엇이 문제인가?

_____

_____

_____

가능한 해결 방안에 대해 생각하기(Think about Possible Solutions): 지금의 상황에 대처하기 위해 사용할 수 있는 선택안들은 어떤 것인가? 도움이 된다고 생각되는 해결 방안만 찾으려하지 말고 여러 가능성을 모두 생각해 보라.

_____

_____

_____

_____

시도할 해결 방안을 선택하기(Choose a Solution to Try): 가능한 방안들의 목록 중 가장 괜찮은 방안은 무엇인가? 그 해결 방안을 실행할 때 무엇이 장애가 될 것인가? 그 장애를 극복하기 위한 방안은 어떤 것인가?

_____

_____

_____

_____

선택한 해결 방안이 얼마나 효과적인가?(How Well Does it Work?): 해결 방안을 실행하기에 앞서 그것이 성공하거나 실패하는 데 영향을 미칠 요인들을 생각해 보라. 해결 방안을 실행한 후에는 결과를 평가하라. 만약 해결 방안이 성공적이지 못했다면 다른 아이디어 중 하나를 시도해 보라.

_____

_____

_____

_____

[그림 3-2] 학생 작성용 ITCH 문제해결 기록지

출처: Muñoz et al. (2000)에 근거함.

✎ 학생들이 인지모델을 이해할 수 있도록 돕기

행동, 사고 패턴 혹은 기저신념과 같은 상담 회기의 초점(session anchors)을 정하기에 앞서, 당신은 학생이 인지모델을 얼마나 이해하고 있는지를 평가해 볼 필요가 있다. 이 책 전반에서 강조되고 있듯이, 인지치료는 상황 자체가 아니라 학생이 상황에 대해 생각하는 방식이 학생의 정서에 직접적인 영향을 미친다는 개념에 뿌리를 두고 있다. 인지모델은 1장에서 설명한 것(롤러코스터 이야기)과 같은 간단한 예를 사용하여 첫 회기에 설명되지만, 사실상 상담 전반에 걸쳐 재차 설명되어야 한다. 다음 이야기는 좀 더 복잡한 예시로 학생들과 인지모델을 다시 살펴보는 방법을 보여 준다. 이 이야기는 1장에서 소개된 Michele이라는 학생과 상담자의 대화를 담고 있다. 물론 상담자마다 자신만의 고유한 스타일이 있기 때문에 우리는 당신이 상담에서 사용하고 있는 스타일에 맞추어 인지모델에 대한 설명 방식을 바꾸어 보기를 권한다. 이 이야기는 모델을 제시하는 하나의 예일 뿐이다. 이 책의 다른 이야기와 마찬가지로 이 대화 역시 아주 간략한데, 사실상 많은 청소년은 개념을 이해하기 어려워하거나 상담에 적극적으로 참여하는 것을 어려워할 수도 있다. 다음의 대화는 실제 대화의 다양성과 특이성을 포함하고 있지는 않으나, 학생에게 인지모델을 제시하는 전반적인 아이디어를 설명하고 있다.

상담자: Michele, 네가 겪은 일들을 나에게 솔직하게 얘기해 주어서 정말 고맙구나. 잘 모르는 사람에게 개인적인 고민을 이야기하는 것이 얼마나 힘든 일인지 잘 알아. 너의 삶이 더 나아지기 위한 방법에 관해 나에게 몇 가지 아이디어가 있지만, 이를 위해서는 너 역시 네 생각을 솔직하게 돌아보고 우리가 얘기한 것을 실천해 보려는 노력이 필요하단다.

Michele: 예. 지금 시점에서는 뭐든 해 볼게요.

상담자: 좋아. 그럼 인지모델에 대해 좀 더 얘기해 보자. 이전에 우리가 사람들이 어떻게 생각하고 느끼고 행동하게 되는지를 이해하기 위한 방법으로 이 모델에 대한 얘기를 조금 나눈 적이 있지. 이제 이 모델을 네가 겪고 있는 문제를 이해하기 위해서 사용해 볼 건데, 네가 어떻게 그 문제를 변화시킬 수 있을지 해결책을 찾는 데 도움이 될 거야. 네가 이 모델을 사용할 수 있게 되면, 기분이 좀 더 나아지는 데 효과적일 거야. 이 모델에서는 상황 자체가 아닌 (머리를 가리키며) 생각이 (가슴을 가리키며) 우리가 어떻게 느끼는가에 영향을 미친다고 보는 거야. 예를 들어, 내가 아침에 일어나서 '오늘은 비가 오더라도 멋진 날이 될 거야.'라고 생각하면 '오늘 비가 오면 또 우울한 날이 될 거야.'라고 생각할 때와 다르게 느끼게 되겠지?

Michele: 아마도요. 하지만 비가 와서 정말 기분이 안 좋아질 수도 있잖아요.

상담자: 맞아. 그에 대한 너의 생각을 좀 더 살펴보도록 하자. 우리가 지금 발견한 점은 어떤 감정을 느끼기 전에 생각이 먼저 있을 수 있다는 것과 바로 그 생각이 차이를 만들 수 있다는 거야. 우리가 함께 노력해 본다면 나는 네가 너의 생각을 보다 잘 조절할 수 있을 거라 생각해. 너 혹시 우리가 첫 번째 시간에 얘기했던 롤러코스터 이야기 기억나니?

Michele: 네. 복도에서 내가 누군가와 부딪힌 일도 얘기했지요.

상담자: 맞아. 네가 부딪혔던 그 사람에 대한 생각, 이를테면 그것이 우연이었는지 또는 고의였는지에 대한 생각 말이야. 부딪힌 일 자체가 아니라 그런 생각이 네가 느끼는 감정을 설명한다는 아이디어였지?

Michele: 그렇죠. 하지만 나는 어떻게 생각을 바꿀 수 있는 건지 모르겠어요. 저는 그냥 떠오르는 것을 생각할 뿐이거든요.

✎ 생각 풍선

생각 풍선(thought bubbles)은 '생각을 알아차리기(catching thoughts)'에 대한 추상적인 아이디어를 보다 구체적인 것으로 바꾸는 훌륭한 기법이다. 생각 풍선 활동은 신문 속 만화에서 생각을 설명하는 방식과 같이 하나의 혹은 여러 등장인물의 머리 위에 '생각 풍선'이 그려진 만화 속 그림을 사용한다. 생각 풍선은 인지치료에서 사고를 다루는 여러 방법 중 하나로 사용된다. 예를 들어, 생각 풍선은 Jeremy와 Trevor가 롤러코스터에 대해 어떻게 스스로에게 다르게 말하고 있는지를 보여 주기 위해 1장에서 사용하였다([그림 1-5]). [그림 3-3]에서 볼 수 있듯이, 생각 풍선은 아주 명료한 방식이다. 이 장면에서 한 청소년은 웃고 있고 다른 한 청소년은 찡그리고 있다. 학생에게 각 청소년이 하고 있을 법한 생각을 쓰게 한다. 보통은 웃고 있는 청소년의 풍선에는 그 상황에 대한 유쾌하거나 긍정적인 생각을, 찡그리고 있는 청소년의 풍선에는 그 상황에 대한 부정적인 생각을 쓸 것이다. 학생이 생각을 다 쓰고 나면, 동일한 상황을 경험하는 두 청소년이 왜 서로 다른 감정을 느끼게 되는지를 설명하게 한다. 이 연습은 학생들이 상황 자체가 아닌 서로 다른 생각이 감정을 일으키는 원인이라는 점을 이해하도록 돕기 위한 것이다. [그림 3-3]은 만약 Michele이 어떻게 생각이 감정 및 상황과 연관되는지를 이해하지 못한 상황에서 그 연관성을 이해하는 데 도움이 되었을 법한 생각 풍선 활동의 예이다. 이 책 마지막의 〈부록 3-1〉과 〈부록 3-2〉에 수록된 생각 풍선 활동지를 복사해서 사용할 수 있다.

생각 풍선은 자동적 사고나 이미지가 대화의 주제일 때 언제든 다양한 방법을 활용해 창의적으로 인지치료에서 사용할 수 있다. 예를 들어, 학생이 어떤 상황에서 갖게 되는 자동적 사고를 확인하기 어려워할 때, 그 상황에서 어떤 일이 벌어지고 있는지와 그 학생의 그림 위에 생각 풍선을 그린 뒤 그것을 채우도록 하는 것이 도움이 된다. 또 다른 재미있는 활동은 두 개의 상이한 만화를 그리는 것인데, 하나에는 생각 풍선 속에 대처 사고(coping thought)를 적고 다른 하나에

[그림 3-3] 생각 풍선 활동

는 생각 풍선 속에 유용하지 않거나 부정확한 사고를 적는다([그림 3-4] 참조). 이러한 그림은 어떻게 두 종류의 사고가 서로 다른 반응을 이끌어 내는지에 관한 대화를 촉진시킬 수 있는데, 그럼으로써 학생들이 대처 사고의 힘을 이해하도록 도울 수 있다.

　학생이 어떤 상황에서 드는 자동적 사고를 확인하기 어려워할 때에도 생각 풍선 만화를 이용하는 것이 도움이 된다. 세 칸 만화([그림 3-5])를 이용하여, 첫 번째 칸에는 상황을 그리고, 세 번째 칸에는 반응을 그리며, 그 다음에는 중간에 있는 칸에서 일어나고 있는 것(자동적 사고)에 대해 상담자와 학생이 상이한 추측을 시도해 보도록 두 번째 칸을 활용할 수 있다. 바로 이 두 번째 칸에 서로 다른 자동적 사고들을 채워 넣다 보면 특정한 상황에서 어떻게 특정한 반응을 보이는지를 이해하는 데 도움이 된다. 당신과 학생들에게 맞는 스타일을 찾기 위해 노력하다 보면 만화와 생각 풍선을 사용하는 방법들을 알게 될 것이다. 어떤 상담자들은 잡지, 사진 혹은 다른 이미지들의 그림을 잘라서 생각 풍선의 아이디어를 사용하기도 하는데, 이를테면 학생들에게 그림 속 사람의 생각 풍선에 어떤 말이 들어갈지를 물어보는 것이다. 학생들의 요구에 맞게 이러한 활동들

첫 번째 칸에는 머리 위로 생각 풍선이 그려진 한 사람을 그려 보라. 그 사람은 스스로 어떤 말을 하고 있나? 어떻게 그 생각이 그 상황 속에서 그 사람이 가진 감정과 행동을 이끌게 되었는지를 생각해 보라. 두 번째 칸에는 생각 풍선에 그 인물이 가질 수 있는 다른 생각을 써 보라. 그런 새로운 생각이 어떻게 이전과는 다른 감정이나 행동을 이끌어 냈는가?

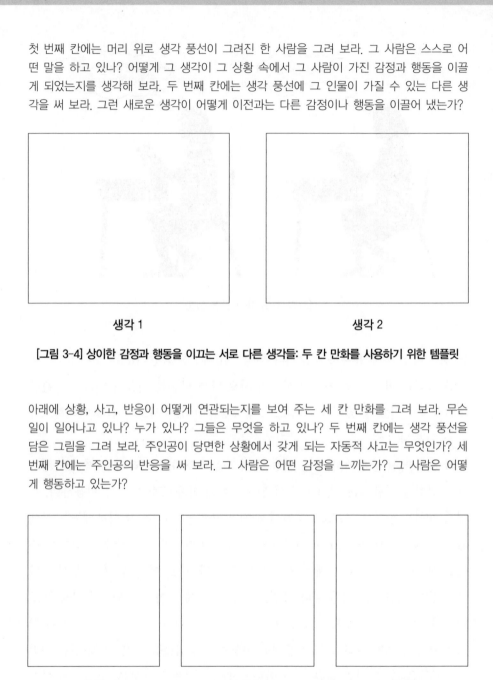

생각 1   생각 2

[그림 3-4] 상이한 감정과 행동을 이끄는 서로 다른 생각들: 두 칸 만화를 사용하기 위한 템플릿

아래에 상황, 사고, 반응이 어떻게 연관되는지를 보여 주는 세 칸 만화를 그려 보라. 무슨 일이 일어나고 있나? 누가 있나? 그들은 무엇을 하고 있나? 두 번째 칸에는 생각 풍선을 담은 그림을 그려 보라. 주인공이 당면한 상황에서 갖게 되는 자동적 사고는 무엇인가? 세 번째 칸에는 주인공의 반응을 써 보라. 그 사람은 어떤 감정을 느끼는가? 그 사람은 어떻게 행동하고 있는가?

상황   생각   반응

[그림 3-5] 세 칸 만화를 위한 템플릿

을 자유롭게 당신 자신만의 버전으로 만들어 보라.

　[그림 3-6]에 당신으로 하여금 강한 반응을 불러일으키는 상황에 대하여 세 칸 만화를 그려 보라. (이것은 가장 쉽게 자동적 사고를 확인할 수 있는 상황들이다.) 첫 번째 칸에는 당신의 강한 반응이 있기 바로 전에 벌어진 상황을 그려 보라. 세 번째 칸에는 당신이 반응했을 때 벌어진 일을 그려 보라. 중간 칸에서는 당신의 반응을 이끈 자동적 사고가 무엇이었는지를 확인해 보라.

당면한 상황에서 당신이 가진 자동적 사고를 확인하는 것이 쉬웠나 혹은 어려웠나?

_____

_____

_____

_____

학생들이 자신의 자동적 사고를 확인할 수 있도록 돕기 위해 당신은 어떻게 이 경험을 사용할 수 있겠는가?

_____

_____

_____

_____

_____

_____

_____

_____

_____

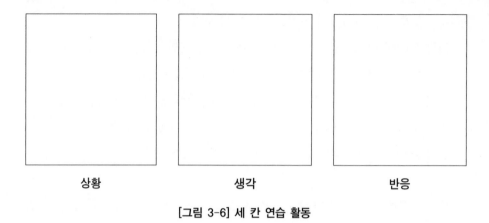

| 상황 | 생각 | 반응 |

[그림 3-6] 세 칸 연습 활동

✎ 인지 삼각형

또 다른 효과적인 방법은 **인지 삼각형**(cognitive triangle; Clarke, Lewinsohn, & Hops, 1990)으로 사고, 행동, 감정 간의 연결을 설명하며 학생들에게 인지모델을 소개하는 것이다. 인지 삼각형은 사고, 감정, 행동 간의 쌍방 관계를 보여 주는데, 당신이 학생들에게 인지모델을 설명하거나 이후 상담에서 인지모델을 언급할 때 시각적 보조물로 사용할 수 있다. 인지 삼각형을 그려 보는 것은 상대적으로 지적 능력이 낮은 청소년들에게 특히 도움이 된다. 왜냐하면 그것은 사고, 감정, 행동이 어떻게 서로 연결되는지를 구체적으로 보여 주기 때문이다. [그림 3-7]은 특정 상황에서 Michele이 자신의 사고, 감정, 행동이 어떻게 서로 연결되는지를 이해하도록 돕기 위해 사용한 인지 삼각형 활용의 예이다.

Michele에게 인지 삼각형을 사용할 때, 우리는 먼저 그녀에게 사고, 감정, 행동이 어떻게 연결되어 있는지를 보여 줄 수 있다. 예를 들어, 1장에 제시된 예를 다시 생각해 보라. Michele이 급식실에서 지나갈 때 몇 명의 남자아이가 웃었다. 만약 우리가 [그림 3-8]에 제시된 것처럼 Michele에게 인지 삼각형을 그려준다면 우리는 그녀에게 자신이 그 상황에서 가졌던 생각이 어떻게 자신의 감정과 행동에 영향을 미쳤는지를 보여 줄 수 있다. 다음으로 우리는 보다 유용하게

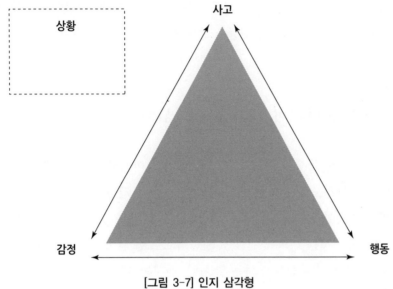

[그림 3-7] 인지 삼각형

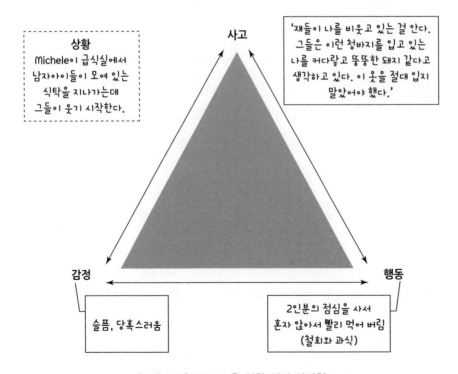

[그림 3-8] Michele을 위한 인지 삼각형

나 정확한 생각을 떠올리도록 도와주고, 우리가 이 장의 뒷부분에서 다루듯이 그러한 생각이 어떻게 감정과 행동을 변화시키는지를 설명해 준다.

✏ 사고와 정서의 차이를 이해하기

처음에는 많은 학생이 사고와 정서의 차이를 이해하기 어려워한다. 그들이 그 차이를 이해하도록 도와주는 여러 방법이 있다. 간단한 출발점은 다음과 같이 설명하는 것이다. "생각은 너의 머리에 있고 보통은 수많은 단어로 이루어져 있지. 그런데 정서는 너의 몸에 있고 일반적으로 한 단어로 표현될 수 있어." 생각은 또한 '네가 너 자신에게 하는 말'이며, 정서는 '네가 속으로 느끼는 것'이라고 설명할 수 있다. 기능 수준이 낮은 학생들은 이러한 차이를 이해하기 위해 보다 많은 도움이 필요한데, 이런 경우 우리는 정서 목록(emotion list)을 참고할 것을 권한다.

> 다음 활동들은 인지치료에서 당신의 창의성을 활용할 수 있는 다양한 방식들 중 몇몇에 불과하다.

학생들이 자신의 감정을 알아차릴 수 있도록 돕기 위해 혹은 이해하기 어려운 개념을 가르치기 위해 당신의 창의성을 활용하라. 우리는 다음과 같은 활동들이 학생들에게 효과적이라는 것을 관찰할 수 있었다.

- 잡지를 함께 보며 사진 속 사람들의 감정이 어떤지 이야기해 보라.
- 학생에게 강한 정서가 일어날 때—안절부절못하는 경우, 걱정 때문에 심장이 뛰는 경우, 슬픔으로 마음이 무겁고 느려지는 경우 등—내 몸의 감각이 어떤지 이야기해 보도록 하라. 이후에 참고할 수 있도록 목록을 작성해 보라.
- 학생과 함께 사람들이 많은 학교 복도나 급식실 혹은 다른 장소들을 걸어 보라. 다른 사람들의 얼굴을 보면서 그들이 어떤 감정 상태에 있는지를

조용히 함께 이야기해 보라.

● 감정 가장(feelings charades) 게임은 정서를 알아차리는 재미있는 방법이다. 가능한 한 많은 정서를 생각해 내서 종이 위에 적어 보라. 서로 번갈아 가며 종이 한 장씩 선택하며 상대방이 그 정서가 무엇인지 추측할 수 있을 때까지 그 정서를 표현해 보라.

● 미술에 재능이 있는 학생에게는 땀나는 손바닥, 요동치는 심장, 눈물 가득한 눈 등 정서가 느껴지는 자신의 신체 부위를 그려 보도록 하라.

● 학생이 관심을 가진 다른 어떤 것이라도 감정을 이해하고 알아차리는 데 도움이 된다.

  많은 학생은 생각 풍선 활동, 인지 삼각형, 정서 목록, 그리고 인지모델의 이해를 돕기 위한 다른 보조물의 조합이 필요할 것이다. 당신이 그들에게 모델을 가르칠 때 '생각하는 것'을 말하면서 '느낀다'라는 단어를 사용하거나 혹은 그 반대로 하고 있지는 않은지 살펴야 한다. 우리는 많은 인지치료 상담자가 생각하기와 느끼기를 혼용한다는 점을 발견해 왔다. 따라서 상담 시간에 사고와 감정에 대해 정확하게 이름 붙이는 것을 보여 주어야 한다. 예를 들어, 학생이 인지치료를 시작할 때 아마도 자주 "나는 그녀가 나쁜 의도로 그 행동을 하고 있다고 느꼈어요."와 같은 말을 할 수 있다. 이때 당신은 "너는 (머리를 가리키며) 그녀가 나쁜 의도로 그 행동을 하고 있다고 생각했구나."라고 그가 한 말을 다시 표현해 줄 수 있다. 그 학생이 당신에게 "나는 그녀가 그것을 하지 말아야 한다고 느꼈어요."라고 말한다면, 개념을 보다 명확하게 설명해 주어야 한다. 예를 들어, "(머리를 가리키며) 생각을 아주 잘 표현해 주었구나. 감정은 보통 (가슴을 가리키며) 여기에서 일어나고 한 단어로 표현된다는 점을 기억해 보렴."이라고 말할 수 있다.

  학생이 중요한 이야기를 하고 있는 도중에는 치료적 관계를 희생하면서까지 이 이슈를 강조할 필요가 없다는 점도 중요하다. 그렇게 끼어드는 것은 학생에게 자신을 존중하지 않고 배려하지 않는다는 느낌을 줄 수 있다. 학생이 이야기의 중요한 부분을 말하고 있을 때는 공감을 사용하라. 당신이 그를 이해하고 있다는 것을 반영해 준 후에 사고와 감정의 차이라는 주제로 돌아가라. 학생이 감정을 표현하면 그것을 강화해 주라. 예를 들어, "그런 생각이 어떻게 너에게 상처를 주었는지 이해하겠구나. 네가 그 생각을 정확하게 표현해 주었어. 그녀가 나쁜 의도로 그랬다는 것은 생각이고, 감정은 상처받고 화나는 것이라는 점을 아주 잘 얘기해 주었어. 나도 누군가 나에게 나쁜 의도로 어떤 행동을 하면 상처받는단다."라고 이야기해 줄 수 있다.

공감적인 교정적 피드백은 학생들이 인지모델을 사용할 수 있도록 도와주는 과정의 일부이다. 이와 같은 피드백이 어떻게 따뜻하고 지지적으로 전해질 수 있는지를 당신이 볼 수 있으면 좋겠다. 중요한 것은 학생들의 감정을 잘못된 것으로 보거나 혹은 직접 변화시킬 필요가 있는 것으로 여겨서는 안 된다는 것이다. 감정은 언제나 인정되고 수용되어야 하며, 당신은 학생들의 생각을 변화시켜서 그들의 감정이 변화될 수 있도록 그들과 협력해야 한다. 학생이 당신에게 말하고자 하는 것을 확실히 이해하기 위해서는 학생의 이야기를 진정으로 경청하고 공감하는 데 시간을 보내야 한다. 결국 학생들은 그들을 부정적인 감정으로 이끄는 사고 패턴을 가지고 있기 때문에 기분이 안 좋은 것이다. 설사 그러한 사고 패턴이 확실한 근거에 기반을 두고 있지 않더라도 말이다. 이러한 타당화는 치료적 관계를 강화하고 당신의 인지치료 기법을 활용하는 데 필요한 학생들의 마음을 움직이기 위해 상담에서 지속적으로 이루어져야 한다.

✏️ 사고 기록지

인지모델을 제시하고 설명하는 것은 보통 1~2회기 후에 이루어진다. 학생이 인지모델을 이해한다면 당신은 **사고 기록지**(thought record; Beck et al., 1979)를 소개할 수 있다. 사고 기록지는 학생들에게 그들의 상황, 사고, 감정이 어떻게 서로 연관되어 있는지를 보여 주는 아주 좋은 기법이다. 사고 기록지를 간단하게 사용하는 방법은 학생이 상황, 자동적 사고, 정서를 차례대로 떠올리도록 안내하는 것이다. 학생이 사고 기록지를 사용하는 것에 편안해지고 실제로 상담 시간에 상담자의 도움을 거의 받지 않고도 그것을 사용할 수 있으면, 당신은 숙제의 형태로 다른 사고에 대해서도 이 기록지를 작성해 보도록 격려할 수 있다. 좀 더 복잡한 사고 기록지를 사용하려면 추가적인 정보를 모아야 하는데, 이 경우 자동적 사고를 점검해 보고 보다 유용하거나 정확한 사고를 떠올려 보도록 칸을 추가할 수 있다. 이러한 좀 더 복잡한 사고 기록지에 대해서는 이 장의 후반부에서 설명할 것이다.

[그림 3-9]는 간단한 사고 기록지의 예이고, [그림 3-10]은 Michele이 작성한 것을 기초로 하여 부분적으로 완성된 사고 기록지이다. 〈부록 3-3〉과 〈부록 3-4〉의 사고 기록지는 복사하여 활용할 수 있다. 이는 학생들이 인지모델을 이해하고 그것을 자신에게 적용할 때 사용할 수 있다. 사고 기록지 양식에서 볼 수 있듯이, 학생들은 양식의 좌측에 제시되어 있는 질문을 사고 기록지 작성 방법에 대한 단서로 사용할 수 있다. 상황, 사고, 정서를 서로 연관시키며 써 보면 어떻게 사고가 정서에 영향을 미치는지를 보다 명확하게 이해할 수 있다. 사고 기록지를 숙제로 내줌으로써 당신과 학생은 상담 이외의 장면에서 어떤 상황과 생각이 강한 정서를 유발하는지를 이해할 수 있게 된다. 시간이 지나면서 사고 기록지를 통해 학생의 사고 패턴이 드러나게 되는데, 이는 그런 사고 패턴을 촉발시키는 상황과 학생의 사고 경향에 관한 정보를 제공해 준다.

[그림 3-10]에 있는 사고 기록지를 보고 Michele이 빈칸을 어떤 내용으로 채울지를 생각해 보라. 그 기록지는 그녀가 급식실에 들어섰을 때 그녀가 어떤 생각, 감정, 행동을 보였는지를 알기 위해 작성된 것이다.

상황
당신이 그런 감정을 느끼기 바로 직전에 무슨 일이 일어났나?

자동적 사고
당신의 머릿속을 스쳤던 생각은 무엇이었나?

감정
당신이 느낀 감정을 한 단어로 표현한다면?

[그림 3-9] 간단한 사고 기록지

상황 무슨 일이 일어났나?	사고 어떤 생각이 머리를 스쳤나?	감정 어떤 감정이었나?	행동 무엇을 했나?
급식실에서 테이블에 앉아 있는 남자아이들 옆을 지나가는데 그들이 웃었다.	나는 그들이 나를 비웃고 있는 걸 안다. 그들은 이런 청바지를 입고 있는 나를 커다랗고 뚱뚱한 돼지 같다고 생각한다. 게다가, Jay는 나와 잤다는 사실을 그 아이들에게 틀림없이 얘기했을 것이다. 그들은 내가 아무하고나 자고 돌아다닌다고 생각할 것이다.	슬픈, 당혹스러운	2인분의 점심을 사서 혼자 앉아서 빨리 먹어 버렸다.
점심을 먹기 위해 빈 테이블에 앉았다.	?	외로운, 슬픈, 절망적인	그 일이 있고 나서 종일 혼자 있으면서 누구와도 말을 하지 않았다.
저녁을 너무 많이 먹어서 속이 불편할 정도로 배가 부르다.	나는 내 자신을 절제할 줄 모른다. 이러다 영원히 살진 상태로 살겠지. 그렇게 되면 아무도 나를 좋아하지 않을 거야.	?	일부러 토하고 한 시간을 울었다.
엄마가 나에게 왜 남자친구가 없는지 물었다.	그녀는 단지 내가 그녀의 남자친구를 다시는 '빼앗지' 않을 것이라는 걸 확인하고 싶을 뿐이다. 그녀는 자신밖에 모른다.	죄책감이 드는, 화가 나는	?

[그림 3-10] Michele의 빈칸 채우기 사고 기록지의 예. 나머지 빈칸에 Michele이 무엇이라고 쓸지 추측해 보라.

✎ 안내된 발견

이전에 제시된 역할 연기와 개입에 관한 설명을 보면서 알 수 있었겠지만, 인지치료를 사용하는 학교상담자는 학생들에게 상황에 어떻게 반응해야 한다고 말하는 경우가 거의 없다. 사실상 첫 3회기가 끝

> 안내된 발견은 학생이 새로운 관점을 가질 수 있도록 전략적인 질문들을 던지는 것이다.

나고 나면 학생들에게 상황을 어떻게 이해하고 그 상황에 어떻게 반응해야 할지에 대해 거의 이야기하지 않는다. 대신, 당신은 **안내된 발견**(guided discovery; Burns, 1980) 기법을 사용할 것이다. 안내된 발견은 초보 단계의 인지치료 상담자에게는 아주 어려울 수 있지만, 효과적으로 인지치료의 기법들을 사용하기 위해서는 매우 중요하다.

안내된 발견은 학생들이 정확하지 않고 유용하지 않은 신념, 사고, 행동을 탐색하고 변화시킬 수 있도록 시기적절하고 전략적인 질문을 사용하는 방법이다. 예를 들어, 안내된 발견은 학생들이 가지고 있는 자동적 사고를 지지하거나 반증하는 증거를 찾기 위해 사용될 수 있다. 이 기법은 사고를 변화시키기 위한 3단계 절차(p. 118에 제시되어 있음) 중 하나로, 사고를 점검하는 데 있어 핵심적인 절차이다. 우리가 고교생들과 상담해 본 경험에 따르면 학생들을 보다 합리적이고 적응적인 결론으로 이끄는 가장 효과적인 방법은 소크라테스식 방법이나 '콜럼보식 접근(Columbo approach)'이다. **콜럼보식 접근**(Selekman, 1993)은 TV 프로그램에 나오는 형사의 이름을 딴 것으로 상담자가 호기심 많고 겸손하며 어떤 선입견도 가지지 않는 질문자로서의 역할을 하는 것인데, 그렇게 함으로써 학생은 증거에 비추어 합리적인 결론을 찾는 데 있어 주도적인 역할을 수행하게 된다. 상담자로서 당신은 학생을 이끌어야 할 때가 언제인지 정확히 아는데, 학생에게 답을 주기보다는 학생 스스로가 결론을 도출할 수 있도록 질문을 던지는 역할을 한다. 이 방법은 당신이 성인으로서 가지고 있는 답이 아니라 학생들이 스스로 자신의 답을 찾도록 격려해 준다. Anjanae와 그녀의 상담자가 안내

된 발견을 어떻게 사용하고 있는지 다음의 대화를 통해 살펴보자.

상담자: 그러니까 네가 시험에 실패해서 좌절을 느껴 왔다는 얘기구나.

Anjanae: 예. 믿을 수가 없어요.

상담자: 그 이야기를 좀 더 들어보고 싶구나. 네가 화가 났다는 걸 확실히 알겠어. 네가 F를 받았다는 얘기를 전에는 들어본 적이 없었거든.

Anjanae: 정확히 말하자면 F는 아니에요. 하지만 저는 실패한 게 확실해요.

상담자: 성적이 뭐였니?

Anjanae: B를 받았는데 그건 저에게는 실패와 마찬가지예요.

상담자: 아, 그렇구나. 그 실패가 너에게 정말 힘들다는 걸 이해한다. 높은 기준을 갖고 있는 많은 사람은 자주 좌절감을 느끼게 되지.

Anjanae: 예. 언제나 이런 일이 일어나죠.

상담자: 언제나?

Anjanae: 글쎄요, 언제나는 아닌 것 같고요. 이번 학기에는 이게 처음인 것 같네요.

상담자: 음. 그러니까 네가 A를 받지 못한 게 이번 학기에 처음 있었던 일이구나. 그래서 정말 속상한 거고.

Anjanae: 예, 그런 것 같아요. 선생님이 그렇게 말씀하시니까 그렇게까지 속상할 일은 아닌 것 같아요.

상담자: 방금 '그렇게까지 속상할 일은 아닌 것 같다.'고 얘기했는데.

Anjanae: 예. 저도 사실 이렇게 반응하는 게 참 바보 같다고 느껴요. 하지만 어쩔 수가 없어요. 그 일에 대해 생각해 보면 제가 과도하게 반응한다는 걸 알아요. 하지만 여전히 정말 화가 나요.

상담자: 너의 속상한 마음이 이해되는구나. 그런데 이런 기분이 네 자신을 바보 같다고 느껴서 그런 거니, 실패한 것에 대한 거니, 아니면 높은 기준에 대한 거니?

Anjanae: 그게 무슨 말이지요?

상담자: 그러니까 한 과목 빼고 모두 A를 받는 '바보 같은' 사람인 거야?

Anjanae: 아뇨. 제가 기준이 높은 것 같아요.

상담자: 높은 기준을 가지고 있다는 게 너에게 어떤 영향을 미치니?

Anjanae: 제가 무언가를 성취하도록 돕기도 하지만, 그렇지 못할 때는 비
참함을 느끼게 하죠.

상담자: 그렇다면 어떤 것이 너에게 더 도움이 된다고 생각하는지 궁금하
구나.

Anjanae: 높은 기준을 유지하지만 제가 가끔 어쩔 수 없이 그 기준을 충족
시키지 못할 때는 제 자신에게 너그러워지는 거죠.

상담자: 그렇게 하면 도움이 될 것 같구나.

이후 상담자는 Anjanae에게 자신의 생각을 살펴보는 과정에서 아주 솔직했던
점을 칭찬해 주고 그녀의 생각을 변화시키기 위해 이 장이나 4장에 제시된 기법
들 중 하나를 적용해 보도록 격려할 수 있을 것이다. 또한 상담자는 anjanae가
자주 사용하는, 이를테면 1장에 소개된 당위성(shoulds)이나 완벽한 재난(perfect
disaster), 생각의 함정(thinking traps)에 대해 메모할 수 있는데, 이것은 그런 것
이 계속해서 드러날 때 향후의 상담 회기에서 다룰 수 있기 때문이다. 아울러 상
담자는 완벽해야 하고 능력이 있으려면 높은 성취를 이루어야 한다는 Anjanae
의 중간신념을 기록해서 그녀에 대해 인지적 개념화를 할 때 그 정보를 통합할
수 있을 것이다.

3C

상담 초기에 학생들에게 안내된 발견을 사용하게
되면 학생들은 사고를 확인하고 평가하는 준비를 마

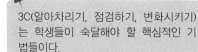
3C(알아차리기, 점검하기, 변화시키기)
는 학생들이 숙달해야 할 핵심적인 기
법들이다.

치게 된다. 그렇게 할 때, 학생들은 당신이 자신에게 무언가를 가르치려는 사람이 아니라는 것을 알게 되고, 당신의 사무실을 무엇을 해야 하는지, 무엇을 잘못 했는지를 듣게 되는 장소로 여기지 않게 된다. 유용하지 않거나 정확하지 않은 사고와 대안적인 건강한 사고를 이해하도록 안내하는 과정은 3C(Granholm, McQuaid, Auslander, & McClure, 2004; Granholm et al., 2005)라는 3단계 과정을 거쳐 이루어진다. 3C는 인지모델의 결과물로 간단한 사고 기록지이다. 많은 경우, 학생들이 문제가 되는 사고 패턴을 해결하도록 돕기 위해 당신은 3C를 사용할 수 있을 것이다. 3C를 활용하여 학생들을 안내하는 동안 당신은 학생이 자신이 느끼는 정서 이전에 선행하는 사고를 확인하고(알아차리기, catching), 그 사고가 얼마나 정확하고 유용한지를 생각해 본 후(점검하기, checking), 그 사고를 보다 유용하고 정확한 사고로 변화시켜 보도록(변화시키기, changing) 할 것이다.

학생들, 특히 구체적인 수준에서 사고하는 학생들이 이러한 과정을 이해하도록 돕는 한 방법은 그것을 탐정이 되는 것에 비유하는 것이다. 당신은 학생과 함께 서로 다른 사고들을 지지하거나 반증하는 증거들을 찾아서 학생이 어떤 사고가 자신에게 가장 정확하고 유용한지를 결정하도록 도울 수 있다. 우리는 이 기법들을 어떻게 설명할 수 있는지 보여 주기 위해 다음에 나오는 많은 예시에서 탐정이 사용하는 언어(detective language)를 사용하였다. 하지만 인지치료의 다른 기법들과 마찬가지로 당신은 어떤 학생들이 탐정의 비유에 잘 반응하는지, 어떤 학생들이 이와는 다른 종류의 설명을 선호하는지를 알기 위해 당신의 임상적 판단과 학생의 피드백에 주의를 기울여야 한다. 다음에서 3C의 절차를 상세하게 기술하고 그것을 학교에서 효과적으로 사용하는 방법들을 제안한다.

알아차리기

학생의 사고 패턴을 수정하도록 돕기 위한 첫 번째 절차는 알아차리기(catching; Granholm, 2004, 2005), 즉 학생이 부정적인 정서를 경험하기 바로 직전에 생각한 사고를 확인하는 것이다. 이 기술은 촉발 상황이 발생한 이후 학생이 사고 기록지를 작성함으로써 정서 반응 이전에 선행하는 사고를 확인하는 것으로 소개되었다. 이 기술을 배우는 과정에서 사고(thought)는 사실상 학생과 상담자가 어떤 상황이 일어난 후에 학생의 기분이 상했을 때 무슨 일이 일어났는지를 함께 돌이켜 살펴보고 정서가 일어나기 전에 어떤 생각이 들었는지를 확인하고 나서야 밝혀질 수 있다. 당신은 다음과 같은 질문을 통해 이를 확인할 수 있다. "화가 나기 전에 어떤 말이나 그림이 네 머릿속을 스쳐갔니?" 사고가 확인되면 학생은 자신이 그 사고를 얼마나 강하게 믿고 있는지를 평가할 수 있다(보통 0~100%로 신념의 정도를 평가). 이러한 평가는 두 가지 측면에서 의미가 있다. 첫째, 이를 통해 학생은 생각을 믿는 것과 믿지 않는 것 사이의 모호한 부분에 대해 생각해 볼 수 있다. 둘째, 3C의 결과로 생겨난 생각에 대한 신념의 강도 변화를 이러한 평가와 비교하여 측정할 수 있다. 학생이 생각을 알아차리는 데 익숙해지면, 그는 생각이 생겨날 때 그 생각을 알아차릴 수 있게 되어 생각이 정서를 유발한다는 점을 이해할 수 있게 된다. 다음의 예는 이러한 개입이 상담 시간에 어떻게 이루어질 수 있는지를 보여 준다.

상담자: 내가 인지모델에 대해 설명하던 날 기억나니?

David: 예. 그 모델에서는 제 감정을 일으키는 것이 상황이 아니라 상황에 대한 제 생각이라고 말하죠.

상담자: 그렇지. 기억력이 좋구나. 그 모델을 얘기하면서 3C라는 기법을 이용해서 우리가 함께 너를 기분 나쁘게 만든 생각을 바꿔 볼 거라고도 얘기했지. 3C는 알아차리기, 점검하기, 변화하기의 3단계로 구성되어 있어.

David: 네.

상담자: 첫 번째 단계인 알아차리기에서는 네가 정서를 느끼기 전에 어떤 생각을 했는지를 확인하는 건데, 이미 네가 하고 있는 거야. 두 번째 단계는 점검하기인데, 네 생각을 두 가지 측면, 즉 그 생각이 정확한지

와 유용한지를 점검해 보는 거야.

David: 그러면 제가 그 생각이 사실인지 그리고 도움이 되는지를 보려고 노력하는 거죠? 만약 그 생각이 사실도 아니고 도움이 되지도 않는다면 어떻게 해요?

상담자: 좋은 질문이야. 그때가 바로 네 생각을 변화시킬 시점인 거야. 우리가 처음 2단계까지 알아차리기와 점검하기를 연습하고 나서 생각을 변화시킬 수 있는 방법을 살펴볼 수 있을 거야.

David: 아. 만약 그 생각이 정말 사실이면요? 제 생각이 모두 틀린 것은 아니잖아요, 그렇죠?

상담자: 그렇게 물어보니 정말 반가운 마음이 드네. 인지치료는 그냥 좋게 좋게 생각하자는 것도 아니고 행복한 생각만 하자는 것도 아니야. 오히려 일어난 일을 좀 더 정확히 보자는 거지. 우리는 마치 탐정처럼 어떤 생각에 대한 증거를 모아 갈 거야. 때로는 그 생각이 맞을 수도 있다는 걸 보여 주는 증거도 있을 거고, 때로는 그 생각이 틀릴 수도 있다는 걸 보여 주는 증거도 있을 거야. 만약 어떤 생각이 맞기는 한데 너에게 도움이 되지 않거나 맞지 않을 때는 일어난 일이나 상황에 대해 다르게 생각하는 방법이 없는지 살펴볼 거야. 어때? 한번 시도해 보고 어떤지 보겠니?

David: 네. 그렇게 할게요.

상담자는 David가 자신이 자주 겪거나 최근에 경험한 상황에 '알아차리기'라는 기술을 적용하여 그 기술을 잘 사용할 수 있을 때까지 도울 것이다. 이 '알아차리기' 기술을 사용하고 나면 '점검하기'와 '변화시키기' 기술을 사용하게 된다. 3C와 인지치료 기술을 사용할 때 우리는 제일 먼저 학생들에게 그 기술을 시연해 보이고 나서 함께 연습한 후 학생 스스로가 연습하도록 하는 것이 좋다. 이를 위한 절차는 다음과 같다(Moats & Hall, 1999):

① 내(상담자)가 한다.
② 우리(상담자와 학생이 함께)가 한다.
③ 네(학생이 상담 시간에 스스로)가 한다.

이러한 절차를 가르칠 때, 학생이 이전 단계에 완전히 숙달되기 전에는 다음 단계로 나아가면 안 된다. 학생이 상담 시간에 각 기법을 숙달했다는 느낌을 갖는 것이 아주 중요하다. 왜냐하면 이러한 느낌 없이는 오히려 스트레스를 받은 상태로 상담 시간을 마칠 수 있고 다음 회기 전에 그 기법들을 연습할 가능성이 낮아지기 때문이다.

점검하기

두 번째 C는 사고를 점검하기(checking)로 그 사고가 학생에게 정확하고 유용한지를 파악하는 과정을 포함하며, 이 과정은 사고를 알아차린 이후에 이루어질 수 있다(Granholm et al., 2004, 2005). 상담 과정에서 학생이 부정적인 감정을 강하게 경험하고 있다는 것을 알게 될 때, 당신은 알아차리기와 점검하기의 기법을 사용할 수 있다. 사고가 강렬하거나 학생의 마음을 사로잡고 있을 때 이러한 기법이 사용되기 때문에 이것을 '강렬한 사고(hot thought)를 알아차리고 점검하기'라고 부른다(Beck, 1995). 상담 시간에 강렬한 사고를 알아차리는 것은 다른 상담 접근에서 치료적 과정에 초점을 두는 것과 어느 정도 동일하다. 그렇게 함으로써 상담에서 드러나는, 즉 문제가 되는 사고 패턴을 다룰 수 있을 뿐 아니라 치료적 동맹을 강화할 수 있다. 예를 들어, 학생이 얼굴을 찡그리는 것을 보면 당신은 "David, 우리가 만나는 시간을 주 2회에서 1회로 줄이는 것에 대해 이야기 나눌 때 네가 얼굴을 찡그리는 걸 봤어."라고 말할 수 있다. 그다음에는 상담자가 학생이 처음 2개의 C(알아차리기, 점검하기)를 사용해 보도록 격려해야 한다. 첫 번째로, 학생은 감정을 느끼기 전에 생각한 것이 무엇이었는지를 확인한다(알아차리기). 그다음으로, 학생은 그 생각이 얼마나 신중하고 정확한지를 파악하기 위해 점검을 한다. 다음의 내용에서 볼 수 있듯이 사고를 점검하기 위한 기법에는 다양한 종류가 있다.

사고를 점검할 때 사용할 수 있는 질문

사고를 점검할 때 학생이 사용할 질문들은 3C 사고 기록지(Granholm et al., 2004, 2005)에 제시되어 있다. 3C 사고 기록지는 간략한 사고 기록지를 통해 학생이 알게 된 것을 기초로 작성되는데, 다시 말해 상황과 정서 모두와 관련된 사고를 어떻게 확인하는지를 보여 준다. 3C 사고 기록지에는 사고를 알아차린 후 그 사고를 점검하고 변화시키는 과정이 추가되어 있다. 학생들이 상담을 통해 이러한 기술을 숙달해서 3C 사고 기록지를 완성하고 나면 그것을 숙제로 내어 줄 수 있다(복사해서 사용할 수 있는 3C 사고 기록지는 이 책 마지막의 〈부록 3-5〉에 있다). 이 기록지는 학생들이 자신이 가지고 있는 생각의 함정과 보다 유용하고 정확한 사고나 반응을 확인할 수 있도록 돕는 기법들 중 가장 중요하다.

3C 사고 기록지에는 학생이 그 기록 과정을 완성할 수 있도록 돕는 질문들이 있다. 그 밖의 유용한 질문들(Beck, 1995)도 다음에 제시되어 있다. 복사해서 사용할 수 있도록 이러한 질문의 목록을 〈부록 3-6〉에 수록했다. 우리는 학생들이 자신의 사고를 점검할 수 있는 방법을 이해하도록 돕기 위해 상담 시간에 이러한 질문들을 사용해 보기를 권한다.

- 이 생각이 사실이라는 걸 어떻게 알 수 있을까? 반대로 이 생각이 사실이 아닐 수도 있다는 걸 어떻게 알 수 있을까? (탐정의 비유를 사용하는 학생들에게는 "이 생각이 사실이라는 증거가 뭘까? 사실이 아니라면 그 증거는 뭘까?")
- 일어난 일을 달리 설명할 수 있을까?
- 이 생각을 네가 믿고 있으면 어떤 영향이 있을까?(장점/단점)
- 이 생각에 대해서 너는 무엇을 해야 할까?
- 만일 네 친구가 이런 생각을 한다면, 너는 어떤 말을 해 줄까?
- 네 친구는 너의 생각에 대해 뭐라고 말할까?

● 이 생각은 도움이 되는 생각일까?

　평가하고 있는 생각이 불안과 관련된 것이라면 학생들은 보통 무언가 나쁜 일이 일어날까 봐 두려워한다. 불안을 일으키는 생각을 평가하기 위해서는 다음과 같은 질문이 유용할 수 있다(Beck, 1995).

● 일어날 수 있는 최악의 일은 뭘까?(이것은 학생이 걱정할 때 깊이 생각해 볼 수 있는 질문이다)
● 일어날 수 있는 최선의 일은 뭘까?
● 실제로 일어날 가능성이 가장 높은 일은 뭘까?
● 최악의 일이 일어난다면 너는 그 일에 어떻게 대처할 수 있을까?

　다음의 대화에서 David와 상담자는 사고를 알아차리고, 점검하고, 변화시키기 위한 기법을 사용하고 있다(Granholm et al., 2004, 2005).

상담자: David, 우리가 일주일에 두 번 만나다가 앞으로 한 번씩 만나자고 횟수를 줄이는 것에 대해 얘기할 때 네가 얼굴을 찌푸리는 걸 봤단다.

David: 예. 짜증나요. 별로 기분이 좋지 않아요.

상담자: 얘기해 줘서 고맙구나, David. 네가 솔직하면 언제나 도움이 된단다. 이 상황에서 3C를 한번 적용해 보고 우리가 현재 일어나고 있는 일을 보다 잘 이해할 수는 없는지 살펴보자. 내가 상담 시간을 1주일에 1회로 줄여야 한다고 말하고 난 직후에 어떤 생각이 머릿속을 스쳐 갔니?

David: 화가 났어요.

상담자: 화가 난 감정을 잘 얘기해 줬구나. 어떤 생각이 머릿속에 떠올랐니?

David: 선생님이 저를 싫어하기 때문에 이전처럼 저를 자주 보고 싶어 하지 않는다는 생각이요.

상담자: 아주 좋아, David. 너는 방금 생각을 알아차린 거야. 얼마만큼 그 생각이 옳다고 믿고 있니?

David: 90%요.

상담자: 그렇구나. 그 생각을 한번 점검해 보자. 그 생각이 정확할까? 그리고 유용할까?

David: 글쎄요. 어떤 생각이 정확한지를 알기 위해서는 증거를 찾아볼 필요가 있다고 말씀하신 게 기억나요.

상담자: 맞아. 그렇다면 이 상황에서 무엇이 내가 너를 좋아하지 않는다는 것을 보여 주고 있지? 또 무엇이 내가 너를 좋아한다는 것을 보여 주지? [만약 학생이 어떤 쪽에 대해서도 이유를 생각해 내지 못한다면 모든 가능한 이유에 대해 얘기해 보고 그것을 종이에 쓴 후에 가장 가능성이 높은 이유를 선택하도록 한다면 도움이 될 수 있다.]

David: 음…… 선생님이 저를 볼 때 웃고, 저를 만나기 위해 시간을 내주고, 내가 여기서 아주 잘 하고 있다고 자주 말씀해 주시죠. 그런데 지금은 선생님이 저를 위한 시간을 줄이려고 하잖아요.

상담자: 좋아. 내가 시간을 줄이자고 제안한 것을 어떻게 가장 합리적으로 설명할 수 있을까? [다시, 필요하다면 브레인스토밍하도록 하라.]

David: 제가 좋아지고 있다. 음, 그렇게 보면 제가 좋아지고 있기 때문에 시간을 줄인다고 생각하는 게 좀 더 합리적인 것 같아요.

상담자: 너는 방금 그 생각을 변화시키기 위한 단계를 모두 마친 거란다! 아주 잘 했다, David. 지금은 내가 너를 좋아하지 않는다는 처음의 생각을 얼마나 강하게 믿고 있니?

David: 40%요.

상담자: 아주 큰 변화구나! 내 생각에는 내가 널 좋아한다는 것을 보여 주는 증거가 아주 많은 것 같거든. 네가 처음에는 생각하면 화가 났다고 했는데, 지금은 어떻게 느끼니?

David: 그렇게 화가 나지는 않아요. 선생님과 저 모두 제가 좋아지고 있다고 생각하기 때문에 자랑스럽게 느끼는 것 같아요. 일주일에 한 번이 충분할까 싶어 약간 긴장되기도 하고요.

상담자: 내 생각에는 이게 바로 생각을 바꾸는 것이 어떻게 정서를 바꾸는 것으로 이어지는가를 보여 주는 아주 좋은 예인 것 같구나. 아주 잘 했다! 일주일에 한 번이 충분한지에 대한 너의 생각에 대해서도 똑같이 해 보고 증거를 점검해 볼 수 있을 것 같은데. 그런 생각이 너를 긴장하게 만든다고 하니까 말이야. 한번 시도해 보고 어떻게 되나 볼까?

이 예에서 상담자는 학생이 생각을 바꾸기 전과 바꾼 후에 그들이 점검하고 있는 신념의 강도가 어느 정도인지 학생에게 평가해 보도록 했다. 이런 예는 생각을 바꾸기 전과 바꾼 후의 정서의 강도를 평가해 볼 때에도 적용할 수 있다. 이렇게 평가해 봄으로써 학생은 3C가 생각과 행동에 영향을 미친다는 것을 알게 되고, 결국 상담 외의 시간에서도 이런 전략을 사용할 가능성이 커지게 된다.

앞서 제시한 David와 상담자 간의 대화는 3C의 알아차리기, 점검하기, 변화시키기가 순서대로 진행되는 과정을 보여 준다. 이것이 가능하다면 David가 해낸 것과 같은 방식으로 점검하기와 변화시키기의 과정을 학생이 적용할 수 있도록 명확하게 가르쳐야 한다. 사고를 변화시키기 과정, 즉 세 번째 단계에 대해서는 이 장의 뒷부분에서 구체적으로 설명하겠지만, 위의 대화에서처럼 학생이 그 과정을 자연스럽게 한다면 칭찬해 주어야 한다. 또한 학생이 이 과정을 상담 시간에 한다면 상담에 대한 동기와 적극적으로 참여하려는 자세가 증진될 것이다. 다음은 3C를 설명하고 나서 이어질 수 있는 Michele과 상담자 간의 대화 내용을 보여 준다.

상담자: Michele, 방금 네가 알아차린 '그 친구가 나한테 역겨움을 느꼈다.'는 생각을 살펴보면 네가 중요한 점을 알게 될 것 같아. 그 생각을 점검해 보자. 우리가 지난 시간에 이야기했듯이 너의 생각을 점검할 때 두 가지 질문을 해 볼 필요가 있어. 그 생각이 정확한가? 그리고 그 생

각이 나한테 도움이 되는가?

Michele: 좋아요. 하지만 저는 정말로 그 친구가 나에게 역겨움을 느꼈다
고 생각해요.

상담자: 너는 얼마나 그 생각이 옳다고 믿고 있는 것 같아?

Michele: 100%요.

상담자: 좋아, 그럼 그 생각이 정확한지 살펴보는 것에서부터 시작해 보자.
어떤 증거가 네 생각이 맞다는 걸 보여 주니?

Michele: 그 애가 저를 힐끗 쳐다보고는 눈을 돌렸어요.

이 상황에서 상담자는 다양한 기법을 사용해서 Michele이 자신의 생각을 점검해 보도록 도울 수 있다. 예를 들어, Michele은 ① 그녀의 생각을 지지하거나 반증하는 증거를 점검해 볼 수 있고, ② 그녀를 힐끗 쳐다보고는 눈길을 돌리는 사람에 대해 대안적인 설명을 생각해 볼 수 있으며, ③ 일어난 일에 대해 친구라면 자신에게 어떤 말을 해 줄지를 생각하거나 똑같은 상황에 있는 친구가 있다면 자신이 어떤 말을 해 줄지를 생각해 볼 수 있다. 이러한 각각의 선택 방안들을 보다 상세히 살펴보자.

① **증거를 점검하기**(checking the evidence)는 말 그대로 학생의 생각이 그 상황에 있었던 증거에 의해 지지되는지를 점검하는 것이다. 이것을 학생에게 알려 주는 한 가지 방식은 그 생각을 지지하는 상황 속 증거가 무엇이고 지지하지 않는 증거는 무엇인지를 묻는 것이다. 그런 후, 학생이 자신의 생각에 대한 지지 증거와 반대 증거를 목록화해야 한다. 중요한 것은 학생이 스스로 지지 증거와 반대 증거를 모두 목록화해야 한다는 것이다. 그렇지 않으면 학생이 마음속으로 3C 과정을 방해할 수 있는 '예, 하지만(yes, but)' 식의 생각을 가질 수 있기 때문에 사고에 도전하도록 하는 것이 효과적이지 않을 수 있다. 증거를 검토한 후에는 학생이 자신이 원래 가졌던 생각을 여전히 얼마나 강하게 믿고 있는지를 평가해 보도록 한다. 원래 가졌던 생각이 더 이상 완전히 정확해 보이지 않는다

면 보다 합리적인 대안적 사고를 발견할 수 있도록 격려해야 한다. 이 대안적 사고는 증거를 반영하는 생각이고, 학생의 부정적인 자동적 사고에 뒤따르는 생각인 **적응적인 반응 사고**(adaptive response thought)이다. 적응적인 반응 사고는 그가 보다 합리적으로 사고하기 위해 부정적인 자동적 사고에 덧붙일 수 있는 생각이다.

우리는 기능 수준이 낮거나 구체적인 수준에서 사고하는 학생들에게는 다음과 같은 대화를 사용해 왔다. "만약 내가 너에게 내 사무실에 10개의 책상이 있다고 말한다면 너는 나를 믿겠니?" 학생이 아니라고 답한 후에는 어떻게 그 말이 사실이 아니라는 것을 알았는지 물어본다. 학생에게 증거를 찾을 때 어떤 과정을 거쳤는지를 설명해 보게 한다. 이를테면, 사무실을 둘러보고 책상이 하나밖에 없다는 것을 확인하는 과정과 같은 것이다. 증거를 '점검한' 것에 대해 학생을 칭찬해 주고 이 과정을 자신의 자동적 사고와 신념에 적용해 보도록 격려해 준다.

② **대안적인 설명을 생각해 보기**(considering alternative explanations)는 상황과 타인의 행동을 설명하는 다른 방식을 찾는 것이다. 가끔 학생들은 좀 더 현실적인 설명을 고려하지 않은 채 생각의 함정처럼 자동적 사고를 가지게 된다. 우리는 학생들에게 처음에 일어난 일에 대한 설명을 써 보게 한 후 다른 가능한 설명들을 목록화해 보게 한다. 그런 다음 각 설명에 대해 그것이 사실일 가능성을 평정해 보거나 가능성을 [그림 3-11]처럼 파이 차트(pie chart)에 표시해 보게 한다. 우리의 경험에 의하면 학생들이 모든 대안적인 설명을 파이 차트에 쓰게 되면 빠른 시간 내에 자신이 처음에 가졌던 생각이 사실이 아닐 수도 있다는 점을 알게 된다.

③ **'친구라면 뭐라고 말할 것 같은가?'를 생각해 보기**(considering "what would your friend say?")는 학생이 자신이 좋아하는 또래의 관점에서 자신의 상황에 대한 또래의 반응을 적용해 봄으로써 자기 생각의 정확성을 의심해 보는 것이다. 당신은 "Cathy(학생이 좋아하는 또래)는 이 상황에 대해 어떤 말을 할 것 같니?" 혹은 "만약 Cathy가 네 상황이라면 너는 걔한테 무슨 말을 해 줄 것 같니?"라고 물어

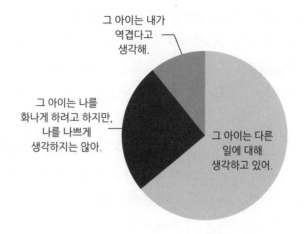

그 아이는 내가
역겹다고
생각해.

그 아이는 나를
화나게 하려고 하지만,
나를 나쁘게
생각하지는 않아.

그 아이는 다른
일에 대해
생각하고 있어.

[그림 3-11] 각 설명은 얼마나 가능성이 있는가?

볼 수 있다. 상담자는 안내된 발견을 활용해 학생이 대안적 사고나 적응적 반응을 생각해 보도록 도와줄 수 있다. 우리는 학생들이 자신보다는 친구를 통해 대안적 사고를 생각해 보도록 하는 것이 훨씬 쉽다는 것을 발견하곤 한다.

　다음은 Michele과 상담자 간에 이어지는 대화 내용을 통해 안내된 발견과 대안적 설명을 찾아보는 것이 3C(Granholm et al., 2004, 2005)의 점검하기 단계에서 어떻게 사용될 수 있는지를 보여 준다. 이 대화는 또한 어떻게 처음 두 개의 C가 p. 126에 기술된 사고를 변화시키게 되는지를 보여 준다.

　　Michele: 그 친구가 저를 힐끗 쳐다보고는 눈을 돌려 버렸어요.
　　상담자: 그때 기분이 어땠니?
　　Michele: 루저(loser)가 된 느낌이었죠.
　　상담자: 아주 힘든 일이 일어난 것 같구나. 혹시 네가 싫어서 그랬다기보다는 다른 사람들을 쳐다보고 다른 생각을 하면서 눈을 돌렸을 수 있지는 않았을까 싶은데? 아니면 자기가 쳐다본 사람에 대해 아무 생각이 없었을 수도 있지 않을까?
　　Michele: 걔가 다른 사람들에 대해서 어떤 생각을 했는지는 모르겠어요.

근데 걔가 나를 보았을 때 어떤 생각을 했는지는 알아요.

상담자: 그렇구나. 그렇다면 그 친구가 다른 사람들을 볼 때 어떤 생각을 했는지는 모른다고 했는데, 너를 볼 때 무슨 생각을 했는지는 어떻게 알 수 있었니?

Michele: 사실 어떤 경우든 정말 확신하는 건 아니고요.

상담자: 확신이 서지 않는다면 네가 최악의 경우로 생각했거나 혹은 정확하지 않게 마음을 읽었다고 생각해 보면 어떨까?

Michele: 그럴지도 모르죠.

상담자: 네가 생각하는 게 얼마나 가능성이 있다고 생각하니? 내가 기억하기로는 네가 가끔 상대방의 마음을 읽거나 결론을 비약적으로 내리는 것처럼 생각의 함정에 빠지는 경향이 있다고 우리가 얘기한 적이 있던 것 같아.

Michele: 선생님이 그렇게 말씀하시는 걸 들으니 제가 아마도 최악의 경우를 가정한 것 같아요.

상담자: 네가 머릿속으로 최악의 경우를 가정하려 한다면 아마도 때로는 가장 가능성이 높은 경우를 가정할 수도 있을 것 같구나.

Michele: 네. 그럴 것 같아요.

상담자: 좋아. 어떤 경우가 가능성이 있을까?

Michele: 그 친구가 그 순간에 저에 대해 어떤 생각도 하지 않았을 수 있을 것 같아요. 아마도 다른 일에 대해 생각했을 것 같아요.

이 예에서 당신은 상담자가 어떻게 안내된 발견을 사용했는지 알 수 있었는가? 이 시점에서 상담자는 Michele이 보다 가능성 있는 대안적인 설명들을 쓰고 그것들을 파이 차트에 그려 보도록 할 것이다.

상담자: 가능한 설명들을 네가 모두 차트에 그린 걸 보니 첫 번째 설명한 내용은 다섯 번째 순위밖에 되지 않는구나. 자, 그렇다면 지금은 '그 친

구가 나를 역겹게 느꼈다.'고 하는 너의 생각을 얼마만큼 믿고 있니?

Michele: 한 20% 정도요.

상담자: 와, 네가 이전에 믿던 정도에서 80%나 줄었네. 그러면 네가 그 일이 있었을 때 기분이 아주 안 좋았다고 했는데, 지금 그 상황을 생각해 보면 기분이 어떠니?

Michele: 그렇게 안 좋지는 않아요. 만약 걔가 다른 걸 생각하고 있었다면 제가 상관할 게 없는 거죠. 지금은 그냥 기분이 괜찮아요.

상담자: 만약 나중에도 이런 과정을 거쳐 생각한다면 너의 부정적인 감정이 어떻게 될 것 같니?

Michele: 저의 부정적인 생각이 덜해지면 아마도 기분도 그렇게 나쁘지는 않겠죠.

상담자: 아주 잘 했다, Michele.

사고의 유용성 생각하기

지금까지 우리는 아주 정확하지만은 않은 생각을 다루는 방법에 대해 이야기 했지만, 때로는 학생들이 정확하지만 괴로운 생각을 할 수도 있다. 이런 경우에는 그런 생각이 학생에게 도움이 되는지를 점검하는 것이 그다음의 절차이다. 이때 당신은 학생에게 어떤 생각이 계속해서 자신의 마음을 지배하도록 내버려 두는 것이 얼마나 유용한지 생각해 보게 할 수 있다. 다음은 David의 자동적 사고가 정확하지만 괴롭고 그에게 도움이 되지 않는 경우에 나눌 수 있는 상담자와 David 간의 대화의 예시이다.

상담자: 그러면 네가 스트레스 받는 순간이 수업 시간에 '나는 결코 다른 애들처럼 빨리 책을 읽을 수 없을 거야.'라고 생각할 때인 것 같구나.

David: 네. 저는 절대 빨리 못 읽어요. 저는 학습장애가 있어서 정말 책을 느리게 읽어요.

상담자: 우선적으로 네가 '나는 학급의 다른 애들만큼 절대 책을 빠르게 읽

지 못할 거야.'라는 생각을 알아차리는 걸 아주 잘 해 주었구나. 자, 그 럼 점검하기 단계로 넘어가 보자. 점검하기는 두 가지 단계로 이루어 진다는 점을 기억해 보자.

David: 생각이 정확한지와 그것이 나에게 도움이 되는지예요. 제 생각이 정확하고……

상담자: 그래, 그렇다면 네가 '나는 절대로 학급의 다른 아이들만큼 빨리 책 을 읽지 못할 거야.'라고 생각하면서 수업 시간 내내 그 생각을 하는 것 이 너에게 도움이 되었니?

David: 아니요, 그렇지는 않아요. 그 생각을 오래하면 할수록 기분이 점점 더 안 좋아져서 급식실에 놀러가 버리죠. 정말 안 좋아요.

상담자: 얼마나 기분이 안 좋을지 이해가 되는구나. 생각을 점검하기까지 아주 잘 해 오고 있구나. 이제 너에게 도움이 되지 않는 그 생각을 한 번 바꿔 볼까?

David: 네.

상담자와 학생은 3C의 다음 단계인 '변화시키기'로 넘어갈 것이다. 학생이 처 음 두 개의 C를 잘 이해한다면 상담 외의 상황에서 그 기법을 연습해 보도록 학 생에게 숙제를 내줄 수 있다.

변화시키기

사고를 **변화시키기**(changing; Granholm et al., 2004, 2005)는 3C의 세 번째 단계 로 David 및 Michele과의 이전 대화 내용에서 보듯 점검하기 단계에서 자연스 럽게 이어지는 경우가 흔하다. 사고를 변화시키기 위한 전략은 다양하지만 학 교 장면에서 가장 흔히 사용되는 방법은 행동 전략(4장에 제시)과 대안적 사고와 적응적 반응을 이끌어 내는 인지적 전략이다.

대안적 사고는 학생의 부정확하거나 유용하지 않은 사고를 이전 사고보다는

> 대안적 사고는 단순히 즐거운 생각을 하는 것이 아니다! 학생들이 자신에게 그럴듯하고 자신의 언어로 된 생각을 하도록 도와야 한다.

보다 정확하거나, 이전 사고를 반박하거나, 그 사고를 보다 완화시키는 사고로 대체하는 것이다. 아주 흔히 이러한 대안적 사고는 학생이 유용하지 않거나 부정확한 사고를 알아차린 이후 안내된 발견을 통해 형성된다. 안내된 발견을 계속해서 사용하여 당신은 학생이 보다 정확하고 유용한 사고를 탐색하도록 도울 수 있다. 좋은 대안적 사고의 가장 중요한 특징은 그 생각이 학생에게 단순히 '행복한 생각'이 아니라 믿을 만해야 한다는 것이다. 또한 대안적 사고는 학생 자신의 언어로 표현되어야 하며 빨리 말할 수 있을 정도로 짧아야 한다. 대안적 사고가 형성되고 나면 당신은 학생에게 상담 외의 장면에서 그것을 연습해 보도록 격려하기를 원할 것이다. 대안적 사고를 활용하는 것은 처음에는 어려울 수 있지만 새로운 사고를 계속 연습하다 보면 부정적 사고를 대체하는 데 익숙해질 것이라는 점을 학생이 알도록 해야 한다. 당신은 자전거 타기에 비유해서 이를 설명할 수 있다. "네가 처음 자전거를 배울 때 더 많이 연습할수록 더 잘 타게 되었을 거야. 대안적 사고도 마찬가지야. 네가 대안적 사고를 많이 사용하면 할수록 그것을 사용하는 데 능숙해지는 거지. 한동안 대안적 사고를 사용하다 보면 그것이 자동화되어서 더 이상 그것에 대해 생각할 필요가 없어질 거야. 마치 일정 기간 연습한 이후에는 자동적으로 자전거를 탈 수 있게 되는 것처럼 말이야." 충분한 연습을 한 이후에는 대안적 사고가 자동적 사고가 된다.

✎ 대처 카드

우리는 당신이 상담 시간에 학생과 함께 사용한 기법들을 기록해서 학생이 상담 이외의 상황에서 그 기법들을 살펴볼 수 있도록 돕기를 권한다. 이를 위한 한 가지 방법이 바로 **대처 카드**(coping cards; Beck, 1995)를 사용하는 것인데, 이 것은 학생이 자신의 자동적 사고를 평가하고 단기 목표와 장기 목표를 향해 스스로 노력할 수 있도록 동기를 부여하는 데 도움이 된다. 먼저 자동적 사고를 평가하기 위해 사용할 수 있는 대처 카드에 대해 살펴보자.

　학생은 자동적이고 유용하지 않거나 부정확한 사고 이후에 덧붙일 수 있는 적응적인 반응 사고를 사용할 필요가 있다. 예를 들어, 복도에서 다른 학생과 우연히 부딪힌 어떤 학생이 자동적으로 '걔가 나한테 시비를 걸려고 해!'라고 생각할 수 있다. 안내된 발견을 활용하여 이러한 종류의 자동적 사고가 항상 정확하거나 유용한지에 관해 검토한 이후에도 이런 생각은 유지될 수 있다. 학생이 즉각적으로 '복도가 너무 복잡해서 아마도 우연히 부딪혔을 거야.'라는 자동적 사고를 가질 수 있을 거라 기대하기보다는 우선 '걔가 나한테 시비를 걸려고 해! …… 내가 최악의 상황을 가정하고 있는 것 같네. 걔가 아마도 어딘가를 급히 가려다가 우연히 나와 부딪혔을 거야.'와 같이 자동적 사고 다음에 뒤따라올 수 있는 적응적 반응을 생각해 보도록 해야 한다.

　대처 카드는 상황과 사고에 대한 유용한 반응을 제시하기 위한 것으로 학생과 상담자가 협력하여 함께 만들 수 있다. 예를 들어, David가 당신과의 첫 상담 장면에서 처음으로 말한 내용 중 자신은 '전혀 괜찮은 사람이 아니고 전혀 어울리지를 못한다.'는 내용이 있었다. 두 달 동안의 상담을 통해 당신과 David는 그가 자신을 실패자이며 이상한 아이라고 생각하고 슬픔을 느끼며 상황으로부터 도피하는 식으로 자신의 '원래의 방식(default setting)'을 사용할 때 이러한 자동적 사고가 머릿속에 떠오르게 된다는 사실을 알게 된다. 어떤 상담 회기에서 당신과 David는 자동적 사고에 대처할 수 있는 적응적 반응 사고를 생각해 낸다. '나는 늘 잘 어울리지는 못해. 하지만 많은 유명한 배우들도 고등학교 시절에 그렇게 하지 못했어. 그리고 내가 남들과 다르다는 점이 좋게 보면 오히려 나를 고유한 존재로 만들어 주기도 하잖아.' David는 종이에 자신의 자동적 사고와 적응적 반응을 쓰고 이 적응적 반응을 적은 대처 카드를 지갑 속에 넣어 둔다. 그는 또한 자신의 휴대폰에 유용한 사고 내용을 적어서 저장해 둔다. 사실 David는 대안적 반응 카드의 복사본을 기억하고 접근하기 쉬운 어느 곳에든 둘 수 있다. 예를 들면, 옷 서랍, 이메일, 가방 같은 곳이다. 상담 외의 장면에서 생각에 도전을 하게 될 때, 처음에는 '나는 괜찮은 사람이 아니라 결코 어울리지 못해.' 라는 자신의 생각을 그가 알아차릴 때마다 유용한 사고를 꺼내서 읽을 것이다. 이것은 단지 '행복한 생각하기'나 일반적인 수준의 자기긍정(generic affirmation) 이 아니라는 점을 기억해야 한다.

학생들이 특정한 문제에 대처하는 것을 돕기 위해 대처 카드를 사용할 수도 있다. Alfred와 상담자는 그가 복도에서 누군가와 부딪혔을 때 자주 '걔가 나에게 시비를 걸기 전에 내가 그놈을 쓰러뜨릴 거야.'와 같은 자동적 사고를 한다는 점을 발견했다. 이러한 생각을 확인한 이후에 상담자는 Alfred가 대처 카드를 만들게 해서 생각과 반응을 바꾸도록 도울 수 있다. 예를 들어, [그림 3-12]와 [그림 3-13]에 제시되어 있는 대처 카드는 Alfred에게 자신의 자동적 사고에 대한 적응적 반응([그림 3-12])과 그가 적응적 반응을 사용하는 이유([그림 3-13])를 상기시켜 주기 위해 사용된다.

상담자와 Alfred가 계속해서 상담을 진행하는 동안, Alfred는 레슬링 팀으로 돌아가고 싶지만 "제가 너무 오랜 기간 동안 연습을 하지 않아서 코치 선생님이 절대 나를 다시 받아 주지 않을 거예요."라고 믿고 있다. 이 생각이 사실일 수 있지만, Alfred는 그 생각을 검증해 보지도 않고 사실이라고 가정하고 있기 때문에 팀으로 돌아가려는 시도조차 하지 않는다. 이러한 사실을 알고 나서 Alfred와 상담자는 Alfred가 레슬링 팀 코치 선생님에 대한 자신의 부정적인 신념을 점검해 볼 수 있는 방법을 생각해 보기로 한다. 이러한 종류의 활성화/동기화 카드 (activation/motivation card)는 학생이 자신의 목표가 너무 크고 복잡하며 위협적이라 느낄 때 특히 유용할 수 있다.

- **나의 자동적 사고:** '걔가 시비를 걸기 전에 내가 그 녀석을 쓰러뜨릴거야.'

- **적응적 반응:** '내가 학교에 있을 때는 길거리에서 돌아다닐 때와 다르기 때문에 천천히 생각할 필요가 있어. 여기는 다른 규칙이 있어. 난 남동생에게 내가 두 군데서 모두 성공적인 사람이라는 걸 보여 주고 싶어. 그냥 지나쳐 버려!'

[그림 3-12] 적응적 반응 카드

왜 나는 주먹을 날리기 전에 멈춰서 생각해야 하나?

- 나는 어린 동생에게 삶을 보다 잘 살 수 있는 방법을 가르칠 수 있어.
- 나는 레슬링 팀으로 복귀해서 장학금을 받을 수 있어.
- 내가 반응하면 문제를 일으키게 돼. 이 녀석들은 그럴 만한 가치가 없어.
- 학교와 길거리에는 서로 다른 규칙이 있어. 내가 여기에서 벗어나기를 원한다면 나는 두 군데 모두에서 게임을 할 필요가 있어.
- 나는 내 동생에게 학교와 삶에서 어떻게 하면 성공할 수 있는지를 보여 줄 필요가 있어.
- 내 자신에게 질문할 것을 기억해. 이 문제가 내가 여기서 벗어날 수 있는 티켓을 잃을 만큼 중요한가?

[그림 3-13] 대처 카드: 멈춰서 생각해야 하는 이유

활성화/동기화 카드를 만들기 위해서 당신은 학생과 함께 목표를 명료하게 세워야 한다. 그다음으로는 학생이 그 목표를 이루기 위해 필요한 단계들을 생각해 보도록 도와야 한다. 각 단계는 아주 구체적이고, 관찰 가능하며, 성취 가능해야 한다. 각 단계가 성취 가능해야 실제로 달성이 가능하고 목표 목록에서도 지울 수 있기 때문에 학생이 자신의 목표가 너무 어렵다고 느끼기보다는 성취 가능하다고 느낄 수 있어야 한다. 있을 법한 장애 요인이 무엇인지 확인하여 각 장애 요인에 대한 대처 전략이나 문제해결책을 마련해야 한다. Alfred는 [그림 3-14]와 같이 활성화/동기화 카드를 만들었다.

계속된 연습으로 Alfred는 대안적 사고를 내면화하고 이후에는 기저신념까지도 조금씩 약화시키기 시작할 것이다. 그가 대안적 사고를 생각하도록 좀 더 도움이 되는 방법을 기억하기 위해 이 카드(혹은 휴대전화에 입력한 메모 등)를 계속해서 사용하게 되면 점차 자연스러워져서 최종적으로는 카드가 더 이상 필요하지 않게 될 것이다. 더 나아가 세상에 대한 Alfred의 기저신념이 어떤 사람들을 신뢰하게 되고, 위협적이지 않은 상황에서 안전감을 느낄 수 있도록 하는 신념으로 변화하고, 공격적인 행동 패턴이 약화되면 상담자는 5장에 기술하는 것과 같이 상담의 마지막 단계로 이동할 것이다. 상담의 마지막 단계는 대처 기술과 재발 방지책을 강화하는 데 초점을 둔다.

레슬링 팀에 복귀하기 위한 계획

- 나는 도망가기보다는 내가 팀에 복귀할 수 있는 강한 사람임을 내 자신에게 상기시킨다.
- 내가 코치 선생님에게 뭐라고 말할지를 상담자와 역할 연습해 본다.
- 코치 선생님과 개인적으로 만나는 일정을 잡는다.
- 코치 선생님에게 앞으로 내가 동료들과의 문제를 어떻게 풀어 나갈 것인지를 이야기한다.
- 상담자와 분노 조절 기술을 연습한다.
- 코치 선생님에게 매주 내가 이전보다 잘 하고 있는 것이 있는지를 묻고 잘 하고 있는 것을 계속한다.

[그림 3-14] 대처 카드: 활성화/동기화를 위한 지시문

학생의 목표를 활성화하거나 동기화하기 위해 고안된 대처 카드는 학생의 요구에 따라 아주 다르게 보일 수 있다. 예를 들어, Anjanae는 대처 전략 카드를 잘 사용할 수 있다. 그녀의 목표 중 하나는 아이를 기르면서 고등학교와 대학교를 졸업하는 것이다. 이 목표는 아주 크기 때문에 보다 성취 가능한 단계로 쪼개는 것이 계획의 실행 가능성을 높여 준다. Anjanae는 아이를 낳고 기르면서 학년을 마치는 것을 즉시적 목표로 삼기로 했고, 상담자는 그녀가 9학년을 마치는 데 도움이 되는 방안들을 찾아볼 것을 제안했다. 고등학교의 남은 학년과 이후 대학까지 마치는 것도 그들이 함께 계획할 수 있는 목표일 수 있지만 그런 장기적 목표들에 대해 상세한 계획을 세우는 것은 아주 부담스러운 일일 수 있다. 이러한 카드들은 4장에서 설명될 행동 전략의 보조 도구로 활용될 수 있다. Anjanae와 상담자는 [그림 3-15]와 같이 대처 전략을 짤 수 있을 것이다.

이 대처 카드는 현재로서는 너무 많은 것을 포함하고 있다. 고등학교와 대학까지의 계획을 하나의 카드에 다 짜게 되면 정말 관리하기가 어려울 것이며 상담을 시작할 때보다 오히려 Anjanae에게 더 큰 부담감을 줄 수 있다. 하지만 [그림 3-15]에 제시된 것과 같이 합리적인 단계를 계획하는 것은 학생들이 심지어 큰 문제들도 작게 쪼개질 수 있고 단계별로 처리될 수 있다고 생각하게 해 준다.

9학년을 마치기 위한 단계

- 출산일이 학년도 내에서 언제 즈음 될지 계산해 본다.
- 출산일 즈음에 선생님에게 건강상의 이유로 학교를 잠시 다닐 수 없을 거라고 이야기한다.
- 미리 준비할 수 있도록 선생님에게 아기가 태어나기 전에 할 수 있는 학교 과제가 있는지를 물어본다.
- 아기가 태어나기 전에 내가 완성해야 할 학교 과제에 대한 계획과 일정을 짜고 아기가 태어나면 얼마나 오래 학교를 떠나 있을지에 대한 계획도 세운다.
- 내가 튜터를 통해 받을 수 있는 도움이 있는지 혹은 어떤 학교 과제를 면제받을 수 있는지를 알아본다.
- 매주 말에 계획의 진행 상황을 점검한다.
- 아기가 태어난 이후에는 2주마다 선생님에게 연락해서 9학년을 무사히 통과하기 위해 내가 해야 할 일이 무엇인지 물어보고 그 일들을 일정 속에 포함시킨다.
- 나와 내 아기를 위해 내가 이것을 할 수 있다는 것을 스스로에게 상기시킨다.

[그림 3-15] 대처 카드: 목표 달성을 위한 단계

장기적인 목표를 적은 또 다른 카드가 있으면 Anjanae가 보다 즉시적인 이러한 목표들과 함께 장기적인 초점을 유지하고 있다고 여기도록 해 줄 것이다. 또한 Anjanae와 비슷한 학생들은 그들이 완성하는 각 단계들을 보면서 스스로를 강화시키면서 숙달감을 경험할 수 있을 것이다.

✎ 성공을 향한 로드맵

지금까지 우리는 이 책에서 비교적 기능 수준이 매우 높은 학생들을 이야기해 왔는데, 사실 학생들의 기능 수준과 능력은 매우 다양한 편차를 보인다. 학생들은 특정한 인지치료의 개념을 어려워할 수도 있고, 무언가를 쓰는 것에 대해 거부적인 태도를 보일 수도 있으며, 특히 창의적인 해결책을 좋아할 수도 있고, 당신이 기법을 수정해서 사용해야 할 또 다른 이유가 있을 수도 있다. 기능 수준이 낮은 학생이나 보다 창의적인 재능을 보이는 학생들에게는 그림 활동을 포함시킴으로써 많은 기법을 수정하여 사용할 수 있다. 우리는 Anjanae가 대처 카드([그림 3-16])에 자신의 목표를 쓴 것처럼 **성공을 향한 로드맵**(road map to success)이라 부르는 그림 활동이 학생들이 자신의 목표를 달성하기 위한 단계들을 확인하도록 돕는 데 효과적이라는 점을 발견해 왔다. 그냥 목표의 목록을 쓰는 것이 아니라 형형색색의 지도에 자신의 목표를 그리게 되는데, 이 활동은 상담 시간에 시작해서 숙제로 내주어 완성하도록 할 수 있다. 성공을 향한 로드맵을 만들 때 학생이 먼저 자신의 장기 목표(6개월, 1년, 고교 졸업 시기 등)뿐 아니라 단기 목표(1주일, 2주일, 1개월 등)를 목록화해 보도록 하라. 학생이 단기 목표와 장기 목표를 다 완성하고 나면 최악의 상황을 가정하는 것(사고 패턴의 문제) 혹은 음주(행동 패턴의 문제)와 같은 방해 요인을 확인하도록 함께 노력해야 한다. 마지막으로, 3C, 대처 카드, 행동 전략 등을 활용하여 학생에게 대처 전략에 대해 물어보고 생각하게 함으로써 어떻게 방해 요인들을 다룰지에 대해 이야기를 나눠 보라.

이제 학생들이 성공을 향한 길에서 벗어나 우회로로 가고 있는 자신에 대한 그림이나 각 목표를 달성할 때의 자신에 대한 그림으로 지도를 그릴 수 있게 된다. 그림을 그리거나, 잡지에서 오려 온 사진으로 그림을 보여 주거나, 서로 다른 상황에서 움직이는 자신의 모습을 사진 찍거나 해서 학생이 이 작업에 참여하도록 유도하는 방법이라면 어떤 것도 괜찮다. 삶의 도전들을 다룰 수 있는 모든 기술을 참고하기 위해 지도의 측면에 박스를 그려서 대처 전략들을 목록화할 수 있다. 우리는 Anjanae가 상담자와 함께 완성한 그림을 예로 보여 주었다.

로드맵을 그리는 방법은 수없이 많고 심지어 이 아이디어를 보다 다양한 방식으로 수정해서 사용할 수도 있다. 로드맵은 학생들을 참여시키기 위해 이 책에서 제시한 원칙들을 수정하여 사용하는 많은 방식 중 하나일 뿐이다. 이러한 활동에서 창의성을 충분히 발휘하면 당신과 학생들은 상담 시간이 매우 즐거워질 수 있다. 아무것도 그려지지 않은 로드맵 양식이 이 책 마지막의 〈부록 3-7〉에 있다. 당신은 그것을 상담의 시작점으로 활용할 수 있다.

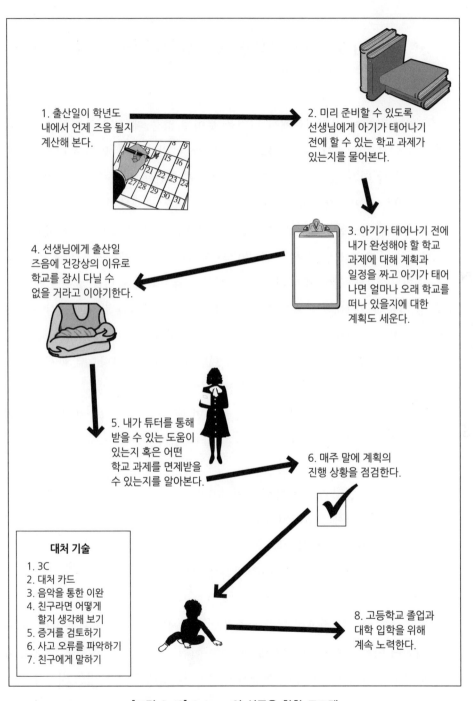

[그림 3-16] Anjanae의 성공을 향한 로드맵

🖋 학생이 자신의 생각을 점검하거나 변화시킬 수 없을 때 할 수 있는 것

우리는 학생이 인지치료에서 진전을 보이지 않을 때 그냥 포기하고 새로운 학생을 대상으로 재시도해 보라고 권한다. 잠깐, 뭐라고? 당연히 우리는 포기하라고 제안할 리가 없다. 대신 교착 상태에 빠져 있는 학생들에게는 유머를 사용할 수 있다. 유머는 인지치료를 공부하면서 어려운 과제를 수행하는 동안, 또는 짧은 휴식이 필요한 학교 상담자를 훈련하거나 그들의 학생들을 도울 때 우리가 사용하는 중요한 도구이다. 물론 유머를 효과적으로 사용하는 방법은 각 상담자의 치료적 스타일에 따라 다를 수 있어서 상담자들이 유머를 얼마나 자주 혹은 잘 활용하는지에는 편차가 있다. 당신 자신의 스타일과 강점을 자각하고 유머를 적절하게 활용하기 위해서는 충분히 이완해야 한다는 것을 기억하라. 동시에 학생의 대인관계 스타일과 당신이 개념화한 내용을 바탕으로 학생에게 도움이 되는 정도로만 유머를 활용해야 한다.

학생이 교착 상태에 놓여 있다고 판단되면 왜 그들이 그러한지 질문을 던져 보는 것이 중요하다. 다음과 같은 질문을 할 수 있다.

- 기술이나 능력 부족이 방해 요인인가?
- 학생이 상담에 몰입하지 않는가?
- 학생이 저항을 보이는가?
- 개념에 대해 학생에게 너무 복잡하게 설명했나?

이 목록은 당신과 학생이 교착 상태라고 느끼게 되는 주된 이유를 보여 준다. 각 이유에 따라 상이한 방식의 개입이 이루어질 것이다. 다음에서는 당신과 학생이 교착 상태에 빠진 원인을 이해하고 개입하는 방법들을 설명할 것이다.

✏️ 역(易) 역할 연습

어떤 학생들은 학교 상담자와 만나 이야기하는 것을 꺼릴 수 있는데, 그 이유는 상담자가 과거 자신에게 전혀 도움이 되지 않았던 교직원이나 권위적 인물과 같을 것이라고 가정(자동적 사고)하기 때문이다. 또 다른 경우에는 학생들이 정서적 혹은 인지적 문제 때문에 인지치료의 개념을 이해하는 데 어려움을 겪거나 혹은 개념을 지나치게 복잡하게 설명해서 그들이 이해하기 힘들 수도 있다. 치료적 진전을 방해하는 것이 무엇인지를 보다 잘 이해하기 위해서는 역 역할 연습 (reverse role play; Beck et al., 1993)이라는 기법을 사용해 보라.

역 역할 연습에서는 학생이 상담자 역할을 하고 당신이 학생의 역할을 맡도록 한다. 학생에게 당신의 의자에 앉아서 상담자인 당신의 역할을 수행하는 데 최선을 다하도록 격려하라. 그다음으로 당신은 학생이 이전에 확인하지 못했거나 변화시키지 못했던 사고 패턴이나 학생을 교착 상태에 빠뜨린 이슈들을 기억하면서 학생 역할을 연기할 수 있다. 당신의 역할을 연기하는 학생의 반응에서도 매우 많은 정보를 얻을 수 있다. 만약 학생이 적절한 반응을 하고 사고 패턴을 확인하고 변화시킬 수 있다면 기술 부족이 방해 요인이 아니며 저항이 원인일 수 있다.

학생의 자동적 사고를 확인하고 그것에 의문을 제기하며 그다음에는 당신의 접근 방법을 변화시킴으로써 저항을 다룰 수 있다. 만약 학생이 당신의 스타일을 과장해서 연기한다면(혹은 정확하게 연기한다면) 이러한 피드백을 받아들이고 당신의 접근 방법을 수정하기 위해 그 피드백을 활용하라. 기술이 부족한 경우에는 정보 제시 방법을 바꿀 수 있다. 이것은 당신의 창의성을 활용하여 다른 방식으로 학생들을 참여시키기 위한 또 다른 기회이다.

소년원과 같은 교정시설에 있는 청소년들과 상담할 때, 반항적 행동 패턴을 보이며 '나는 당신의 게임에 참여하지 않을 거야.'와 같은 자동적 사고를 가지고 상담에 오는 학생들에게는 특히 역 역할 연습이 유용하다는 것을 발견해 왔다.

학생들은 자신이 상담자가 되고 당신이 학생이 될 때 일어나는 권력의 변화를 즐길 수도 있다. 이 과정은 당신이나 학생에게 아주 재미있을 수 있는데, 학생들은 상담자로서의 당신의 모습을 과장되고 우스꽝스럽게 표현하기도 하고, 때로는 "음, 당신은 당신이 어떻게 느끼는지를 변화시키기 전에 생각하는 방식을 바꿔야 해요."라고 말하기도 한다. 이 학생들처럼 당신의 학생들도, 역할 연습을 통해 알게 된 점을 반영하기 위해 당신이 상담에서 시도하는 변화는 물론 역 역할 연습을 잘해서 받는 칭찬을 좋아할 것이다.

✎ 인지치료에서의 저항

　인지치료 상담자들은 상담자, 상담 과정 그리고 학생 자신들에 대해 학생들이 생각하는 것과 저항(resistance)이 직접적인 관련이 있다고 이해한다. 이 문제를 해결하기 위해 상담 시간에 당신이 (내담자로부터) 저항을 감지할 때 "네 마음에 어떤 일이 일어나고 있는 거지?"라고 물어볼 수 있다. 저항을 느낄 때 만약 저항이 상담 과정에 대한 학생의 생각과 관련이 있을 수 있다는 생각이 든다면, "상담이 너에게 도움이 될 수 있도록 내가 무엇을 다르게 할 수 있을까?" 또는 "여기 오거나 우리가 하고 있는 것에 대해 어떻게 생각하니?"라고 질문할 수 있다. 만약 그 저항이 정보를 공개하는 것에 대한 우려와 관련이 있다고 생각한다면, 당신은 "네가 말하는 것은 무엇이든 괜찮고 내가 실제로 도울 수 있다는 걸 네가 알려면 상담자인 내가 어떤 것을 할 수 있을까?"와 같은 질문을 던질 수 있다. 만약 학생이 자신의 자동적 사고가 방해되고 있다는 의심을 한다면 당신은 "여기서 네가 이야기하기 어려운 것은 어떤 거야?"와 같이 물어볼 수 있다. 이 모든 말은 다음과 같은 이야기로 시작할 수 있다. "오늘 여기에 와 줘서 정말 고맙고, 여기에 오는 것이 너에게 어떠한지에 대해 내가 잘 이해할 수 있도록 도와줬으면 해. 그래서 몇 가지 질문을 하고 싶은데, 네가 무슨 이야기를 해도 괜찮다는 걸 꼭 알아줬으면 좋겠구나."

기저신념을 확인하고 변화시키기

이 장에서 소개된 기법들은 학생들의 목표 성취를 방해하는 사고 패턴의 변화를 직접적인 목표로 삼는다. 이러한 기법들은 사고 패턴을 수정하는 데 매우 효과적인 동시에 그러한 사고의 뿌리가 되는 부정적인 기저신념을 간접적으로 흔들어 놓기도 한다. 학생들은 자신의 행동과 사고를 변화시키면서 보다 긍정적인 경험을 하게 되고, 그 결과 자기효능감이 높아지고 자신에 대해서도 보다 현실적이고 긍정적인 관점을 형성하게 된다. 우리는 공기, 땅, 물의 비유를 사용하여 학생들과 상담자들에게 이러한 과정을 설명해 왔다.

공기, 땅, 물의 비유는 기저신념의 변화를 사고 패턴과 행동의 변화와 관련된 과정으로 설명한다(Cory Newman, PhD, 개인 교신, 2010. 5. 3.). 더운 여름날의 공기가 밑에 있는 지면보다 더 빨리 변화하는 것처럼 행동 패턴이 사고 패턴보다 빨리 변화하게 된다. 행동 패턴의 지속적인 변화는 결국 사고 패턴의 변화로 이어진다. 또한 호수나 바다가 따뜻해지기 위해서는 뜨거운 여름이 필요하듯, 기저신념이 변화하기 위해서는 수개월에 걸친 사고와 행동 패턴의 변화가 필요하다([그림 3-17] 참조). 우리는 다음과 같은 방식으로 Anjanae에게 이것을 설명해 준다.

상담자: Anjanae, 더운 여름날에는 무엇이 먼저 변하게 되지? 공기 아니면 네 발 밑에 있는 땅?

Anjanae: 음, 정오 즈음 날씨가 뜨거워지면 먼저 공기가 뜨거워지고 지면은 뜨거워지는 데 조금 시간이 걸리죠. 온종일 날씨가 뜨겁지 않으면 지면은 뜨거워지지 않아요.

상담자: 맞아! 그 과정이 사람들이 경험하는 변화 과정과 비슷하단다. 며칠 혹은 몇 주에 걸쳐서 이를테면 스트레스를 주는 상황을 피하지 않는 것처럼 너의 행동을 변화시키면 너의 생각을 변화시키는 데 도움이 되

[그림 3-17] 공기, 땅, 물의 비유

거든. 이해가 되니?

Anjanae: 네. 근데 그게 그렇게 금방 되는 게 아니죠. 저도 생각을 달리하
는 걸 갑자기 할 수가 없거든요. 그렇지만 제가 한동안 행동을 다르게
하다 보면 생각도 다르게 하기 시작할 수 있다는 건 이해가 돼요.

상담자: 아주 좋아, Anjanae. 네가 이러한 것을 생각하는 것에 대해 아주 개
방적이라는 점이 인상적이구나. 네가 정말 이해한 것 같다. 그러면 이
아이디어를 계속 가지고 가 보자. 여름 시작 즈음 몇 주 동안 더운 날
이 이어질 때 바닷물은 어떻게 느껴질까?

Anjanae: 차갑죠! 지난해 6월 초에 해변을 갔는데 물속에 있을 수가 없었
어요. 날씨는 더웠는데 물속은 차가웠거든요.

상담자: 맞아. 하지만 만약 네가 8월 말에 갔다면 어땠을까? 물속이 어떻게
느껴졌을까?

Anjanae: 여름 끝자락에는 물이 언제나 따뜻하죠. 그때가 유일하게 제가
수영을 할 수 있을 때죠.

상담자: 그렇지. 바닷물이 따뜻해지기까지는 뜨거운 여름날들이 필요하지. 여름의 막바지에는 따뜻한 공기와 바다에 맞닿아 있는 따뜻한 지면 때문에 바닷물도 따뜻해지겠지. 이와 똑같은 일이 너에게도 일어난단다. 시간이 걸리겠지만 네가 너의 행동 패턴(공기의 온도처럼)과 사고 패턴(지면의 온도처럼)을 변화시키기 위해 노력을 하고, 그 노력이 지속되면 결국 네가 가지고 있는 기저신념(바닷물의 온도처럼)도 변화하게 될 거야.

너무 어리거나 기능 수준이 낮은 학생들에게는 이런 설명이 이해되기 어려울 수 있기 때문에, 당신은 상담 개입의 목표가 기저신념의 변화에 있는 학생들에게만 이 비유를 활용할 수 있다. 이런 비유를 사용하면 학생들이 변화에 대한 인지모델의 관점을 보다 구체적이고 쉽게 이해할 수 있다.

✎ 하향 화살표 기법

기저신념을 확인하기 위해 우리가 제안하는 주요 기법은 **하향 화살표 기법** (downward arrow; Burns, 1980)이다. 이 기법은 학생들이 겪는 어려움에 중요한 역할을 하는 기저신념을 이해하는 데 도움을 주기 위해 고안되었다. 기저신념의 변화가 개입의 목표인 학생들을 대상으로 당신은 그들에게 기저신념이 자신의 문제와 어떻게 연결되어 있는지를 보여 주기 위해 하향 화살표 기법을 사용할 것이다. 하지만 이 기법은 행동이나 사고 패턴의 변화가 필요한 학생들에게도 사용할 수 있다. 실제 상담에서는 하향 화살표 기법을 아주 깊은 수준까지는 다루지 않는다 하더라도, 이 기법은 당신이 학생들의 기저신념을 이해하여 그들에 대한 인지적 개념화를 견고하게 할 수 있도록 도와준다.

하향 화살표 기법은 학생들이 자동적 사고의 의미를 깊이 파고들어 기저신념을 찾을 수 있도록 도움을 준다.

하향 화살표 기법은 학생과 함께 "그런 자동적 사고가 너에게 의미하는 바가 뭐지?"와 같은 질문에 답을 찾는 데 초점을 둔다. 그것은 학생들의 자동적 사고가 자신이나 세상에 대한 그들의 신념을 반영하는 것이라는 생각에 기반을 둔다. 상담 시간에 학생의 생각이 기저에 있는 부정적 신념을 반영하고 있을 때, 당신은 학생이 부정적인 정서를 경험하는 것을 보게 된다. 기저신념이 활성화되면 학생들은 슬픔, 분노, 수치심, 혹은 심리적 고통을 느끼게 될 것이다. 당신은 아마도 이러한 감정들을 학생의 얼굴 표정, 신체 언어 그리고 다른 비언어적 단서들을 통해 알게 될 것이다. 또한 당신은 이러한 부정적인 생각이 그들의 기저신념과 밀접하게 연결되어 있기 때문에 학생들이 그것을 변화시키는 데 어려움을 겪는다는 점을 알게 될 것이다. 이러한 신념은 오랫동안 그들이 생각하는 방식을 결정하는 원인이 되었으며 그들이 자신과 세상을 바라보는 관점의 기초가 되어 왔다.

이렇게 보면 기저신념은 성인기보다 청소년기에 변화시키기가 용이한데, 청소년 시기가 보다 변화의 여지가 많고 청소년이 대부분 아직 성장 변화기에 있기 때문이다. 고등학교 학생들에게 기저신념은 근본적이면서도 변화하는 속성을 갖기 때문에 자신과 세상에 대한 그들의 신념을 검토하고 도전하게 하는 것이 가장 중요하고 영향력 있는 작업이 될 수 있다. 기저신념을 확인하기 위해서는 먼저 자동적 사고가 그들에게 의미하는 바가 무엇인지를 탐색할 수 있다. 이 과정은 강요되어서는 안 되며 학생이 상담자 앞에서 솔직하게 자신의 뿌리 깊은 당혹스러운 신념을 깊이 생각해 볼 수 있을 때만 사용되어야 한다. 다음의 대화는 Michele에게 하향 화살표 기법을 적용한 예인데, 언제 그 기법의 사용을 멈춰야 하는지 또는 계속해야 하는지를 보여 준다.

상담자: 네가 방금 "걔가 나를 역겹게 생각했어요."라고 말했잖아. 네가 그런 생각을 했을 때 또 어떤 생각이 마음속에 들었니?

Michele: 난 살진 돼지야라는 생각이요.

상담자: 그렇다면 그 생각은 너에게 뭘 의미하지?

Michele: 걔가 나랑 함께 있기를 원하지 않는다는 거죠.

상담자: 걔가 너랑 함께 있기를 원하지 않는다는 건 너에게 뭘 의미하는데?

Michele: 도대체 무슨 생각을 하시는 거예요? 바보세요? 그건 정말 화나는 일이잖아요. 지겹다고요.

이 시점에서 상담자는 학생의 안전과 좌절의 감정을 이해할 필요가 있으며, 하향 화살표 기법을 계속 사용해야 할지 말아야 할지를 생각해 보아야 한다. 특히 성적인 외상이나 자신이 통제할 수 없는 상황을 과거에 경험했던 학생들에게는 이 기법이 상당히 위협적으로 느껴질 수 있음을 아는 것이 중요하다. 이 상황에서 Michele이 거부감을 보이면 상담자는 상담 과정에 대한 그녀의 자동적 사고를 다루거나, 그녀의 감정을 알고 싶다고 말하면서 상담 시간에 질문하는 것을 멈추기를 원하는지 물어보는 것이 좋다. 반대로, Michele이 거부감을 보이지 않는다면 다음과 같이 진행할 수 있다.

상담자: 네가 방금 "걔가 나를 역겹게 생각했어요."라고 말했잖아. 네가 그런 생각을 했을 때 또 어떤 생각이 마음속에 들었니?

Michele: 난 살진 돼지야라는 생각이요.

상담자: 그렇다면 그 생각은 너에게 뭘 의미하지?

Michele: 걔가 나랑 함께 있기를 원하지 않는다는 거죠.

상담자: 걔가 너랑 함께 있기를 원하지 않는다는 건 너에게 뭘 의미하는데?

Michele: 제가 얼마나 역겨운 아이인지를 보여 주는 거예요. 어떤 누구도 저와 함께 있길 원하지 않을 거예요.

상담자: 만약 그 누구도 너와 함께 있길 원하지 않는다면 그건 너에게 뭘 말해 주니?

Michele: 제가 사랑받지 못할 사람이라는 거죠.

상담자: 그렇게 생각하는 게 얼마나 고통스러운지 충분히 이해가 되는구나. …… 나는 사랑받지 못할 사람이라는 생각이 너의 다른 생각에도

들어가 있지 않을까 싶어.

다음으로, 상담자는 사랑받지 못하는 존재라는 생각이 얼마나 힘들지를 계속해서 공감적으로 반영해 주면서 그런 생각이 Michele의 과거와 현재의 행동과 생각에 어떤 영향을 미치는지를 탐색해야 한다.

✎ 기저신념에 도전하고 그것을 변화시키기

이 장과 4장에서 설명하는 것처럼 학생의 행동과 사고 패턴을 변화시킴으로써 기저신념에 간접적으로 도전할 수 있다. 하지만 안내된 발견, 증거를 점검하기 그리고 다른 인지 기법들을 적용함으로써 기저신념에 직접적으로 도전할 수도 있다. 이러한 기법들은 매우 유용하게 사용되는데, 기저신념에 초점을 둔 상담 목표를 가지고 있는 학생들에게는 자신에 대한 핵심적인 관점을 변화시킴으로써 자신의 삶을 개선하도록 도울 수 있다.

직접적으로 기저신념에 도전하는 경우에는 타이밍이 중요하다. 상담 회기의 초반부에 기저신념을 확인하고 중반부 즈음 기저신념을 평가하는 것이 이상적이다. 회기의 중반부에 기저신념에 도전하게 되면 학생은 자신에 대한 부정적인 측면을 보면서 생기는 정서적인 결과에 대처할 시간을 가질 수 있어 안정감을 느끼면서 상담 회기를 마무리할 수 있게 된다. 외부 상담기관에서 이루어지는 상담과는 달리, 학생들은 상담을 마친 후 교실로 돌아가야 하기 때문에 안정된 상태를 유지할 필요가 있다. 이런 점을 감안하여, 당신은 상담이 끝날 즈음에는 학생이 자신의 기저신념을 확인하고 변화시키는 과정에서 생겨나는 정서적인 고통을 다루는 대처 기술을 갖도록 돕고 싶을 것이다. 만약 학생이 위기 상황에 놓여 있다면 당신은 대처 기술에 초점을 두고 위기와 관련이 있는 기저신념에 대해서는 깊게 파고들지 않을 것이다. 간략히 말하자면, 학생이 상담 시간이 끝날 즈음에 힘들어하면 당신은 상담 시간을 조금 연장하거나 대처 기술에 초점

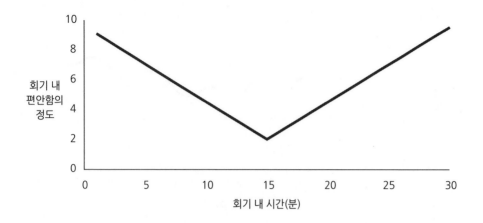

[그림 3-18] 상담 회기 내 시간에 따른 편안함의 변화

을 둘 필요가 있다. 이상적으로는 기저신념의 변화를 목표로 하는 상담 회기는 [그림 3-18]의 그래프와 유사한 양상을 보일 것이다.

마찬가지로, 기저신념의 변화를 목표로 할 때는 학사 일정을 고려해야 한다. 긴 휴일(여름방학, 봄방학 등) 직전의 시기는 핵심신념에 도전하는 것을 시작하기에는 좋은 시간이 아닌데, 학생이 정보를 소화시켜 새롭고 보다 적응적인 핵심신념을 통합하도록 돕기에는 시간이 충분하지 않기 때문이다. [그림 3-18]에서 보이는 양상에서 알 수 있듯, 상담 기간의 중반부는 정서적으로 가장 힘든 시기이다. 수개월에 걸쳐 진행되는 상담 과정에 대한 보다 포괄적인 설명은 5장에 제시될 것이다. 초반부의 회기들에서는 문제해결과 행동 및 사고 패턴의 변화에 초점이 맞춰질 것이다. 중반부의 회기들에서는 상담 목표를 달성하는 데 가장 어려운 변화의 측면들이 다루어질 것이다. 그리고 후반부의 회기들에서는 대처 기술과 재발 방지책을 마련하는 데 초점이 맞춰질 것이다. 이러한 양상은 [그림 3-19]의 그래프에 표현되어 있다.

당신은 Michele과 상담자의 마지막 대화를 보면서 자신이 사랑스럽지 못하다는 그녀의 기저신념에 도전하는 작업이 그녀에게 도움이 될 수 있다는 점을 알 수 있었는가(물론 어떤 시기의 회기냐와 학년도의 어느 시기였는지에 따라 다르겠지

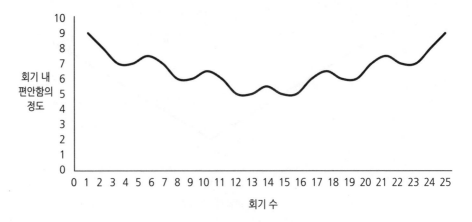

[그림 3-19] 상담 회기에 따른 편안함의 변화

만)? 그녀의 신념을 탐색하고 평가하기 위한 한 가지 방법은 어떤 사람을 사랑스럽게 혹은 그렇지 못하게 만드는 것이 무엇인지에 대해 목록을 만들어 보는 것이다. 이 목록은 그녀 자신을 사랑스럽게 혹은 그렇지 못하게 만드는 것이 무엇인지를 보여 주는 것이 아닌데, 그 이유는 그렇게 하는 것이 너무 시기상조이기 때문이다. 대신, 당신은 일반적으로 사람들을 사랑스럽게 혹은 그렇지 못하게 만드는 것이 무엇인지에 대해 Michele과 함께 목록을 만들어 볼 수 있다. 다음 회기는 어떻게 이런 접근을 실행할 수 있는지 보여 주는 대화를 제시한다.

상담자: 다시 만나게 돼서 반가워, Michele. 지난 시간에 나눈 이야기 중에 가장 인상 깊었던 게 뭐였니?

Michele: 음, 지난 시간에 많이 울었던 기억이 나요. 제가 사랑스럽지 않다는 생각에 대해 이야기를 나누었죠.

상담자: 그렇지. 그 생각 때문에 네가 얼마나 힘들었을지 이해할 수 있었단다. 그리고 너의 신념에 대해 나와 터놓고 이야기할 수 있는 네가 참 대단하고 용기 있다고 느꼈어.

Michele: 고마워요.

상담자: 네가 괜찮다면 어떤 점이 다른 사람들을 사랑스럽게 만드는지에
　　대해 생각해 보는 시간을 가지면 좋겠어. 우리가 오늘 그 얘기를 할 수
　　있을까?

Michele: 네.

[일반적으로 사람을 사랑스럽지 않게 만드는 것이 무엇인지에 대해 이야기를 나
누는 것은 Michele이 큰 어려움을 겪고 있지 않고 정서적으로 그렇게 할 준비가
되어 있을 때 하는 것이 좋다. 다음은 상담자가 그런 상태라고 확신이 들 때 있
을 수 있는 대화이다.]

상담자: 그럼 어떤 점이 사람을 사랑스럽게 혹은 사랑스럽지 않게 만드는
　　지 함께 써 보자.

Michele: 네, 그래요.

이후에 상담자와 Michele은 일반적으로 사람을 사랑스럽게 만드는 요인들을
모두 생각해 본다. 그 요인들의 목록을 만든 다음, Michele과 상담자는 다음과
같은 질문을 통해 그 목록에 대해 평가할 수 있다.

● '사랑스럽게 만드는 요인들의 목록'에 있는 것들이 정말 사랑을 받는 데
　꼭 필요할까?
● '사랑스럽지 않게 만드는 요인들의 목록'에 있는 것들이 정말 사람을 사랑
　받지 못하게 만들까?
● 정말 사랑받지 못할 사람이 있을까?

목록을 평가한 다음에 Michele과 상담자는 사랑스럽게 만드는 요인들 중 얼
마나 많은 것을 Michele이 가지고 있는지를 생각해 볼 수 있다. 만약 학생이 사
랑스러움 혹은 유능함의 기준을 충족시키고 있지 못하다고 말한다면 당신은 안
내된 발견을 통해 어떤 점에서 그 학생이 그 기준을 충족시키고 있는지, 어떻게
하면 그 기준을 충족시킬 수 있는지, 혹은 왜 그 기준이 바뀌어야 하는지를 학생

이 이해할 수 있도록 도울 것이다. 학생들은 다른 사람에 대해서는 자신과는 다른 기준을 가질 수 있는데, 그들이 타인보다 자신에게 더 가혹하기 때문이다. 안내된 발견을 계속 사용하면서 상담자는 학생들이 다른 사람에게 적용하는 기준과 동일한 기준을 자신에게도 적용해야 한다는 점을 이해하도록 도울 수 있다.

외상 경험에 노출되었거나, 혼란스러운 가정에서 자랐거나, 위험한 동네에서 살고 있는 학생들은 세상을 위험한 곳으로 바라보는 시각을 가질 수 있는데, 이런 시각은 그들이 '안전한' 사람들이나 상황에 있을 때에도 유지된다. 세상에 대한 이러한 시각은 학생들이 사람들을 신뢰하거나 그래도 되는 상황에서조차 방어 태세를 내려놓지 못하게 만들기 때문에 문제가 된다. 예를 들어, 어린 나이에 성적인 학대를 경험했던 Michele은 모든 남자를 위험하고 자신을 성적 대상으로 보는 존재들로 인식할 수 있다. 이러한 시각이 점검되지 않은 채로 있으면 자신에게 호의적인 남성들과의 관계를 발전시킬 수 있는 그녀의 능력은 손상될 것이다.

남자들은 위험하다는 Michele의 핵심신념, 즉 그녀의 표현대로라면 '남자애들은 한 가지에만 관심이 있다.'는 신념은 '남자들에게서 내가 원하는 것[관심, 배려 등]을 얻을 수 있는 유일한 방법은 그들이 원하는 것[성관계]을 주는 것이다.'라는 중간신념을 형성하게 된다. 이러한 중간신념은 Michele이 남자아이들이 자신을 사랑할 것이라는 희망으로 그들과 성관계를 갖는 행동 패턴을 낳게 된다. 하지만 자신의 행동 패턴의 결과로 자신이 성적인 대상으로만 여겨지면 그녀는 계속해서 낙담하게 될 것이다. Michele이 자신의 중간신념과 행동 패턴을 평가하도록 돕기 위해 상담자는 그녀가 이 두 가지를 확인하고 그것이 과거에 자신에게 어떤 영향을 미쳤는지를 함께 살펴볼 수 있을 것이다. 그런 다음 상담자와 Michele은 대안적인 행동에 대해 생각해 볼 수 있을 것이다. 다음의 대화는 어떻게 이런 대화가 진행될 수 있는지를 보여 준다.

상담자: 너의 생각과 그동안 행동해 온 것에 대해 솔직하게 아주 잘 얘기해 줬어. 그렇게 할 수 있는 네 용기가 정말 고맙고, 나는 네가 그동안 한

행동들을 조금 다른 방식으로 할 수 있는지 함께 얘기해 보면 좋겠어.

Michele: 좋아요.

상담자: 그럼 너와 Steve에게 일어난 일을 살펴보자.

Michele: 음, 꼭 그렇게 해야 하나요?

상담자: 물론 꼭 해야 하는 건 아니야. 너의 결정에 달려 있어. 난 다만 Steve
와의 일이 최근에 일어났기 때문에 얘기한 것뿐이야. 그 일이 네가 다
른 아이들과 있었던 일과 비슷해 보였거든. 하지만 우리가 다른 사람
을 선택해도 되고, 이 이야기를 지금 반드시 해야 하는 건 아니란다.

Michele: 네…… 그냥 Steve와 있었던 일을 얘기할 수 있을 것 같아요.

[노트: 만약 Michele이 Steve와 있었던 일을 이야기하지 않기로 결정한다면 왜
그에 대해서 이야기하고 싶지 않은지를 물어볼 수 있다. 상담자가 자신을 판
단하고 있다고 생각하는가? 자신의 행동이 너무 부끄럽다고 생각하는가? 자
신의 성적 행동이 상담에서 다루어야 할 중요한 주제가 아니라고 생각하는가?
Michele이 망설이는 이유를 이해하면 상담자는 그녀의 생각과 신념에 대해 중요
한 정보를 얻을 수 있다.]

상담자: 네가 이야기를 그만하고 싶다거나 혹은 내가 너무 빨리 진행하거
나 너무 느리게 진행한다는 걸 어떻게 알 수 있을까?

Michele: 제가 말씀드릴게요.

상담자: 좋아. 우리가 함께 이야기 나누면서 네 자신의 마음을 나에게 아주
잘 알려 주고 있단다. 그러면 네가 Steve와 자는 것에 대해 생각할 때
처음에 무슨 생각이 들었니?

Michele: 제가 그렇게 하지 않으면 Steve가 떠날 거라 생각한 것 같아요.

상담자: 생각을 떠올리는 걸 아주 잘 했구나. 자, 그럼 그것에 대해 생각해
보자. 너는 걔하고 자기로 했지. …… 결국 어떤 일이 벌어졌지?

Michele: 걔가 날 찼죠. 정말 나쁜 놈이에요.

상담자: 그게 얼마나 힘들지 잘 안다. …… 아주 잘 하고 있어. 너의 생각에
대해 한번 살펴보자.

Michele: 제가 맞았어요. 그는 정말로 나쁜 놈이에요! 전 제가 걔하고 자면 걔가 내 곁에 머물 거라는 바보 같은 생각을 했던 거죠.

상담자: 그렇다면 Steve와 자면 걔가 네 곁에 있을 거란 생각은 아주 정확하지는 않았던 것 같구나.

Michele: 네.

상담자: 네 생각에는 네가 함께 자 주지 않아도 네 곁에 있을 남자애들이 있는 것 같니?

Michele: Steve나 제가 데이트했던 남자들은 모두 아니에요.

상담자: 음, 네가 뭔가를 깨달을 수 있을 것 같구나. 너와 Steve의 관계 그리고 너와 데이트했던 다른 남자애들의 관계에 공통점이 무엇이었니?

Michele: 처음에는 저를 좋아했다가 나중에는 떠나 버린 거요. 저는 정말 사랑받지 못할 사람인 것 같아요.

상담자: 나는 네가 사랑받지 못할 사람이기 때문에 그들이 떠났다고 확신할 수는 없을 것 같아. 이런 관계들이 처음에 어떻게 시작됐는지 기억나니?

Michele: 제가 걔들을 꼬셨죠. 그러고 나서 사귀게 되었고, 함께 자고 나서는 그들이 바로 떠나 버렸어요.

계속해서 읽기 전에 Michele이 말한 것을 당신이 어떻게 이해했는지, 그리고 당신이라면 어떻게 반응할지를 잠시 써 보는 시간을 가져 보자.

Michele이 보이는 행동 패턴의 원인이 되는 신념은 무엇인가?

_____

_____

_____

어떻게 하면 Michele이 그 신념을 평가하도록 도울 수 있을까?

_____

_____

_____

남자아이들의 관심을 끌고 유지시킬 수 있는 유일한 방법이 성관계라는 Michele의 신념을 확인하였는가?

_____

_____

_____

[Michele이 그 신념을 평가해 보도록 상담자가 도울 수 있는 한 가지 방법은 그녀와 함께 사랑받을 만한 사람이 되기 위한 기준들을 보면서 그녀가 이러한 기준을 얼마나 충족시키는지를 살펴보는 것이다.]

Michele: 예, 저에게도 사랑받을 만한 것들이 많은 것 같긴 하네요. 하지만 아무도 그걸 알아주는 것 같지 않아요.

상담자: 그럼 이제 그것에 대해 생각해 보는 시간을 좀 가져 보자. 이미 우리가 이런 관계들이 어떻게 시작되어서 어떤 패턴으로 갔는지를 좀 얘기해 봤지. 우리가 나눈 얘기 중 기억나는 게 있니?

Michele: 제가 하든 걔네가 하든 먼저 꼬시는 행동으로 보통 시작해서 서로 사귀게 되죠. 그런 다음 거의 바로 성관계를 갖게 되고 그러고 나선 남자애가 떠나 버려요. 걔네가 저와 함께 있긴 하지만 제가 가지고 있는 '사랑받을 만한' 모습을 절대 알아주지는 않아요.

상담자: 어떻게 그런 일이 일어나는지 좀 생각을 해 보자. 어떤 사람이 너를 알기 시작할 때 선글라스를 쓴 상태로 너를 보고 있다고 생각해 봐. 관계가 성관계로 시작될 때 그 사람은 '성관계' 선글라스를 끼고 그걸

통해서 널 보는 거야. 자, 이제 성적인 관계 없이 너를 알아 가는 다른 남자아이가 있다고 생각해 봐. 아마도 너희는 친구로 시작해서 서로 숙제도 도와주고 성관계와 관련이 없는 다른 무언가를 함께 하는 거야. 그 사람은 어떤 종류의 선글라스를 끼고 너를 바라보는 걸까?

Michele: 잘 모르겠어요. 상황에 따라 다를 것 같은데요. 그 사람이 '친구'라는 렌즈 혹은 '현명한' 렌즈, 뭐 그런 것과 같은 렌즈를 통해 저를 볼 수 있겠죠.

상담자: 좋아. 그렇다면 어떤 렌즈를 끼면 그 사람이 너의 사랑스러운 모습을 모두 볼 수 있을까?

Michele: 아마도 '친구'나 '현명한' 렌즈겠지요. 하지만 그게 좋은 남자애를 만나는 유일한 방법이 걔와 성관계를 가지지 말아야 한다는 의미인가요? 심지어 대학에 입학할 때까지 사귀다가 그때 성관계를 가지기로 해도요? 왜냐하면 그건 제가 원하는 게 아니거든요!

상담자: 좋은 질문이구나. 한번 생각해 보자. 만약 네가 말한 대로 남자애가 '친구'의 렌즈를 통해 너를 바라보고 너희 둘 다 대학 입학 때까지 성관계 갖는 걸 미룬다고 해서 걔가 너에 대해 좋아했던 부분들이 다 사라지게 되는 걸까?

Michele: 아닐 수도 있죠. 잘 모르겠어요. 선생님이 말씀하시려는 게 뭔지 알아요. 걔가 여전히 그런 저의 모습을 좋아하고 저의 많은 모습을 보게 될 거라는 거잖아요. 하지만 저는 정말 그럴지 확신이 없어요.

상담자: 왜 네가 확신이 안 서는지 이해가 된단다. 우리가 함께 그럴 수 있는지 테스트해 보면 어떨까 싶어. …… 너 요즘 James와 만난다고 했는데, 그렇다면 바로 성관계를 갖지 않고 기다리게 하면 걔가 너를 떠나게 될 거라는 생각을 평가할 방법을 찾아볼까?

이 대화에서 상담자는 Michele에게 수치심을 주지 않으려고 조심스럽게 접근하고 있다. 상담자는 그녀가 관계를 형성하기 위한 다른 방식들을 생각해 보고 남자친구의 관심을 유지할 수 있는 유일한 방법이 성관계를 갖는 것이라는 그녀의 신념을 평가해 볼 수 있도록 돕고 있다. 상담자는 남자애들이 그녀에 대해 가지는 생각에 대해 비유적으로 이야기하기 위해서 그들이 그녀를 바라볼 때 사용하는 '렌즈'에 대한 이야기를 한다. 그녀의 행동 패턴을 탐색하고 변화시키게 되면 Michele이 안전하게 행동하는 패턴을 형성할 뿐 아니라 자신에 대한 기저신념도 변화시키도록 도울 수 있을 것이다. 만약 상담자가 그녀를 창피스럽게 하거나 절대 남자애들과 성관계를 가져서는 안 된다고 말하게 되면, 그것은 그녀에게서 통제감을 뺏는 과정을 반복하는 셈이고, 그 결과 자신은 사랑받을 만하지 않으며 통제 불능이라는 신념을 강화시켜 주는 꼴이 된다. 창피를 주거나 설교를 하는 상담자들은 학생들이 상담에 오는 것을 그만두거나 핵심적으로 문제가 되는 신념, 사고, 행동 패턴에 대해 이야기하는 것을 꺼리게 만들 가능성이 높다.

✎ 지지 증거

그동안 수많은 연구를 통해 인지치료의 효과성이 지지되어 왔지만 특정한 기법이 변화 유도에 어떻게 기여하는지를 살펴본 연구들은 놀라울 정도로 드물다. 하지만 내담자의 사고가 그들의 정신장애와 관련성이 있다는 것을 보여 주는 증거들은 매우 많다. 그러한 장애에는 우울증(Gotlib & Joormann, 2010; Romens, Abramson, & Alloy, 2009), 불안(Cisler & Koster, 2010; Clerkin & Teachman, 2010), 물질 중독(Lee, Pohlman, Baker, Ferris, & Kay-Lambkin, 2010), 정신증(Mawson, Cohen, & Berry, 2010), 외상후 스트레스 장애(Bennnet & Wells, 2010: Cromer & Smyth, 2010) 그리고 다른 장애들이 포함된다. 사고 기록지, 3C, 하향 화살표 기법과 그 밖의 기법들은 내담자가 자신의 사고를 확인하고 평가하며 수정하는 것을 도와 결국 증상의 변화를 이끌어 내는 데 기여한다.

몇몇 연구가 이 장에서 소개된 기법들을 활용하여 인지적 변화가 일어난 경우와 그러한 인지적 변화가 어떻게 증상의 변화로 이어졌는지를 검토한 바 있다. DeRubeis와 Feeley(1990)의 연구는 인지적 변화가 내담자의 증상 변화를 예측한다는 점을 확인하였다. Segal, Gemar와 Williams(1999)는 인지치료가 인지도식(혹은 핵신신념)의 변화를 가져온 데 반해 약물치료는 그렇지 못했다는 것을 확인하여 인지치료가 내담자의 신념 체계를 변화시키는 데 도움이 된다는 점을 보여 주었다. 이후에 Segal과 동료들(2006)은 우울증으로 인지치료를 받은 내담자들이 약물치료를 받은 내담자들보다 슬픈 감정을 일으키는 상황에 대해 강한 반응을 보이는 경향이 적었으며, (인지치료를 받지 않은) 강한 반응을 보이는 내담자들의 경우 재발될 가능성이 높다는 점을 보여 주었다. 인지치료 과정에서 유의한 정서 변화를 보인 내담자들은 의미 있는 인지적 변화를 경험했다고 보고하였는데(Persons & Burns, 1985), 이는 인지적 변화와 정서적 변화 간에 유의미한 관계가 있음을 보여 주고 있다. 마지막으로, 사고 기록지를 작성하는 데 능숙함을 보인 내담자들은 그렇지 못한 내담자들에 비해 우울증에 대한 인지행동치료 집단이 종료된 지 6개월이 지난 시점에서도 우울 증상을 덜 경험하는 것으로 나타났다(Neimeyer & Feixas, 1990).

요약

문제해결로는 충분치 않은 상황에서 사용될 수 있는 인지치료 기법들이 많다. 이 장에서 소개된 기법들—생각 풍선, 안내된 발견, 3C, 대처 카드, 대안적 사고, 사고 기록지, 역 역할 연습, 하향 화살표 기법—은 학생들이 겪고 있는 고유한 문제들을 다루기 위해 다양한 방식으로 적용될 수 있다. 이 기법들은 당신과 학생들이 가진 창의성과 강점들을 활용하는 방식으로 실행될 수 있어 상담 회기를 내담자의 요구에 맞추어 재미있게 진행할 수 있다. 기법을 선택할 때는 학생들의 목표 달성을 방해하는 문제와 개입의 대상을 어떻게 다룰지를 염두에 두어야 한다.

　인지적 기법을 사용할 때, 당신이 운동 선수에게 게임에서 이길 수 있는 방법을 가르쳐 주는 따뜻하고 배려 깊은 코치인 것처럼 자신을 생각할 수 있기를 바란다. 그런 코치처럼 당신은 학생이 기법들을 사용하고 적용하는 방법을 하나씩 설명하고, 학생과 함께 그것들을 직접 해 보며, 나중에는 상담 외의 장면에서 그 기법을 연습하고 활용해 보도록 격려할 것이다. 또한 한 회기가 끝나고 다음 회기가 올 때까지 학생들은 상담 시간에 배웠던 기법을 연습해 보고 다음 상담 시간에 그 경험이 어땠는지 그리고 어떤 질문이 생겼는지를 이야기할 수 있다. 학생들이 당신을 자신이 배운 것을 상담 외의 시간에 연습해 보기를 기대하는 배려 깊은 코치로 바라보게 되면, 그들이 각 상담 회기의 성과를 극대화하여 자신이 현재 그리고 미래에 겪게 될 현실 세계의 문제들에서 상담을 통해 배운 것을 적용하는 데 도움이 될 것이다.

chapter

04 행동적 기법

행동적 기법은 우리가 지금까지 설명한 인지적 기법을 보완해 준다는 점에서 중요하다. 당신의 가장 생산적인 작업들은 대부분 행동에 초점을 두어 이루어질 것이며, 이런 행동적 기법은 당신에게 이미 친숙할 것이다. 행동은 대체로 학교 시스템이 청소년들에게 처음으로 개입하는 부분이다. 교사들, 교장, 교감, 급식 감독관과 다른 교직원들이 학생들의 문제 행동에 개입하는 이유는 그 행동이 수업을 방해하고, 급식실에서 문제를 일으키고, 교실에서 싸움을 일으키기 때문이다. 예를 들어, 좋은 행동을 하면 보상을 주고 나쁜 행동을 하면 권리를 박탈하는 것은 학생들의 훈육과 행동 관리를 위해 사용하는 행동적인 개입 방법이다. 그러나 여기서 제시되는 행동적 기법들은 보통의 교직원들이 일반적으로 목표로 하는 행동과는 다른 행동에 집중한다. 교직원들이 행동적인 수준에서 개입하는 것이 성공적이면 효과적으로 단기적인 변화(문제 행동을 즉각적으로 사라지게 하는 것)를 이끌어 낼 수 있다. 하지만 인지치료 상담자로서 당신은

> 인지치료에서의 행동적 기법은 행동 변화는 물론 사고 변화를 목표로 한다.

개입이 학생과 학교에 미치는 단기 효과와 장기 효과 모두에 집중할 것이며 학생의 행동이 즉각적으로 그리고 장기적으로 변화하도록 돕는 책임을 맡게 될 것이다. 이러한 초점은 인지치료 기술과 결합되어 당신의 개입이 성공하고 실패하는 이유를 이해하고, 학생과 학교를 돕는 데 기여할 것이다. 변화를 위해 당신은 훈육자(아마도 이것은 다른 직원들의 역할)가 되기보다는 학생들과 한 팀이 되어 작업할 것이며, 이러한 접근은 행동을 다른 방식으로 다룰 것을 요구한다.

이 책의 초반에 제시한 일반적인 인지모델로 돌아가면, 한 개인의 사고, 감정, 행동은 모두 연결되어 있고 서로 영향을 미친다. 우리는 3장에서 인지 삼각형을 제시했다(Clarke et al., 1980). 이 책의 대부분은 당신이 학생들이 어떻게 느끼고 행동하는지를 변화시키기 위해 그들의 사고를 직접적으로 다루는 것에 도움을 주는 인지 삼각형의 '사고' 부분에 집중되어 있다. 인지 삼각형의 다른 각에 위치한 행동적 기법은 학생들이 행동하는 방식을 변화시킬 수 있도록 돕는데, 이는 간접적으로 그들이 생각하고 느끼는 방식에 변화를 가져온다. 인지적·행동적 전략은 다양한 '각도'에서 변화를 이룰 수 있도록 학생들을 돕는 데 함께 사용될 수 있다([그림 4-1] 참조).

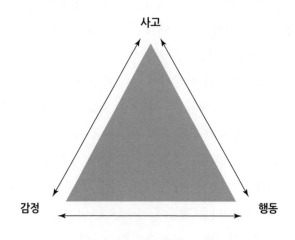

[그림 4-1] 인지모델에 대한 다른 시각

출처: Clarke et al. (1990)에 근거함.

상담 시간에 학생과 함께 행동적 전략을 계획하고, 이후에 학생은 상담 외의 상황에서 행동적 전략을 연습하고 실행해 볼 것이다. 상담자와 학생은 상담 시간에 그러한 행동 전략이 변화를 위한 좋은 목표인지를 확인하고, 정확히 언제, 어디서, 어떻게 그러한 행동 전략을 적용해 볼지에 대한 세부적인 계획을 만들게 된다. 행동 전략의 실제 적용은 교실, 급식실, 지역사회 혹은 집 어디에서든 시도해 볼 수 있다. 다음 상담 회기가 되면 상담자와 학생은 잘 실행되었던 것, 예상보다 어려웠던 것, 배운 것을 새로운 상황에 어떻게 적용할 수 있는지에 대해 이야기 나눌 수 있다. 인지적 전략들이 서로 연관되어 있는 것과 마찬가지로, 이러한 행동적 전략들은 궁극적으로 의미 있는 변화를 만들어 내기 위해 서로 연관되어 있다. 학생과의 상담이 생각 혹은 행동 패턴의 변화를 목표로 하든, 깊은 수준의 핵심신념의 변화를 목표로 하든 간에 행동적 전략은 강력한 방법이 될 수 있다. 이러한 방법을 통해 학생들은 신념들을 검증하고, 가정(assumptions)이 아닌 증거(evidence)에 근거해서 배우는 방법을 알게 된다.

행동적 전략에 대한 설명은 모호하게 들릴 수 있는데, 이는 학생의 현재 문제와 보유한 자원, 가족 구성원의 참가 가능 정도, 상담의 목표(사고 및 행동 패턴의 변화 또는 핵심신념이나 다른 요소의 변화)에 따라 전략이 매우 다양할 수 있기 때문이다. 행동적 전략들의 공통 요소는 다루고자 하는 문제와 상담자의 사례 개념화에 근거하여 학생이 실행할 수 있는 구체적인 것들에 대해 당신과 학생이 함께 체계적인 계획을 세운다는 것이다. 학생이 계획에 따른 시도를 한 이후, 당신과 학생은 계획을 어떻게 실행했는지, 계획 실행 이전, 도중, 이후에 각각 어떻게 느꼈는지, 그 과정을 통해 어떤 것을 배울 수 있는지에 대해 이야기 나눌 수 있다.

다음 절에서는 학교상담 장면에서 가장 유용한 행동적 전략에 대해 소개할 것이다. 이러한 전략들에는 행동 실험(behavioral experiments), 행동 활성화(behavioral activation), 안전 계획(safety plans), 희망 키트(hope kits), 대체 행동(replacement behaviors), 노출(exposure), 점진적 이완법(progressive relaxation), 명상(meditation) 등이 있다. 당신은 다른 행동적 전략을 사용할 수도 있겠지만,

우리가 소개할 전략들은 학교에서 행해지는 다양한 인지치료 작업의 기초가 될 수 있다.

✏ 행동 실험

다양하게 나올 수 있는 결과에 대해 계획을 세워야 한다는 점을 기억하라. 일이 잘 진행된다면 어떻게 할 것인가? 최악의 시나리오가 발생하면 어떻게 할 것인가? 혼합된 결과가 나오면 어떻게 할 것인가?

행동 실험(behavioral experiments; Beck, 1995)은 인지적 개입과 매우 밀접한 관련이 있다. 신념이 비현실적이라고 여겨질 때, 그러한 신념에 도전하는 한 가지 방식은 학생이 예상하는 것을 시험해 볼 수 있는 상황을 만들어서 그러한 신념의 정확성을 평가하는 것이다. 행동 실험은 학생이 안 좋은 일이 발생할지 확실히 알 수 없는 경우임에도 뭔가 나쁜 일이 일어날 것이라고 가정할 때 흔히 사용될 수 있다. 예를 들어, David는 상담자에게 자신이 게이라는 사실을 누구에게든 밝히면 거부당하고 비웃음을 살 것이라고 믿는다고 이야기한다. 그래서 그는 가장 친한 친구(그를 처음에 상담실로 데려온)를 제외한 어느 누구에게도 자신이 게이라고 밝힌 적이 없다. 그가 가장 친한 친구에게 자신이 게이라고 말했을 때, 그녀가 지지적이었음에도 불구하고 여전히 그는 그녀 외에 아무도 자신을 수용하지 않을 것이라고 믿고 자신의 성 정체성을 남들에게 비밀로 하고 있다. 이러한 침묵으로 인해 David는 친구가 거의 없으며, 아주 외롭고 고립되어 있다고 느낀다. 행동 실험에서 David와 상담자는 그가 게이라고 누군가에게 말하면 그들이 그를 거부할 것이라는 그의 중간신념을 평가할 수 있는 상황을 마련한다. 이 실험은 조심스럽게 계획되어야 하는데, 상담자는 David가 성공할 최대한의 기회—즉, 그가 거부당하지 않을 최대한의 기회—를 만들기를 원할 것이다. 두 사람은 다음과 같은 아이디어를 포함한 계획을 세울 것이다.

● **누구에게 말할 것인가**: 누가 그의 성 정체성에 대해 가장 개방적일까? 누가

그의 사생활을 존중하고 그 정보를 퍼뜨리지 않을까?

- **무엇을 말할 것인가**: David는 얼마나 많은 정보를 공유하기를 원하는가? 어떤 것을 말하는 것이 편하고, 어떤 언어적 표현을 사용하길 원하는가? David가 대화에서 공유하고 싶지 않은 것이 있는가?

- **언제 그 대화를 나눌 것인가**: 무엇이 좋은 타이밍 혹은 나쁜 타이밍을 만들 것인가? 언제 대화를 나누도록 계획할 수 있는가? 더 나은 시간을 위해 기다려야 한다는 신호는 무엇인가?

- **어디에서**: 대화를 사적으로 나눌 수 있는 장소가 있는가? 그가 편하게 느낄 장소는 어디인가?

- **어떻게**: David는 어떻게 정보를 공유하고 싶어 하는가? 그가 어떻게 말하면 다른 사람이 이해하고 수용할 수 있을 것인가?

일단 David와 상담자가 계획에 대해 생각하고 나면 그들은 대화가 흘러가는 다양한 양상을 David가 다룰 수 있도록 역할 연습을 할 것이다. 이러한 계획의 핵심적인 부분은 모든 가능한 결과에 대해 철저히 생각하는 것이다. 비록 David와 상담자가 대화가 잘 진행될 수 있도록 모든 것을 했더라도 그들이 상대방의 반응을 통제할 수는 없다. 다시 말해, 그들은 최선을 계획하고 최악을 대비해야 한다. 이러한 준비에는 대화 중에 나올 수 있는 모든 반응에 대처하는 방법이 포함될 것이다(만약 부정적인 반응이 나온다면 David는 어떻게 말할 것인가? 긍정적인 반응에는 어떻게 반응할 것인가? 그는 어떻게 대화를 마무리할 것인가?). 또한 그가 대화 도중이나 대화 이후에 자기 스스로에게 말할 내용도 포함될 것이다("이 사람의 반응은 나쁘지만, 그건 나에게 뭔가 잘못이 있다기보다는 그가 생각이 꽉 막혀 있기 때문이야." "결과가 어떻든 상관없이 내가 시도했다는 것 자체가 자랑스러워." "여기서 일어나는 어떤 상황도 다룰 수 있을 만큼 나는 충분히 강해." "그 사람이 어떻게 반응하든 간에, 누군가에게 말했다는 것만으로 나는 마음이 편해.").

상담실에서 이러한 대화를 계획한 후, David는 상담실 밖에서 계획을 실행에 옮길 것이다. 친구와 대화를 나눈 후에 그는 상담자에게 와서 계획이 어떻게 실행되었는지 이야기하고, 결과에 상관없이 배운 것이 있을 것이다. 만약 David가 계획대로 진행하지 않았을 때, 그와 상담자는 무엇이 방해가 됐는지 이야기해 볼 수 있다. 어떤 생각 때문에 David가 계획을 실행하지 못했는가? 무엇이 잘못되었는가? 만약 그가 계획을 실행하고 대화가 잘 진행되었다면, 자신이 동성애자라는 사실을 누군가에게 말하면 거부당할 것이라는 그의 중간신념이 어떤 영향을 받았는가? 만약 대화가 형편없이 진행됐다면, 두려운 결과에 대처하는 자신의 능력에 대해서 그는 무엇을 배웠는가? 다음 기회에는 그가 달리해 볼 수 있는 부분은 없는가? 그는 그가 생각했던 것보다 실망을 더 잘 다룰 수 있었는가?

인생의 다른 부분과 마찬가지로, 행동적 개입은 언제나 우리가 계획하고 희망한 대로 흘러가는 것은 아니다. 하지만 핵심은 실험이 어떤 결과를 보여 주는가와 상관없이 어떤 통찰이 생긴다는 사실을 아는 것이다. 만약 실험이 잘 진행되면 David의 부정적 신념은 줄어들고 더 유용하고 건강한 방향으로 신념이 변화될 것이다. 만약 잘 되지 않으면, 상담자와 학생은 사전에 충분히 계획을 세웠던 경험으로부터 배우고 다시 시도할 때 그 지식을 적용할 수 있게 된다. David와 비슷한 상황에 있는 학생과 상담하면서 우리는 그들이 방해 혹은 좌절 요인들을 자신이 다룰 수 있음을 알게 되고 어려운 실험을 시도했다는 사실을 자랑스러워한다는 것을 알게 되었다. 상황을 논의한 후에는 상담자와 학생이 그들이 배운 바를 잘 정리하고 새로운 행동 실험을 계획한다.

당신이 현재 상담하고 있거나 과거에 상담했던 학생을 떠올려 보라. 사실인지 검증하지도 않은 채 진실이라고 믿었던 그 학생의 가정은 무엇이었는가? 그 가정이 학생이 다른 상황들에 대처할 때 어떻게 작용했는가? 그 가정을 검증하기 위해 당신은 행동 실험을 어떻게 사용할 수 있겠는가? 실험에 대한 계획은 잘 진행될 수도 있고 그렇지 않을 수도 있다는 점을 기억하라!

_____

_____

_____

_____

_____

_____

_____

_____

_____

_____

_____

_____

✎ 행동 활성화

행동 활성화(behavioral activation; Beck, 1995)는 우울한 학생들에게 가장 자주 사용되는 전략이다. 학생들은 우울해지면 대체로 재미있는 활동을 덜 하게 된다. 그렇게 되면 다음과 같은 순환이 시작된다. 학생들이 재미있는 활동을 더 적게 함에 따라 그들 삶의 즐거움은 줄어들고, 이는 우울을 증가시킨다. 우울의 증가는 학생의 즐거움에 대한 동기를 감소시키고 다시 똑같은 순환이 계속된다. 이러한 순환은 학생의 사회적 상호작용과 지지 또한 감소시킨다. 그 학생의 활동이 줄어들수록 다른 사람들과의 상호작용 역시 감소할 것이고, 이러한 사회적 고립이 더 우울하게 만들고 활동하고자 하는 동기를 감소시킬 것이다. 이러한 순환을 뒤집기 위해서 당신은 학생과 함께 즐거운 활동에 대한 계획을 만들 수 있다. 계획하게 되는 활동은 그 학생이 어느 정도의 숙달감(a sense of mastery)을 느끼는 것이어야 한다. 학생의 숙달감을 점차적으로 증가시킬 수 있도록 선정된 활동은 우울과 관련된 사고와 감정 역시 감소시킬 수 있어야 한다. 예를 들어, 학생이 사회적 상황, 스포츠, 취미, 다른 즐거운 활동에서 서서히 유능감을 느낌으로써 이러한 분야에서의 숙달감이 높아질 뿐만 아니라 이와 같은 활동을 하는 시간도 증가할 것이다.

행동 활성화 과정의 첫 단계는 학생이 삶에서 얼마만큼의 재미와 즐거움을 가지고 있는지를 파악하는 것이다. 예를 들어, 당신은 Michele에게 그녀가 한 주 동안 재미나 행복을 느끼게 하는 무언가를 하는 각각의 시간들에 대해 적어 보게 할 수 있다. 이는 무엇이 지금 Michele을 행복하게 하는지에 대한 시작점을 알려 준다. 동시에 당신은 Michele이 추구하는 것들을 특정한 시간에 즐길 수 있도록 일정을 짤 수 있고, 그렇게 함으로써 Michele을 행복하게 하는 즐거운 일들이 한 주 동안 더 자주 일어나게 할 수 있다. 또한 Michele은 자신이 즐길 수 있는 활동 목록을 작성할 수 있는데, 이 목록은 그녀가 지닌 자원으로 접근할 수 있는 활동들로 구성되어야 한다. 예를 들어, 수영을 하러 가는 것은 Michele이 매우 좋아하는 활동일 수 있지만 이는 수영장에 갈 수 있을 때에만 적합할 수 있다. 뉴욕에서 주말을 보내는 것은 대부분의 사람에게 쉽지 않은 활동이지만, 만약 Michele의 가족이 뉴욕에 살고 있고 주말에 그곳에 갈 수 있다면 이는 그녀에게 적합한 활동 목록에 포함될 수 있다. 만약 Michele이 재미있는 활동에 대해 생각하기 어렵다면 당신과 그녀는 아이디어를 얻기 위해 〈부록 4-1〉의 유쾌한 활동 목록을 참고할 수 있다. 당신은 또한 재미있는 활동과 관련하여 혹시 부정적인 면이 있는지를 고려해야 한다. 예를 들어, Michele의 성에 대한 신념을 고려하면 남자와 친밀한 시간을 보내는 계획은 그녀에게 좋은 선택이 아닐 수 있다. 그러한 시간은 순간의 행복을 줄 수는 있지만 결국에는 그녀가 그로 인한 감정적인 대가를 치러야 할 수 있다.

Michele이 현재 하고 있는 활동을 더 자주 하기로 계획했든 또는 새로운 활동을 추가하기로 했든 간에 핵심적인 단계는 언제 그리고 어떻게 그 활동에 참가할지를 구체적으로 계획하는 것이다. 예를 들어, 여행을 할 수 있는 방법이 있다 할지라도 우울한 Michele이 주말을 뉴욕에서 보내는 계획을 세우는 것 자체만으로는 충분하지 않을 수 있다. 추가적인 계획 없이는 아마도 Michele이 실제로 뉴욕에 가지 않을 것이다. 우울한 학생들은 활동(특히 여행 같은 큰 일)을 시작하는 것을 어려워한다. 이것이 우울증으로 인해 활동이 감소하는 이유이다. 하지만 당신과 Michele이 단계별로 계획을 세운다면 그녀가 그 계획을 따를 가능성은 증가한다. 이러한 계획은 앞서 살펴본 행동 실험에서의 계획과 비슷하다.

- **무엇을 할 것인가**: Michele에게 재미있는 활동은 구체적으로 무엇인가? 그 활동을 하기 위해 필요한 단계들은 어떤 것들인가?
- **어떻게**: Michele은 어떻게 그 활동에 참가할 것인가? 그녀는 필요한 자원을 가지고 있는가? 그 활동을 가능하게 하기 위해 어떤 단계들이 필요한가?
- **누구**: Michele은 그 활동에 누구를 포함할 것인가? 다른 사람이 포함되어야 한다면, 그 사람은 계획을 방해하는 사람(예: 참가하지 말라고 이야기하는 사람)인가, 아니면 Michele의 계획을 지원해 줄 사람인가?
- **어디서**: Michele이 계획한 활동을 하기 위한 최적의 장소는 어디인가?
- **언제**: 정확히 언제 Michele이 그 활동을 할 것인가? 어떤 요일, 어떤 시간에 그것을 할 것인가? 그 시간에 계획한 활동을 하는 데 있어서 어떤 것들이 방해가 될 수 있는가?

당신과 Michele은 그녀의 계획을 망칠 가능성이 있는 요인들에 대해서도 계획을 세워야 한다. 예를 들어, 뉴욕에 있는 친척에게 그녀가 방문해도 되는지 물어보는 것에 대해 역할 연습을 해 볼 수 있다. 그리고 나서 그녀는 그들에게 실제로 물어보기 위해서 상담실에서 직접 전화를 걸 수도 있다. 당신은 그녀와 함께 그녀가 즐거운 활동에 참가하는 것을 막는 장애물에 대해 생각해 볼 수 있고, 그 장애물을 피하기 위한 계획을 세울 수 있다. Michele은 YMCA에 수영하러 가지 않겠다고 말할 수 있는데, 그 이유는 그녀가 회원권은 가지고 있지만 수영복이 없기 때문일 수 있다. 그렇다면 Michele이 수영할 때 입을 옷을 구하도록 하여 문제해결을 할 수 있다. 계획이 모두 완성되면, Michele이 모든 세부적인 사항을 쉽게 이해할 수 있도록 계획을 기록해야 한다.

한 주 동안의 재미있는 활동에 대해 세부적으로 세운 계획들을 기록한 후에 Michele은 그 계획을 실천에 옮길 수 있다. 다음 상담 시간에 그 계획이 어떻게 실행되었는지에 대해 이야기를 나눌 수 있다. 행동 활성화를 통해서도 행동 실

험에서와 마찬가지로 결과에 상관없이 배울 수 있는 것들이 있다. 만약 Michele
이 계획을 진행하지 못했다면 무엇이 방해가 되었는지 함께 생각해 볼 수 있다.
만약 순조롭게 진행됐다면 그녀가 계획 실행 이전, 도중 그리고 이후에 어떻게
느꼈는지에 대해 이야기를 나눌 수 있다. 특히 중요한 것은 Michele이 자신의
행동이 어떻게 자신의 기분을 변화시켰고, 이러한 변화가 어떻게 자신의 신념
에 영향을 미쳤는지에 대해 생각해 보도록 하는 것이다. 예를 들어, 가족을 방문
한 뉴욕 여행이 즐거웠다면 사람들과의 긍정적인 상호작용이 상대에게 자신의
성적인 것을 주는 것 이상의 가치를 지니고 있다는 증거가 될 수 있다. 그리고
만약 여행을 하면서 그녀의 기분이 가벼워졌다면, 음식, 성, 자해가 그녀의 기분
을 변화시키거나 향상시키는 유일한 것이라는 그녀의 신념에 대해서도 평가할
수 있다. Michele이 더욱 즐거운 활동들을 지속해 간다면 행복의 순간, 활동, 사
회적 상호작용이 증가하게 되고, 이는 그녀의 우울을 감소시키기 위한 당신과
의 상담에도 도움을 줄 것이다.

✏️ 자살 사고를 위한 학교 기반의 인지치료

당신이 학교에서 제공할 수 있는 것보
다 더 높은 수준의 보살핌이 학생들에
게 필요한지를 평가하고 학교의 정책과
지역사회의 규범들을 지켜야 한다는 점
을 기억하라.

청소년기는 자살 사고와 자살 행동이 나타날 위험
이 높은 시기로 알려져 있다. 2006년 미국에서 10~
14세, 15~19세 아이들의 사망 원인 중 자살이 3위
인 것으로 나타났다(Centers for Disease Control and
Prevention, 2006). 그러므로 학교 장면에서 청소년을
대상으로 상담을 하는 상담자들은 이러한 문제를 접할 가능성이 매우 높다. 당
신이 일하는 곳의 규칙과 정책에 따라서 자기 자신(혹은 다른 사람들)에게 심각
한 해를 끼칠 위험이 있는 학생들은 일반적인 학교 장면에서 제공되는 것보다
훨씬 더 집중적인 관리가 필요하다. 따라서 안전이 문제가 되는 학생들을 위해
서는 의뢰(referrals)가 보다 용이해져야 한다. 자살 관련 사고를 하고 있음에도

학교 상담 장면에서 개입이 가능한 학생들을 위해서는 앞 장에서 소개한 인지 전략(자살 사고를 가진 학생들에게 매우 추천하는 전략)과 더불어 앞으로 제시할 세부적인 행동적 전략이 적합할 수 있다.

　학교 장면에서의 상담은 학생들이 삶에서 중요한 다른 사람들과 협동할 수 있는 기회를 만들어 준다. 학교는 또래들과 교사가 학생에게 강력한 영향을 줄 수 있는 독특한 환경이다. 당신이 효과적으로 사용할 수 있는 방법 중 하나는 자살과 관련된 경고 신호에 대해 다른 교직원들을 교육하는 것이다. 다음 두 가지의 장기적인 접근이 효과적일 수 있다. 즉, 교직원 연수 혹은 다른 기회를 통해 모든 교직원에게 정보를 제공하는 것과 자살 고위험 학생이 지지 자원으로 지목한 교직원과 직접 이야기를 나누는 것이다. 이러한 정보를 공유하기 전에 당신이 거주하는 지역의 개인정보 보호법과 당신의 학교가 속한 지역 교육지원청의 정책을 확인하는 것을 잊지 말라. 왜냐하면 나라와 지역에 따라서 당신이 그러한 행동을 하기 전에 학생에게 명백한 동의를 얻는 것이 요구될 수도 있기 때문이다.

　당신이 취해야 할 또 다른 중요한 절차는 학생이 친구의 자살 사고에 대해 상담자에게 말하는 것이 친구를 배신하는 행동이 아니라는 점을 알리는 것이다. 교사, 또래 친구들 그리고 대부분의 사람들은 어떤 학생이 자살에 대해 생각하고 있다고 털어놓으면, 그 이야기를 들은 사실을 비밀로 지켜야 한다고 느끼곤 한다. 자살에 대한 비밀을 또래 친구들과 교사에게 공유하는 것보다 비밀을 지키는 것이 더 큰 배신이라는 것을 알려 주어야 한다. 특히 또래들은 그들이 비밀을 유지하고 친구가 죽는 것보다는 친구가 살아서 비밀을 공유했다고 나에게 화를 내는 것이 더 낫다고 생각하게 될 것이다.

희망 키트

　희망 키트(hope kit)는 자살 보다는 낮은 수준의 고통을 경험하는 학생들에게도 아주 효과적이지만, 자살 사고를 경험하는 학생들에게 자주 사용되는 행동적 전략이다(Wenzel, Brown, & Beck, 2009). 학생들은 스스로 혹은 상담자의 도움을 받아서 희망 키트를 만들 수 있다. 희망 키트는 학생이 자신의 미래에 대해 영감을 주고 낙관적이며 희망적으로 느끼도록 하는 아이템들로 채우고 장식하는 실제 상자이다. 희망 키트에 포함해야 할 핵심적인 아이템은 살아야 할 이유 목록 (〈부록 4-2〉)과 사는 것의 장단점 목록(〈부록 4-3〉)이다. 이러한 목록은 상담 시간에 만들어야 하는데, 그럼으로써 학생은 그들이 살아 있도록 영감을 주는 이유들과 그렇게 하는 것의 장단점에 대해서 생각해 보고 목록에 있는 이유들이 얼마나 중요한지를 평가하는 과정에서 지지를 받을 수 있다. 기본적으로는 학생 자신이 아이디어들을 생각해 내야 하는데, 그렇게 해야 위기의 순간에도 그 생각을 떠올릴 수 있고 확신을 가질 만큼 충분한 정서적 무게를 느낄 수 있게 된다. 하지만 당신은 목록을 위한 항목을 만드는 과정에서 학생들에게 안내자 역할을 하여 도움을 줄 수 있다.

살아야 할 이유 목록과 사는 것의 장단점 목록에 더하여, 자신에게 희망을 불러일으키는 다른 것들을 박스에 포함시킬 수 있다. 긍정적인 측면에 머물 수 있게 도와주는 사진, 시, 편지, 기도 카드, 대처 카드, 성경 구절 혹은 다른 아이템들을 박스에 담을 수 있다. 상담자로서 특히 중요한 역할은 학생들이 선택한 목록을 평가할 수 있도록 돕는 것이다. 예를 들어, Anjanae에게 그녀의 희망 키트에 복부 초음파 사진을 넣자고 제안할 수 있다. 만약 그 사진이 그녀에게 지속적으로 영감을 주고 낙관적인 기분을 느낄 수 있게 한다면, 그 사진은 희망 키트를 위한 좋은 선택이 될 수 있다. 하지만 어떻게 아기가 그녀의 삶에 영향을 미쳤는지에 대해 생각하면서 그녀가 때때로 압도당하거나 고통을 느낀다면 그 사진은 좋은 선택이 아니다. 박스에 포함되는 아이템은 지속적으로 좋은 감정과 긍정적인 생각을 불러일으키는 것이어야 한다.

희망 키트는 학생의 대처 전략의 한 부분으로 구성될 수 있다. 또한 그것은 긍정적인 생각과 감정에 머무는 것이 필요한 학생에게 긍정적인 생각과 감정의 원천을 제공함으로써 그 자체로 행동적 전략이 될 수 있다. 학생이 고통스러운 생각을 하거나 기분이 가라앉는다고 느낄 때, 자신의 희망 키트를 살펴보는 것은 매우 도움이 된다. 신뢰할 수 있는 친구나 가족 구성원과 희망 키트를 공유하는 것은 그 학생에 대한 지지를 증가시키는 효과적인 방법이 될 수 있다.

✎ 대체 행동

청소년들은 특히 학교 장면에서 특정한 문제 행동을 보일 수 있다. 예를 들어, 어떤 학생은 복도나 교실을 이리저리 다니고, 인기가 적은 친구들에게 대장 노릇을 하고, 교실에서 적절하지 않은 대답을 소리치며 말할 수 있다. 이러한 종류의 문제 행동은 주로 교사들이나 다른 학생지도 담당 교직원이 관리한다. 하지만 이런 행동이 개인적인 문제로 확인되거나 그 학생이 삶에서 원하는 것들을 성취하는 데 방해가 된다면 치료가 필요한 문제이자 치료의 대상이 될 수 있다. 그러한 행동은 학생이 우등생 명단에 오르거나 스포츠 팀의 일원이 되는 것을 방해할 수 있고, 구금이나 정학을 당하게 할 수 있다. 학생이 문제가 되는 특정 행동을 할 때, **대체 행동**을 만드는 것이 문제 행동을 줄이거나 멈추는 데 도움을 준다(Baer et al., 1968, 1987; O'Neill, Horner, Alpin, Sprague, Storey, & Newton, 1997). 그러나 우리는 대체 행동을 계획하면서 동시에 인지적 작업도 수행할 것을 강력하게 추천한다.

대체 행동은 원래의 문제가 되는 행동이 존재했던 이유에 대한 인지적 작업과 결합하여 사용할 때 가장 효과적이며, 인지적 작업은 문제 행동이 실제로 자신에게 문제가 된다는 점을 학생이 깨닫기 전에 수행될 필요가 있다. 문제 행동을 대체하는 첫 번째 단계는 안내된 발견을 통해 학생과 함께 문제 행동의 목표를 확인하는 것이다. 그러한 행동을 통해서 학생은 무엇을 얻으려고 하는가? 그것은 어떤 욕구를 충족시켜 주는가? 일단 그 행동의 실제적인 목표가 확인되면, 학생과 상담자는 문제 행동을 하면서 충족되었던 욕구를 보다 적절한 방식으로 충족할 수 있도록 다른 행동을 찾는 작업을 할 수 있다(Crone & Horner, 2003). 이러한 대체 행동은 문제 행동을 무관하고(irrelevant), 비효율적이며(inefficient), 비효과적이게(ineffective) 만드는 행동이다.

- **무관한**(그 문제 행동은 더 이상 계속 해야 할 이유가 없거나 효과적이지 않다)
- **비효율적인**(그 문제 행동은 보다 적절한 행동보다 효과적이지 않다)
- **비효과적인**(그 문제 행동을 계속 하게 되면 더 이상 원하는 목표를 얻지 못한다)

Michele은 스트레스, 화 그리고 다른 부정적인 감정이 자신을 압도한다고 느끼기 시작할 때 자해를 하는 것이 이러한 감정을 완화시킬 수 있는 방법이라고 말했다. 만약 우리가 그녀의 자해 행동을 가령 일기 쓰는 것으로 대체할 수 있도록 돕는다면, 그 자해 행동은 무관하게(irrelevant) 된다. 자해 행동은 부정적인 감정을 완화시키는 목적을 이루는 데 더 이상 도움이 되지 않는다. 왜냐하면 그녀가 이런 감정을 알아차리자마자 일기를 씀으로써 그것을 처리할 수 있기 때문이다. Anjanae는 그녀의 남자친구와의 성관계를 '그저 나 자신을 위해' 할 수 있는 유일한 행동이라고 설명했고, 그러한 성적인 활동은 계획되지 않은 임신으로 이어졌다. 만약 그녀가 무방비한 상태에서 성관계를 갖는 행동을 보다 덜 위험한 자기돌봄 활동(예: 거품 목욕, 야외에서 산책하기, 재미있는 책 읽기)으로 대체할 수 있었다면 그녀는 성관계를 자신의 기분이 나아지게 하고 스스로를 돌보는 데 있어 비효율적인(inefficient) 방법으로 생각할 수 있었을 것이다. 이러한 덜 위험한 자기돌봄 행동들은 무방비한 상태에서 갖는 성관계와 관련된 걱정이나 스트레스 없이 그녀가 그저 행복하거나 충만하게 느끼도록 도울 수 있다. David의 경우, 자신이 동성애자이기 때문에 '남들과 다르다'는 생각이 그를 친구들로부터 멀어지게 했다. 그러나 이러한 방식은 David가 스스로를 남들과 크게 다르지 않다고 여기는 것에 도움을 주기보다는 다른 사람들과 연결되어 있지 않다고 생각하게 만들었다. 만약 David가 기분이 가라앉을 때 상담자와 함께 자신을 가치 있게 여기고 돌봐 주는 사람들에게 손을 내밀 수 있는 방법을 찾는 노력을 했다면, 그렇게 자신을 고립시키는 행동(withdrawal)이 자신의 감정을 다루는 데 정말 비효과적(ineffective)이라는 것을 알 수 있었을 것이다.

〈표 4-1〉은 어떤 학생이 자신의 욕구를 충족시키기 위해 할 수 있는 적절한 혹은 부적절한 행동의 예를 보여 준다. 일단 학생과 상담자가 학생의 욕구와 부

〈표 4-1〉 욕구, 바람직하지 않은 행동 및 대체 행동

욕구	바람직하지 않은 행동	대체 행동
주목받는 것	교실에서 '똑똑한' 대답을 소리내어 외치기	손을 들고, 선생님의 질문에 대답하고, 칭찬받기
책임감 느끼기	사회적인 힘이 약한 학생들에게 대장 노릇하기	그룹 프로젝트의 리더로 행동하기
책상에 앉아 있는 대신 활동적이기	교실이나 복도를 돌아다니기	출석부를 교무실에 갖다 놓는 역할 맡기(제한된 시간 내에)

적절한 행동을 발견하면, 그들은 그러한 욕구를 더 적절한 방식으로 충족할 수 있게 하는 다른 행동에 대해 함께 생각해 볼 수 있다. 이 전략의 마지막 단계는 욕구를 충족하기 위한 바람직한 행동을 증가시켜서 부적절한 행동이 더 이상 필요가 없어짐에 따라 결국에는 다른 행동으로 대체되는 과정을 포함한다.

예를 들어, Alfred의 싸우는 행동은 레슬링 팀에서의 그의 위상이나 성적에 부정적인 영향을 미치고 장학금을 받을 수 있는 기회에 위험 요인이 된다. 상담 초반에 Alfred는 자신의 싸우는 행동이 문제라는 것을 부인했다. 오히려 그는 싸우는 것이 다른 사람들이 자신을 이용하는 것을 막는 유일한 방법이라고 보았다. 당신과 그가 다수의 상담 회기에서 이러한 기저신념('만약 내가 먼저 공격하지 않으면, 나는 결국 약한 피해자가 될 거야.')에 대해 작업한 후, Alfred는 공격적으로 행동하는 것이 문제를 해결하는 최선의 방법은 아닐 수도 있다고 생각하기 시작했다. 공격적인 행동이 거리를 다닐 때에는 단기적인 관점에서 문제를 해결할 수 있는 것처럼 보이지만, 학교에서의 공격적인 행동은 장기적으로 이익보다는 불이익을 훨씬 더 많이 가져온다. 그는 자신을 괴롭히는 사람에게 겁을 줘서 자신에게서 멀어지게 할 수는 있지만, 그 사람이 자신을 괴롭히기 위해 다른 사람들과 함께 다시 찾아온다는 것을 깨달았다. 그는 또한 어린 남동생이 자신의 행동을 따라 하게 될까 봐 걱정하며, 싸움을 하는 것이 레슬링, 성적, 향후 장학금에 미칠 영향에 대해서 걱정한다. Alfred가 싸우는 행동이 학교에서 문제가 된다는 것을 깨닫고 이를 변화시키고자 한다면 당신과 그는 대체 행동에 대한

작업을 시작할 수 있다. Alfred는 자신을 약하다고 느끼는 대신 강하다고 느끼기 위해 싸움을 했다. 당신과 그는 비싼 대가가 따르는 싸움이 아닌 자신을 강하다고 느낄 수 있는 다른 방법을 생각해 볼 수 있다. 그는 다음과 같은 대체 행동목록을 생각해 냈다.

- 소리치며 위협하기
- 멀리 걸어가기
- 나쁜 말로 상대방을 깔아뭉개기
- 농담을 함으로써 체면을 세우기
- 교직원에게 상대 학생을 신고하기

교직원에게 상대 학생을 신고하기는 목록에서 곧바로 지워졌는데, Alfred는 '고자질하는 것'이 또래 친구들이 자신을 깔보게 만들고 자신이 더 표적이 되게할 것이라는 것을 알기 때문이다. Alfred는 소리치기, 위협하기 그리고 상대방을 말로 깔아뭉개기가 싸움으로 이어질 수 있다고 판단하고 이러한 행동들도목록에서 지웠다. Alfred는 남은 두 가지 선택 사항을 결합하는 것(체면을 세우기 위해 농담을 하면서 멀리 걸어가는 것)이 최선의 방법이라고 판단했다. 당신과 Alfred가 몇 차례에 걸쳐 역할 연습을 하면서 당신은 Alfred가 어려운 상황을 모면하는 순발력 있는 유머 감각을 가지고 있다는 점을 알게 되었다. 상대방을 무장 해제시키는 농담은 자신이 약하다는 생각이 들지 않게 해 주고, 싸움을 막으며, 어쩌면 그가 긍정적인 주목을 받게 할 수도 있다. 농담을 한 뒤 그곳에 계속남아 있는 것은 문제를 악화시킬 수 있기 때문에 당신은 그가 농담을 하면서 멀리 걸어가는 행동을 하도록 격려해 줄 수 있다. Alfred는 한 주 동안 새롭게 생각해 낸 행동 전략을 숙제로 시도하면서 상황을 지켜본 후 다음 상담 시간에 이야기하기로 했다. 다음 상담 시간을 계획하면서 당신은 대체 행동이 얼마나 효과적이었는지와 Alfred가 경험한 것이 먼저 공격하는 것에 대한 그의 생각과 감정에 어떤 영향을 주었는지를 살펴보는 것에 초점을 두어야 한다.

이와 반대로 어떤 학생들에게는 농담이 문제나 싸움을 악화시킬 수도 있다. 비꼬는 식의 '농담', 상대방에게 가볍게 주먹질하는 시늉 혹은 다른 파괴적인 행동은 긴장을 완화시키기보다는 더 큰 문제를 일으킬 수 있다. 많은 상담자가 상담에서 처음으로 유머를 사용하는 방법을 배우는 것처럼 문제를 완화시키기 위해 점잖은 유머를 사용하는 것은 정말 어려운 기술이다. 학생들이 문제 상황을 해결하기 위해 유머를 사용하려 할 때, 그들이 사용하는 유머가 상황을 악화시키기보다 개선시킬 수 있도록 확실하게 확인하는 것이 필요하다. 과거에 학생들이 유머를 성공적으로 사용했는지 여부를 살펴보는 것과 역할 연습을 하는 것은 이를 위한 좋은 방법이 될 수 있다.

✏️ 노출

불안한 학생들은 **노출 작업**을 통해 상당한 효과를 얻을 수 있다(Albano & Kendall, 2002; Kendall et al., 2005). 노출(exposure)은 불안이 작용하는 일련의 과정을 뒤바꾸는 것을 목표로 하는 행동적 기법이다. 불안한 상황에서, 학생들은 위협적으로 지각하는 상황에 스스로 대처할 수 없을 것이라는 자동적인 사고를 첫 번째로 경험한다. 만성적인 불안 혹은 그들을 방해하는 불안에 시달리는 학생들은 그 상황에 포함되지 않은 부분까지 위험으로 잘못 지각하거나 대처할 수 있는 자신의 능력을 상당히 과소평가한다. 대응하기에 너무 위험한 상황을 피하려고 하는 것이 인간의 본성이기 때문에 학생들은 보상 전략으로서 회피를 시도한다. 회피는 상황에 대한 그들의 부정적이고 무기력한 자동적 사고를 확인하거나 교정할 수 없도록 만들고 그러한 불안을 일으키는 자동적 사고는 더욱 깊게 뿌리를 내려 지속되는 순환 속에서 불안은 더욱 강화된다([그림 4-2] 참조).

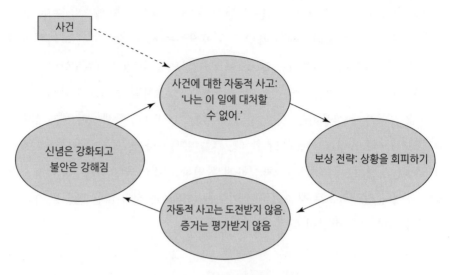

[그림 4-2] 회피-불안의 순환

　노출 작업에서, 당신과 학생이 처음 할 일은 불안한 상황에서 생기는 학생의
자동적 사고를 파악하는 것이다. 그런 다음 학생은 자신을 점점 더 불안하게 만
드는 상황들에 대한 **공포 위계**(fear hierarchy)를 만든다(Kendall et al., 2005). 이
위계는 학생을 최소한으로 불안하게 만드는 상황에서 시작하여 조금 더 힘든 상
황 그리고 최상위의 매우 공포스러운 상황까지 이어진다. 위계에서의 각 단계
는 전반적으로 동일한 수준의 공포와 연관되어야 하는데, 작은 '양'의 공포에서
부터 매우 큰 '양'의 공포의 순서로 만들어져야 한다. Anjanae와 상담자는 수업
시간에 발표를 하는 것에 대한 그녀의 공포에 대해 작업하고 있다. 그들이 만든
공포 위계의 예는 [그림 4-3]에서 볼 수 있다. 또한 위계를 작성하는 활동지는 이
책 마지막의 〈부록 4-4〉에서 찾을 수 있다.
　각 상황이 얼마만큼의 불안을 자극시키는지에 따라 상황에 순위를 매기는
것과 함께, 상담자는 Anganae에게 주관적 고통 측정 도구(Subjective Units of
Distress; Wolp, 1969)를 이용하여 평정하는 것을 가르쳐 줄 수 있다. 이러한 평정
을 통해 0~100점 척도에서 각 상황이 불안을 야기하는 정도를 나타낼 수 있다.

5. 전교생 앞에서 발표하기
4. 전체 학년 앞에서 발표하기
3. 전체 학급 앞에서 발표하기
2. 두세 사람 앞에서 발표하기
1. 한 사람 앞에서 발표하기

[그림 4-3] 발표하는 것에 대한 Anjanae의 공포에 대한 공포 위계의 예

주관적 고통 측정 도구에 대해 설명하기 위해 학생들에게 평정 척도를 보여 주는 것이 유용할 수 있다. 그렇게 함으로써 학생들은 실제 척도를 앞에 두지 않고도 이 평정 척도를 사용할 수 있게 된다. 지필용 평정 척도를 사용하고 싶은 학생들을 위해서 이 책 마지막의 〈부록 4-5〉에 척도의 예를 제시하였다.

그다음으로 Anjanae는 가장 첫 번째(가장 낮은) 불안 자극 상황을 마주할 준비를 한다. 첫 번째 노출은 상담 시간 중 언제든 가능할 때 상담자와 함께 작업하게 된다. 하지만 시간이 지나면서 노출은 상당 부분 숙제로 부여되어 Anjenae가 실제 상황에서 자신의 대처 기술을 연습해 볼 수 있도록 할 것이다. 그녀는 첫 번째 상황에 대한 자신의 자동적 사고를 확인함으로써 준비를 시작할 것이다. 제3장에서 인지적 기법에 대해 설명했듯이, 그러한 사고를 알아차리고 점검하고 변화시키면서 Anjanae는 유용하지 않은 혹은 부정확한 그녀의 사고를 다룰 수 있도록 대처 사고를 만들어 낼 것이다. 대처 카드를 적어서 만들 수도 있고, 단순하게 Anjanae가 대처 사고를 반복해서 연습할 수도 있다. 다음으로, Anjanae와 상담자는 다른 인지적 혹은 행동적 전략들을 연습해서 그녀가 상황을 직면하도록 도울 수 있다. 그녀가 한 사람 혹은 여러 사람 앞에서 발표하는 연습을 하는 방법이나 이완과 문제해결 기법은 특히 도움이 된다. 행동 실험에서와 마찬가지로, Anjanae가 성공할 가능성을 최대화하되, 발생 가능한 문제들에 대비해야 한다는 점을 기억하라.

성공의 핵심 요소는 두려움 때문에 상황을 피하는 대신 목표를 달성할 때까지 그 상황에 머물러야 한다는 것이다. 예를 들어, Anjanae의 목표가 수업 시간에 한 문단을 읽는 것이었다면 수업 시간에 잠시 앞에 나가서 몇 마디 하는 것으로는 충분하지 않다. 몇 마디를 말하고 교실을 나오는 것은 이 상황에 대처할 수 없다는 그녀의 신념을 강화할 뿐이다. 그러므로 작지만 성취 가능하고 앞으로 조금씩 나아갈 수 있는 노출 작업을 계획하는 것이 압도적으로 위협적인 큰 단계를 계획하는 것보다 낫다. 상담자는 Anjanae가 사람들 앞에서 불안해할 때 스스로 노출을 중단하고 싶어 할 수도 있지만, 그 시점에서 중단하는 것은 그녀가 사람들 앞에서 발표를 할 수 없을 것이라는 그녀의 신념만을 강화시킬 수 있다. 학생이 대처할 수 있는 가능성을 최대화하기 위해 노출을 하기 전에 대처 기술을 개발하고 연습하는 것은 매우 중요하다.

두려움을 피하기보다 마주하는 것은 그녀에게 성공적인 대처 경험을 할 수 있는 기회를 주어 유능감을 증가시킬 수 있으며 또한 성취 경험은 그 '위험한' 상황에 대처할 수 없다는 그녀의 자동적 사고에 반대되는 증거를 제공해 준다. 성공은 강화되고 축하받아야 한다. 노출 과제를 한 이후에, 학생이 대처한 것 중에 어떤 것이 좋았는지, 다음번에는 어떤 것을 다르게 할 수 있는지, 그 경험으로부터 학생이 어떤 것들을 배웠는지에 대해 함께 이야기 나눌 수 있다. 또한 학생은 노출 경험에서 부정적인 예상이 실제로 정확했는지에 대한 증거를 찾을 수 있다. 이러한 성공적인 대처 경험으로부터 당신과 학생이 배운 것을 기반으로 해서 당신은 위계에서 다음 단계에 대한 노출을 계속해서 계획할 수 있고, 결과적으로 위계의 가장 높은 단계까지 도달할 수 있다([그림 4-3] 참조).

노출 작업에 대한 아이디어를 더욱 구체화하기 위해 Anjanae가 [그림 4-3]에 열거된 공포 위계에 대한 작업을 해 가는 것을 계속해서 살펴보자. 그녀는 위계에서 가장 쉬운 단계—한 사람 앞에서 발표하는 것—를 성공적으로 달성했다. 그 노출로부터 그녀는 자신이 말하고자 하는 것을 기억할 수 있다는 것을 알게 됐고(비록 그녀는 잊어버릴 것이라고 예상했지만), 듣는 상대방이 그녀를 놀리지 않는다는 것을, 또한 마지막에 쉬운 질문에 대해 답변할 수 있다는 것을 알게 됐

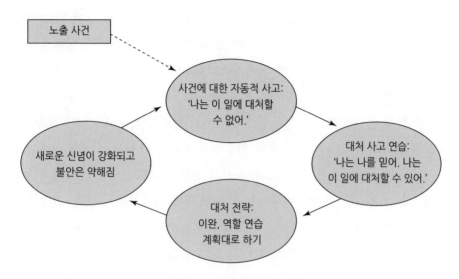

[그림 4-4] 노출-불안 감소의 순환

다. 또한 그녀는 발표 도중 자신의 손에 땀이 많이 나는 것도 알게 됐다(이것은 그녀가 예상하지 못했다). 당신과 그녀는 이미 첫 번째 노출에 대한 대처 사고를 개발했고, 그것들은 다음과 같다.

- '나는 똑똑해. 그리고 이것은 내가 많이 알고 있는 주제야.'
- '내가 만약 실수를 하더라도 괜찮을 거야. 왜냐하면 모든 사람이 실수를 하니까.'

그녀는 다음 노출을 위해 대처 사고를 추가하기로 결심한다.

- '나는 전에 이것을 한번 해 봤고, 내가 생각했던 것보다 잘해 냈어. 그러니까 아마 한 번 더 잘할 수 있을 거야.'

다음으로, 그녀는 자신의 발표를 연습하고 그녀에게 질문을 하는 당신과 또 다른 교직원으로 구성된 더 큰 집단 앞에서 역할 연습을 한다. 또한 Anjanae는 당신에게 배운 호흡 연습(다음 절에 제시된)도 하여 자신이 이완된 상태를 유지할 수 있도록 한다. 그녀는 손에 땀이 나면 닦을 수 있도록 휴지 한 장씩을 주머니에 보관하기로 결심한다. 마지막으로, 당신과 그녀는 그녀가 성공적으로 대처하면 함께 아이스크림을 먹으며 축하하기로 합의한다. Anjanae는 성공적으로 노출을 마치기 위해 자신의 대처 기술을 사용하여 세 사람 앞에서 발표를 한다. 노출 작업 이후에 당신과 Anjanae는 그 경험으로부터 알게 된 그녀의 두려운 생각을 지지하는 증거와 반증하는 증거에 대해 이야기를 나눈다. 그 경험을 처리하기 위한 핵심 질문은 "성공이 너에게 어떤 의미를 갖니?"이다. 그녀의 성공적인 대처 경험을 살펴봄으로써 Anjanae가 원래 가지고 있던 두려운 사고와 신념들에 도전하면서, 당신은 그중 몇 개의 사고를 상담의 초점이 되는 목표로 삼을 수 있다. Anjanae가 그녀의 대처 방식 중 마음에 들어하는 것, 다음번에는 무엇을 다르게 하고 싶은지, 그 경험으로부터 그녀가 배운 것은 무엇인지에 대해 이야기를 나눈 후, 당신과 그녀는 아이스크림을 먹으며 그녀가 자신의 사고와 행동에 대해 정말 열심히 노력한 부분을 축하(강화)할 수 있다. 이후 다음 상담 시간에 당신은 그다음 단계의 노출을 시작할 수 있다.

> 행동적 변화를 인지적 변화와 연결시켜야 한다는 점을 기억하라. "네가 이룬 성공이 너에게 어떤 의미를 갖니?"

✎ 이완 기술

__이완 기술__은 불안이나 긴장과 싸울 수 있는 강력한 도구이다(Benson, 1975; Jacobson, 1974). 사고, 감정, 행동은 모두 연결되어 있다는 점을 기억하라. 따라서 불안한 사고, 감정, 행동은 하나의 패키지로 함께 온다. 몸이 긴장하면서 동시에 이완되는 것은 불가능하고, 행동적인 방식으로 몸을 이완하는 것은 불안한 감정이나 사고를 변화시킬 수 있도록 한다.

다음은 네 가지 주요 이완 기술이다.

- 점진적 이완법
- 호흡 연습
- 명상
- 심상법

아래 대화는 이러한 이완 기술들을 어떻게 상담 시간에 소개할 수 있는지를 보여 주는 예이다. 학생에게 이완 기술이라는 개념을 소개한 후에 당신은 함께 시도해 볼 이완 기술들에 대해 구체적으로 설명할 것이다. 상담 회기에서 처음으로 이완 기술을 가르친 후에는 그 새로운 기술을 당신과 함께 연습하도록 해야 한다. 학생은 상담 회기에서 이완 기술 사용을 위한 기본을 배운 후에 다른 시간에 그 기술을 연습해야만 한다. 전반적으로, 처음에는 학생이 스트레스를 받지 않은 상황에서 연습하여 그 기술을 강화시킬 수 있다. 이후 시간이 지나면 그 학생은 스트레스 상황에서 이완하기 위해 연습한 이완 기술들을 사용하기 시작할 것이다. 만약 기술을 배운 즉시 스트레스 상황에서 이완하려고 한다면 처음에는 성공하기 어려울 수도 있고, 이로 인해 그 기술을 제대로 습득하기 전에 포기해 버릴 수 있다.

상담자: David, 우리가 지금까지 스트레스를 받거나 불안한 상황에서 네가 효과적이지 않은 방식으로 반응하는 것에 대해 얘기해 왔잖아, 그렇지?

David: 그렇죠. 저는 그럴 때 당황하거나 과장해서 행동하게 돼요. 저도 어쩔 수가 없어요! 사람들은 저를 비판하거나 지적하고, 저를 이해하지 못하거든요.

상담자: 네가 전에 그런 반응들을 전혀 통제할 수 없다고 얘기했지. 그런데 우리가 연습하면 도움이 될 만한 기술이 몇 가지 있는데 시도해 볼 생각이 있니?

David: 네. 근데 그게 효과가 있을지는 모르겠네요.

상담자: 좋아. 효과가 있을지 모르지만 시도해 보고자 하는 게 참 대단한 것 같구나! 자, 내가 너와 주로 얘기해 보려고 하는 건 이완이라는 거야. 현재 네가 긴장을 풀기 위해 하고 있는 방법이 있니?

David: 있어요. 긴장을 풀려고 가끔 음악을 들어요.

상담자: 좋은 예구나! 하지만 한 가지 곤란한 경우는 네가 이완이 필요하지만 멀리 가서 음악을 들을 수 없을 때나 다른 사람들이 쓰는 방법을 사용할 수 없을 때인 것 같아.

David: 이완이 필요하지만 내가 교실이나 그런 곳에 있을 때처럼요?

상담가: 그렇지. 그래서 나는 너에게 이완할 수 있는 몇 가지 다른 방법을 알려 주고 싶어. 그리고 네가 그 방법을 시도해 보도록 도운 다음에 그것에 대해 네가 어떻게 생각하는지 말해 줬으면 좋겠어.

David: 알겠어요. …… 하지만 그런 상황에서 그런 것들이 제가 강하게 행동하는 반응에 어떻게 도움이 되는지 이해가 되진 않아요.

상담자: 그런 마음을 이야기해 줘서 고맙구나! 몸이 작용하는 방식이라는 게 긴장하거나 이완하는 것을 동시에 할 수 없어. 예를 들어, 근육은 단단하거나 느슨하지. 그 두 가지가 동시에 존재할 수는 없잖아. 이완 기술을 사용함으로써 우리는 우리의 몸을 이완시키고 느슨하게 유지할 수 있어. 인지모델에서 어떻게 사고, 감정, 행동이 모두 연결되어 있는지를 생각해 볼 때, 너는 우리가 몸을 더욱 이완된 상태로 유지할 수 있다면 어떤 일이 일어날 거라 생각하니?

David: 아마도 감정적으로도 좀 더 이완되게 느끼지 않을까요?

상담자: 정확해! 그리고 네가 신체적으로, 감정적으로 더 이완되게 느낀다면 네가 평소에 스트레스를 받고 너한테 효과적이지 않은 방식으로 행동했던 상황에서 결국 어떤 일이 일어날 것 같아?

David: 아마도 제가 그렇게 강하게 반응하거나 빠르게 행동하지는 않을 것 같네요.

상담자: 잘 이해했네. 그럼 시도해 볼 만한 가치가 있는 것처럼 들리니?

David: 당연하죠.

상담자: 아주 좋아. 우리가 얘기한 이완법에는 네 가지 다른 기술이 있고, 네가 그것들을 시도해 보고 나서 어떤 것이 너에게 가장 잘 맞는지 한 번 보도록 하자. 자, 그럼 점진적 이완법, 호흡 연습, 명상 그리고 심상법에 대해 얘기해 보자.

이후에 상담자는 다음에 나오는 각각의 기술을 소개할 수 있고 David가 그것들을 상담 시간에 시도해 보도록 할 수 있다. David가 집에서 시도할 수 있을 만큼 충분히 숙지할 때까지 그 기술들을 상담 시간에 계속해서 연습할 것이다. 당신은 부록에 있는 대본을 직접 읽고 녹음해서 학생이 집에서 연습하도록 할 수도 있고, David가 녹음 파일 없이 연습하는 것을 선호할 수도 있다. 인터넷에 다양한 이완 훈련에 관한 오디오 클립이 있기 때문에 David가 인터넷에서 자신이 연습하기 위한 클립을 찾을 수도 있다. 다음은 학교에서 가장 흔히 쓰이는 네 가지 이완 기술이다.

점진적 이완법(progressive relaxation)은 신체를 이완하기 위해서 근육 조직을 긴장시키고 이완시키는 체계적인 방식이다(Jacobson, 1974). 다른 인지적 혹은 행동적 전략처럼 점진적 이완법을 배우려면 많은 연습이 필요하다. 학생에게 매일 밤 잠자리에 들기 한 시간 전과 같은 그들이 긴장하지 않는 시간에 이완하는 것을 연습해 보도록 할 수 있다. 이 시간은 학생이 불안이나 긴장에 대응하여 싸울 필요 없이 이완을 배울 수 있는 기회가 된다. 이러한 기술이 숙달되면, 학생은 스트레스 상황에서 몸을 이완시키기 위해 점진적 이완법을 사용할 수 있고, 그에 따라 인지적·감정적 스트레스를 덜 경험하게 될 것이다. 이 책 마지막의 〈부록 4-6〉에 이완을 위한 대본의 예가 나와 있다. 학생은 대본을 읽는 당신의 녹음된 목소리에 특히 잘 반응할 수도 있는데, 학생이 당신의 목소리를 이완되고 안전한 감정과 연결시키기 때문이다. 시간을 절약하는 방법은 당신이 선택한 대본을 읽고 녹음한 것을 학생이 재생할 수 있도록 복사본을 만들어 주는 것이다. 다음 대화에서 상담자는 Anjanae에게 걱정거리가 있는 밤에 잠들 수 있도록 돕는 기술로서 점진적 이완법을 소개하고 있다.

> **상담자**: 이완 기술 중에 너에게 특히 도움이 되는 것 중 하나가 점진적 이완법이야. 너의 몸이 정말 이완되었다고 느낄 때까지 근육 조직들을 이완시키는 방법이야. 사람들은 보통 이런 점진적 이완법을 스트레스를 주는 어떤 것(연설을 하는 것 같은)을 하기 전이나 밤에 잠들기 전에 사용하지.
>
> **Anjanae**: 좋은 거 같은데요! 저는 수업 시간에 앞에 나가서 발표를 하게 되면 너무 걱정이 돼서 항상 밤에 잠드는 데 오랜 시간이 걸려요.
>
> **상담자**: 그렇구나. 그러면 우리가 함께 연습하면 좋을 것 같구나. 내가 너에게 대본 하나를 읽어 줄 텐데, 여기에는 네가 이완하는 데 사용할 수 있는 다양한 방법이 있어. 여기서 같이 한번 시도해 보고 이게 너에게 맞는지 한번 보자. 이걸 집에 가지고 가서 연습해 봐도 좋아. 어떻게 생각하니?
>
> **Anjanae**: 시도해 볼 만한 것 같아요.
>
> **상담자**: 좋아. 자, 그럼 의자에 편안하게 있어. 그리고 내가 읽어 줄게. 준비됐니?

호흡 연습(breathing exercise)은 학생이 속도를 늦추고, 자신의 호흡을 조절하고, 충분한 산소를 마실 수 있도록 하여 신체 이완을 돕는다(Benson, 1975). 학생이 불안하거나 긴장하면 숨을 좀 더 얕고 빠르게 쉬게 되는데, 이는 가까운 곳에 위험이 있다는 신호를 신경계에 보내게 되어 싸움 혹은 도피 반응(fight or flight response)을 유발하게 된다. 호흡을 천천히 하는 것은 반대의 메시지를 신경계에 보낼 수 있게 하며, 싸움 혹은 도피 반응을 가라앉힐 수 있다. 학생은 코를 통해 천천히 숨을 들이쉬고 입을 통해 숨을 내뱉는 것을 배울 수 있다. 깊은 숨을 쉬어 횡경막이 폐에 공기를 밀어 넣어 학생의 복부가 팽창하도록 해야 한다. 만약 깊은 호흡을 할 때 윗가슴만 팽창한다면 학생은 폐를 완전히 채우지 않았고 깊은 호흡의 이점을 충분히 살리지 못하고 있는 것이다. 학생이 스트레스 상황에서 자신의 호흡에 대해 알아차리고 호흡을 깊고 느리게 만들 수 있다면 불안과 긴장을 효과적으로 줄이기 위해 이 방법을 사용할 수 있다. 점진적 이완법과 마찬가지로 호흡 연습을 위한 다양한 대본과 오디오 파일을 인터넷에서 찾을 수 있다. 이 책 마지막의 〈부록 4-7〉에 호흡 연습 대본이 있다. 다음 대화에서 상담자는 David에게 스트레스 상황에서 이완할 수 있는 방법으로 호흡 연습을 소개하고 있다.

상담자: 좋아. David. 호흡 연습을 해 보면 좋겠구나. 이건 내가 너에게 이야기했던, 이완하는 방법 중의 하나야. 그리고 이 방법은 눈에 띄지 않게 할 수 있어서 네가 교실이나 급식실 혹은 마트 등 어느 곳에 있든 이완이 필요할 때 사용할 수 있을 거야. 한번 시도해 볼 준비가 됐니?

David: 네.

상담자: 아주 좋아. 우리가 너의 몸을 이완시킴으로써 생각이나 감정을 더 이완되게 할 수 있다는 것을 이야기했던 거 기억하니?

David: 네, 기억하죠.

상담자: 좋아. 그럼 내가 네가 호흡 연습을 할 수 있도록 도와주는 대본을 읽어 줄게.

David: 하지만 전 매 순간 숨을 쉬는데요. 자고 있을 때조차 숨을 쉰다고요. 그런데 왜 선생님이 저에게 어떻게 숨을 쉬는지 말해 줘야 하죠?

상담자: 이건 네가 주로 하던 것과는 다른 숨쉬기 방식이야. 이런 방식을 통해 너는 숨 쉬는 것에 더욱 주의를 기울이게 되고, 호흡은 깊어지고 좋아지고 느려질 거야. 너의 몸은 과호흡 없이 많은 양의 산소를 얻게 될 거고 몸의 속도가 늦춰질 거야. 한번 시도해 볼 수 있겠니?

David: 네, 알겠어요.

상담자: 좋아. 그럼 기분 좋고 편안하게 있으면 내가 너에게 이걸 읽어 줄게. 너는 그냥 따라오면서 이게 너에게 효과가 있는지 한번 보는 거야.

나중에는 아마 집에서도 연습할 수 있을 거야. 지금 한번 시도해 보고 어떻게 되는지 한번 보자.

명상(meditation)은 마음을 깨끗하게 해서 사고와 심장박동의 속도를 모두 느리게 하는 방법이다(Hayes, Follette, & Linehan, 2004). 명상은 불안, 우울, 스트레스 혹은 다른 문제 등 고통의 원인이 무엇이든 간에 경주하는 사고(racing thoughts, 통제할 수 없을 정도로 여러 가지 생각을 옮겨 가는 증상)를 하는 학생들에게 유용한 방법이다. Anjanae는 밤에 집중하고 이완하는 또 다른 방법으로 명상에 대해 배웠다. 왜냐하면 그녀는 현재 성적, 가족 그리고 이웃의 안전에 대해 걱정하느라 2시간 정도는 잠들지 못하고 누워만 있기 때문이다. 그녀와 상담자는 그녀가 몇 분간 조용히 앉아 있기에 좋은 시간과 장소를 생각하면서 Anjanae가 집에서 명상을 할 수 있는 최선의 방법에 대해 생각해 보는 시간을 가졌다. 또한 그들은 상담 시간에 벽에 걸린 평화로운 그림에 집중하면서 명상을 연습했다. Anjanae는 자신의 집에서 명상할 수 있는 조용한 장소를 열심히 찾아봤고, 그녀의 엄마가 직장에 있는 동안 엄마의 침실에서 문을 닫고 혼자 있을 수 있다는 사실을 알게 됐다. Anjanae는 차분한 조명을 위해서 방에 양초를 밝혔고 크고 드넓은 들판이 있는 그림 가까운 곳에 의자를 두고 편안하게 자리를 잡았다. 그녀는 그림의 장면에 집중하면서 다른 어떤 생각이나 걱정에 대해서도 마음을 비우는 것에 집중했다. 만약 그녀의 마음이 다시 걱정으로 되돌아오는 것을 알아차렸을 때, 이런 때에도 자기 자신에게 화내지 말라고 가르쳐 준 상담자의 말을 기억했다. 그리고 그녀는 그림에 다시 집중했다. 그녀의 생각이 느려지기 시작했고, 그렇게 됨에 따라 Anjanae의 몸은 이완되고 더 평화롭게 느끼기 시작했다. 어떤 밤에는 그림 대신에 양초의 형상에 집중했지만 그림이 그녀가 가장 좋아하는 도구였다. 그녀가 무엇에 집중하는가에 상관없이 명상의 핵심은 한 지점에 마음을 집중하고 다른 방해물이 그저 지나가도록 하는 것이다. 만약 Anjanae가 자신을 보고 그녀의 마음이 방황하고 있는 것을 깨달으면, 그녀는 이것을 알아차리고 주의의 초점을 다시 특정한 대상으로 돌린다. 이때 그녀의 마음이 방황했다는 것에 대해 그녀는 자신을 판단하거나 좌절하지 않는다. 몇 번 씩이나 주의의 초점을 돌려야 하는 경우가 흔히 있었는데, 그녀는 자신에게 다시 주의의 초점을 상기시켜 주는 과정 또한 명상의 일부라는 것을 알게 됐다. 그녀가 이완과 차분함을 느끼면(대부분 10분 정도), 그녀는 의자에서 일어나서 양초를 끄고 침대로 향했다. Anjanae는 밤에 명상을 시작한 이후로 훨씬 빨리 잠들 수 있었다.

심상법(imagery)은 명상과 공통점을 가지고 있는 이완 기술이다(Hayes et al., 2004). 심상법을 사용하기 위해 학생은 Anjanae가 그러했듯이 사적이고 조용한 장소를 찾아서 편안해지는 것부터 시작한다. 그러나 심상법은 그림이나 양초 같은 다른 대상에 집중하는 대신 학생들이 이완되는 장면을 떠올리고 그 장면과 어울리는 풍경, 소리, 냄새, 감각, 맛을 상상하도록 한다. 상상의 부분으로 모든 감각을 사용하도록 함으로써 상상을 통해 학생이 이완된 장면 안에 있는 것처럼 느끼게 한다. 흔히 가장 효과적인 방법은 학생이 가 본 곳을 상상하는 것인데, 그럼으로써 가장 쉽게 그 장면의 풍경, 소리, 냄새, 감각 그리고 맛을 상상할 수 있기 때문이다. 하지만 자신이 정말 그 장면의 일부가 될 수 있는데 필요한 모든 세부 사항을 상상할 수만 있다면 이완되게 하는 어떤 장면이든 선택할 수 있다. 다른 이완 기술들과 마찬가지로 학생들이 이완할 수 있는 장소를 마음 속으로 그려 볼 수 있도록 돕는 오디오 스트리밍을 제공하는 웹 사이트가 많이 있다. 다음에서 상담자는 Alfred가 레슬링 경기 후 좌절감을 느낄 때 이완하고 집중할 수 있는 방법으로 심상법을 제안한다.

> **상담자**: 레슬링 경기 후에, 특히 경기가 네가 원했던 방향으로 진행되지 않았을 때, 상처받고 복잡한 기분을 느낀다는 게 정말 이해가 돼. 네가 경기 후에 이완할 수 있도록 돕는 방법에 대해 생각해 보면 어떨까?
>
> **Alfred**: 좋아요. 그건 정말 도움이 될 수 있을 거 같아요. 그렇지 않으면 나는 결국 집에 가서 사소한 일로 동생에게 고함이나 지르겠죠.
>
> **상담자**: 좋아. 그럼 이걸 한번 시도해 보자. 긴장을 푸는 한 가지 좋은 방법

은 네 마음으로 일종의 작은 휴가를 갖는 거야. 예를 들어, 네가 머물러 있다고 상상할 수 있고 그곳에서 정말로 긴장을 풀 수 있는 장소가 있으면 어딘지 얘기해 줄 수 있니? 그곳은 정말로 평화롭고 안전한 곳이어야 해. 그리고 그곳은 네가 실제로 가 본 곳이거나 네가 가고 싶은 곳이어야 해. 가장 중요한 건 네가 세부적인 것까지 모두 상상할 수 있는 곳이어야 한다는 거야. 그런 장소를 생각할 수 있겠니?

Alfred: 네. 지난 여름에 사촌과 해변에 갔어요. 대부분의 시간 동안은 선생님이 말씀하신 것처럼 그렇게 여유가 있지는 않았어요. 우린 너무 재밌었거든요! 하지만 어느 날 아침에 내가 다른 사람들보다 먼저 일어났을 때, 바로 태양이 떠오르고 있었어요. 저는 다시 잠들 수 없었고 일어나서 호텔 앞의 해변으로 산책을 갔어요. 해변에 앉아서 태양이 물 위로 떠오르는 것을 봤고, 그건 정말 멋있었어요.

상담자: 오, 좋은 예로구나! 자, 그럼 눈을 감고 그 장면을 기억하려고 노력해 보는 거야. 네 마음 속에서 마치 영화를 보고 있는 것처럼 말이야. 만약 네가 그 영화의 평화로운 부분을 보려고 한다면 어디서 시작하겠니?

Alfred: 제가 해변에 도착한 다음부터 시작할 거예요.

상담자: 좋아. 그러면 눈을 감고 네가 해변가에서 있다고 상상해 보렴. 나는 네가 다음 질문에 대답하기 위해 다섯 가지 감각을 모두 사용했으면 좋겠어. 대답을 소리 내서 말할 필요는 없어. 뭐가 보이니? 네 마음 속을 모두 둘러봐. 물, 하늘, 모래…… (잠깐 멈춘다.) 뭐가 들리니? (멈춤) 네 살결에 살랑이는 바람과 네 발 밑의 모래를 느낄 수 있니? (멈춤) 어떤 냄새가 나니? 바닷물, 그리고 다른 건? (멈춤) 그리고 어떤 맛을 느낄 수 있니? 공기 중의 소금 같은…… (멈춤) 네가 그 해변에 서 있을 때 무엇을 봤는지 기억해 봐. 물 위로 태양이 천천히 떠오르는 것을 보았던 (멈춤) 하늘의 색깔, 바람과 모래의 느낌, 바다의 냄새를 기억해 봐. (멈춤) 태양이 떠오르던 순간순간을 계속 상상해 봐. 너의 모든 감각을 사용해서. (멈춤) 네가 일출의 전체 영화를 다 보면 셋을 매우 느

리게 세고, 깊게 숨을 쉬렴. 그리고 준비가 되면 눈을 떠.

Alfred: (몇 분 뒤 눈을 뜬다.)

상담자: 지금 기분이 어떠니?

Alfred: 정말 멋졌어요! 저는 이게 효과가 있을 거라고 생각하지 않았는데 지금은 다르게 느껴져요. 훨씬 이완감이 느껴지고 엄청 차분해지는 걸 느껴요.

상담자: 그거 정말 잘됐구나. 네가 그런 상상을 다른 상황에서도 할 수 있 는 방법에 대해 생각해 보면 어떨까? 가령 레슬링 훈련 후에 집에 가는 버스 안에서라든지……

Alfred: 그거 좋은데요.

🖊 지지 증거

3장의 끝부분에서 우리는 우울에서부터 물질 남용, 외상후 스트레스 장애에 이르기까지 내담자의 사고와 증상의 관계를 확인해 준 연구들을 소개했다. 행동적 기법들은 이전 장에서 소개된 인지적 기법들과 마찬가지로 사고의 변화를 촉진시키는 데 사용된다.

행동 실험은 이전 장에 소개된 인지적 전략들과 비슷한 기능을 갖는데, 그것은 적극적이고 행동 중심의 방식으로 신념과 가정들을 검증한다. 행동 활성화는 우울 증상을 상당한 정도로 감소시키는 것으로 나타났다(Syzdek, Addis, & Martell, 2010). 그리고 시간 제한이 있는 치료에서 행동 변화에 지속적으로 집중하는 것이 우울을 위한 강력한 개입법으로 확인되었다(Coffman, Martell, Dimidjian, Gallop, & Hollon, 2007). 대체 행동의 사용은 원래 응용행동분석 (applied behavior analysis: ABA)으로부터 나왔다(Baer, Wolf, & Risley, 1968, 1987). 응용행동분석은 주로 행동에 초점을 맞추어, 바람직하지 않은 행동과 그것으로 충족되는 욕구를 찾고 더 바람직한 행동을 강화하는 방식을 사용한다.

인지치료에서 대체 행동을 사용하는 것은 행동 변화뿐 아니라 그 행동을 설명하고 유지하는 인지에도 초점을 맞춘다.

노출은 다양한 불안장애에 널리 사용되는, 충분히 입증된 개입 방법이다 (Albano & Kendall, 2002; Ollendick & King, 1998). 〈표 4-2〉는 불안에 대한 노출 기법의 효과성을 입증한 많은 연구 중 몇 가지 예를 보여 주고 있다.

✎ 요약

행동적 전략은 사고, 감정, 행동의 삼각형에 개입하는 데 있어 두 번째 각에 해당된다. 이 기법들(행동 실험, 행동 활성화, 안전 계획, 희망 키트, 대체 행동, 노출 그리고 이완 기술들)은 학생과의 인지적 작업에서 강력한 요소가 될 수 있다. 행동적 개입을 계획할 때 모든 경우에 적용할 수 있는 방식은 없다. 학생의 개인적 강점과 욕구에 따른 맞춤형 개입이 필요하기 때문이다. 각 개인에 대한 계획이 세워지면 그 계획의 구체적인 성과에 상관없이 당신과 학생은 많은 것을 배울 기회를 갖는다.

행동적 전략은 인지치료를 단지 보완하는 것이 아니라 인지치료의 중요한 부분이라는 것을 기억해야 한다. 치료 계획은 그 학생에게 문제가 되는 행동 패턴에 초점을 두며, 이러한 계획은 행동에 주요한 변화를 일으키도록 돕는다. 행동적 개입과 관련된 경험—성공과 문제 모두에 대한—에 대해 학생이 생각하게 하고 이런 경험이 자신의 사고 패턴 혹은 신념과 어떻게 연관되어 있는지를 생각해 보도록 하는 것은 행동적 기법을 사용하는 데 있어 중요하다. 각각의 행동적 전략은 그 치료가 초점으로 하는 사고와 신념에 대한 학습을 이끌어 내야 하며, 학생들이 자신을 유능하고 가치 있는 존재로 볼 수 있게끔 도와야 한다.

〈표 4-2〉 노출 기법의 활용에 관한 실증적 지지

장애	노출 기법의 활용을 지지하는 연구
광장공포증을 동반한/ 동반하지 않은 공황장애	Beck, Emery, & Geenberg (1990); Landon & Barlow (2004)
외상후 스트레스 장애	Foa et al. (1999, 2005); Foa, Rothbaum, Riggs, & Murdock (1991); Resick, Nishith, Astin, & Feuer (2002)
일반화된 불안장애	Kendall et al. (2005); Ladouceur, Dugas, Freeston, Léger, Gagnon, & Thilbodeau (2000)
강박-충동장애	Franklin, Abramowitz, Kozak, Levitt, & Foa (2000); Van Oppen, de Haan, Van Balkom, & Spinhoven (1995); Foa, Steketee, Grayson, Turner, & Latimer (1984); Foa, Steketee, & Milby (1980); Foa, Steketee, Turner, & Fischer (1980)
사회공포증	Davidson et al. (2004); Kendall et al. (2005); Heimberg et al. (2000); Cottraux et al. (2000)
특정공포증	Gotestam & Hokstad (2002); Öst, Alm, Brandberg, & Breitholtz (2001); Muhlberger, Wiedemann, & Pauli (2003); Willumsen, Vassend, & Hoffart (2001)

✏ 독자 활동: 행동적 개입

　행동적 개입은 인지치료 훈련을 막 시작한 상담자들에게 아마 친숙할 수 있 겠지만, 많은 상담자는 자신이 이미 행동적 전략을 사용하고 있을지라도 인지치 료가 이러한 개입을 조금 다른 관점에서 개념화한다는 점을 발견할 것이다. 이 장에서 소개된 행동적 개입 중 어떤 것이든 한 가지를 선택하라. 그다음에는 당 신이 상담하고 있는 학생의 문제를 목표로 삼아 행동적 개입을 고안해 보라.

이 개입이 목표로 하는 학생의 사고, 신념 혹은 문제 행동은 무엇인가?

_____

_____

_____

_____

_____

_____

_____

이 학생을 위해 당신은 어떤 개입을 선택할 것이며, 그 이유는 무엇인가?

_____

_____

_____

_____

_____

_____

_____

_____

당신은 개입을 어떻게 설계할 것인가? 실제 상황에서 당신은 학생의 적극적인 참가와 아이디어를 바탕으로 상호 협력하여 개입을 고안해야 한다는 것을 기억하라. 하지만 이 연습을 위해서는 학생이 계획하는 동안 당신이 제안했을 법한 것들에 대해 상상하라. 학생이 무엇을 하기를 원하고 무엇을 하지 않기를 원하는가? 당신의 계획에서 그것들을 어떻게 다룰 것인가? 당신의 개입을 잘 진행하기 위해 계획을 만들지만, 계획대로 잘 진행되지 않았을 때를 반드시 대비하라.

_____

_____

_____

_____

_____

행동적 개입이 계획한 대로 잘 진행되었다고 상상해 보라. 당신은 학생과 결과에 대해 검토하고 개입의 결과를 당신의 인지적 작업에 어떻게 포함시킬 수 있는가? 이러한 결과는 학생의 사고와 신념을 지지하는 것인가 혹은 반증하는 것인가?

_____

_____

_____

_____

_____

이제 행동적 개입이 계획한 대로 잘 되지 않았다고 상상해 보라. 당신은 학생과 결과에 대해 어떻게 검토하고 개입의 결과를 어떻게 인지적 작업에 포함시킬 것인가? 이러한 결과는 학생의 사고와 신념을 지지하는 것인가 혹은 반증하는 것인가?

_____

_____

_____

_____

_____

위의 각 결과를 바탕으로 목표로 삼았던 사고, 신념 혹은 행동에 대해 학생이 고민할 수 있도록 돕기 위해 다음 단계로 무엇을 계획할 것인가?

_____

_____

_____

_____

_____

_____

05 학교에서 인지치료 실행하기

✎ 학교 장면의 다른 독특한 도전과 장점

　인지치료(CT)는 학교 장면에서 성공적으로 적용돼 왔지만 학생들에게 CT를 적용하는 데에 따르는 독특한 도전과 장점이 있다. 학교 내의 상담 서비스는 사례는 넘쳐나지만 서비스를 제공할 인력이 매우 제한돼 있는 경우가 흔하다. 교직원들은 바쁜 학교 일과 속에 정신건강 서비스를 끼워 넣을 방도를 강구해야 하며, 이러한 상황은 '일주일에 한 번, 회기당 50분' 길이로 진행되는 전형적인 치료에 비해 훨씬 짧은 회기로 이어질 수 있다. 이러한 짧은 상담 회기를 진행하는 것에 더하여, 많은 학교 상담자는 매주 많은 수의 위기 사례도 다루어야 한다. 상담자들은 또한 학생의 가족이나 다른 가정 관련 정보를 얻는 데 제한을 받기도 한다. 더욱이, 공간을 포함하여 학교 정신건강 관련 장면의 자원들이 매우 제한돼 있는 경우도 흔하다. 이러한 도전을 감안한다면, 학교 기반의 상담자들은 학생들에게 효과적인 CT를 제공하는 것이 그리 만만치 않다고 느낄 수 있다. 그러나 학교 장면에서 일하는 것은 다른 장면에서 일하는 것에 비하여 뚜렷한 장점이 있다.

학교에서 상담자들은 다른 장면에서는 얻기 어려울 수 있는 청소년의 학업적 및 사회적 기능에 대한 정보를 용이하게 얻을 수 있다. 학교 상담자들은 학생이 또래나 교직원들과 어떻게 상호작용하는지 관찰할 수 있으며, 성적, 숙제, 교실 내 행동이나 다른 중요한 학업 문제에 대한 가치 있는 정보를 얻을 수 있다. 더욱이 상담자들은 매일 등교하는 학생들을 지속적으로 접촉할 수 있다. 따라서 상담자는 한 학생을 한 번에 30분씩 일주일에 2번 혹은 3번 볼 수도 있다. 학교는 또한 상담자가 동일한 학생들을 지원하는 데 관심이 있는 다른 전문가들과 협력할 수 있는 팀 환경을 제공한다. 각자 다양한 기술과 배경을 가진 다른 교직원들과 협력할 기회가 있는 점은 학교 장면의 주요 장점이다. 이상적으로, 상담자로서 당신은 다른 교직원들에게 사고 패턴이나 다른 CT 개념들에 대해 교직원 연수회나 다른 기회들을 통하여 가르치는 역할을 할 수 있을 것이다. 물론

> CT는 학교 장면의 도전과 장점에 특히 잘 부합된다.

그러한 연수에 대한 지원의 정도는 학교에 따라 차이가 있을 것이다. 학교장부터 급식 지원 직원들, 교사들에 이르기까지, CT 방식으로 생각하도록 가르칠 수 있는 각 교직원들은 모두 당신이 학생들에게 독려하고 있는 변화를 지원하는 역할을 할 수 있다. 마지막으로, 상담자들은 학생들에게 학교에서 '안전한 장소'를 제공할 수 있으며, 그것은 학생이나 상담자에게 모두 만족스러울 경험이 될 수 있다.

다른 한편, 경험 있는 상담자들은 학생들이 가끔 상담실을 이러한 '안전한 장소'로 생각하여 다른 학교 활동들을 회피하는 데 활용한다는 점에 대해 그리 놀라지 않는다. 학생들은 그들이 싫어하는 수업, 발표 혹은 시험 등을 피하기 위해서 상담실을 방문할 수도 있다. 종종 이러한 행동은 '이것 아니면 저것'의 상황이라기보다는, 진짜 상담실을 방문할 필요가 있지만 전략적으로 수업 시간이나 그들이 피하고 싶을 때를 선택하는 것일 수 있다(일부 학생의 이러한 행동이 강화될 수도 있다!). 상담자는 이러한 동기를 잘 가늠하고, 학생 편에서 일부 노력

을 들일 것을 요구함으로써 학생과 상담자 모두에게 유익이 되게 할 수 있다. 예컨대, 회기 전 기록지(Presession Quick Sheets)를 상담을 받으러 오는 모든 학생이 다 기입하도록 의무화하여 학생의 필요, 능력, 상황에 대해 더 민감하게 돕게 할 수 있다. 이러한 형태의 기대는 도피를 목적으로 상담실을 방문하는 학생들의 수를 줄이며 학생이 실제 상담 작업에 참여할 것을 기대한다는 점을 전달하는 데 도움이 될 수 있다.

CT는 이와 같은 여러 도전과 장점 속에서 특별히 효과를 잘 드러낼 수 있다. 예를 들면, 당신이 학업 장면이나 사회적 장면에서 학생을 관찰한 결과가 그 학생의 신념들을 검증하는 데 도움이 될 수 있다. 학교는 또한 상담자로 하여금 다른 교직원과 협력하여 학생에 대한 개입을 실행할 기회를 부여함으로써 학생이 당신의 상담 회기를 넘어서서 지원을 받는 것을 가능하게 한다. CT는 현재 중심적이며, 목표 지향적이고, 구체적인 문제 사고나 행동 패턴에 중점을 두므로, 이러한 점이 학생과 상담자 모두에게 생산적이게 하며 그들의 시간이 초점을 유지할 수 있도록 돕는다. 끝으로, CT는 구조화된 회기로 구성되어 있어서, 비구조화된 치료에 비하여 상담자와 학생 모두 보다 짧은 시간에 많은 성과를 낼 수 있게 도움을 준다.

✎ 목표 설정

보통 CT는 지금 여기의 상황과 문제들에 집중하는 특성이 있는데, 이러한 특성이 CT를 학교 장면에 잘 들어맞게 한다. 치료는 목표 지향적이며, 상담자와 학생이 함께 목표를 정의하고, 이러한 목표를 향해 함께 작업하며, 목표의 달성 여부를 함께 결정한다. 목표는 치료 초기에 설정되며, 상담자와 학생은 이러한 목표를 상담의 진전 여부를 평가하는 척도로 사용할 수 있다. 목표는 또한 각 회기에서 논의할 주제를 정하는 데에도 도움

> 명확하며 협력적으로 세워진 목표는 상담이 계속 진척되도록 도우며, 언제 상담이 종결되어야 하는지 알게 하는 데에도 도움이 된다.

이 될 수 있으며(추후 논의할 것임), 당신이 각 학생에 대해서 개발하는 사례 개념화와도 직접적으로 연계되어 있어야 한다. 각 회기는 이러한 목표의 달성을 방해하며, 문제가 되고 있는 구체적인 사고, 행동 및 신념들에 초점(anchor)을 두며, 이러한 초점은 대부분의 회기에서 시간이 지나면서 드러나게 된다. 예를 들면, Alfred를 상담하기 위한 초점 중의 하나는 누군가 자신에게 도전할 때에는 자신이 약하게 보이지 않도록 공격적으로 행동해야 한다는 기저신념일 것이다. Alfred가 회기에 와서 그러한 신념이 촉발되어 싸움을 하게 된 상황을 제시하였을 때, 상담자는 그러한 패턴을 다룰 수 있을 것이다. 상담자는 동시에 다음과 같이 다룰 수 있을 것이다.

① 어떻게 그러한 신념과 그에 따른 보상 전략(싸움에서 첫 주먹을 날리는 것)이 Alfred에게 지속적으로 문제를 초래하는지 보여 준다.
② Alfred가 현재의 문제(근신을 당하고, 이에 따라 레슬링 팀 참여가 더욱 어렵게 됨)를 해결하도록 돕는다.
③ Alfred에게 이러한 사고 및 행동의 초점이 그의 목표를 달성하는 데 방해가 되지 않게 하는 기술을 가르친다.

다음은 Anjanae와 목표를 세우는 상담자의 예를 제시한다. Anjanae가 적극적으로 의사 결정을 주도하도록 격려하는 가운데, 목표 설정을 위해 상담자가 얼마나 협력적으로 작업하는지 주목하라. 상담자가 때로는 치료의 목표가 무엇이어야 한다고 생각하는지에 대해 다른 교직원들 혹은 부모의 의견을 물을 수도 있지만, 어떠한 목표 설정에도 학생 자신의 참여가 결정적으로 중요하다. 만일 치료 목표가 학생이 가치롭게 여기지 않는 것이라면, 아마도 치료에 그리 효과적으로 참여하지 않을 것이다. 그러나 학교 장면에서 진행하는 상담의 현실은 상담자가 다수의 다른 사람과 집단의 요구나 기대를 모두 고려해야 한다는 것이다. 학교 상담자는 다음 사람들의 요구나 필요를 동시에 감안하여 작업해야 할 수도 있다.

- 학생 자신
- 교사들
- 부모와 그 외 가족들
- 교장
- 개별화 교육계획을 포함한 특수교육 서비스 팀원들
- 학교구
- 지역, 주정부, 연방정부의 법규들(장애인교육법, 504 조항 등)

　간혹 상충되는 이들의 요구 사이에서 곡예하는 일은 결코 쉬운 문제가 아니며, 이처럼 복잡한 상황들을 관리하는 전반적 전략은 이 책의 범위를 훨씬 넘어서는 주제이기도 하다. 그러나 CT의 관점에서 보면, 구체적인 상담의 목표설정에 학생이 참여하는 것은 핵심적이라고 할 수 있다. 만일 학생이 목표를 정하는 데 관여하지도 않고 상담 목표의 달성을 위해 분투하지도 않는다면, 목표 면에서 치료적 진전을 기대하기는 어려운 일이다. 따라서 치료 목표를 학생의 현재 문제의 맥락에서 틀을 잡는 방법을 통해 학생이 충분히 상담에 참여할 수 있도록 독려해야 한다.

　상담의 목표를 정할 때는 3단계 과정이 도움이 된다([그림 5-1] 참조). 우리는 상담자들에게 먼저 문제 목록에서 시작을 하고, 인지모델에 대한 설명 제시로 이

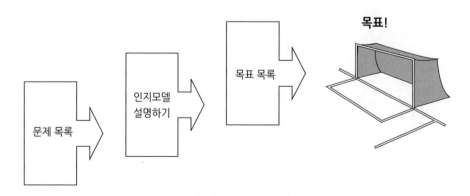

[그림 5-1] 목표 설정의 3단계 과정

행한 다음, 목표 목록을 산출하는 방식을 권한다. 이러한 3단계를 완수하는 데에는 2~3회기가 필요할 수 있지만, 학생을 참여시키고 상담의 구조를 형성할 모델을 설명하며 그 후 학생 스스로가 지지하는 구체적인 목표를 산출하도록 충분한 시간을 할애할 필요가 있다.

문제 목록

첫 회기에서 임상적으로 중요한 점은 학생이 가져오는 모든 문제를 경청하는 것이다. 당신이 학생의 문제를 모두 듣고 공감을 표현하면서 상담을 시작한다면, 학생이 이해받고 돌봄을 받는다고 느끼는 방향으로 상담이 진행된다. 문제 목록은 상담에서 현실적으로 다루어질 수 있는 것에 비해 길 수도 있지만, 학생에게는 자신의 모든 문제를 지지적이며 돌봄이 있는 환경 속에서 공유할 시간을 부여하게 된다.

1장에 제시한 사례들을 검토한 후, 당신이 보다 자세히 생각해 보기 원하는 학생을 한 명 선정하라. 그 학생이 상담에 가져올 것으로 예상할 수 있는 문제 목록에는 무엇이 있을까? 당신은 회기 동안에 어떻게 경청하며 공감을 전달할 것인가?

_____

_____

_____

_____

_____

_____

_____

인지모델

학생이 자신의 모든 스트레스와 문제에 대해 전반적으로 말할 기회를 가진 후, 당신은 인지모델에 대해 이야기할 수 있다. 이러한 이행은 두 번째 만남까지는 일어나지 않을 수도 있지만, 인지모델을 상담 초기에 공유함으로써 학생이 이후 만남의 틀을 이해하도록 하는 것이 중요하다. 다음에 제시한 것과 유사한 말을 통해 문제 목록에서 인지모델로 자연스럽게 이행하도록 하라.

> "이 모든 것을 내게 이야기해 주어서 정말 고맙구나. 네가 정말 많은 걱정이 있다는 것을 알겠고, 그것들이 너를 얼마나 무겁게 짓누르고 있으며 네가 정말 원하는 대로 인생을 살아가는 데에도 얼마나 방해가 되는지도 잘 알 것 같구나. 그러한 문제들에 대해 네 이야기를 더 많이 들어야겠지만, 그렇게 하기 전에 인지모델이라는 것에 대해서 너에게 먼저 설명을 좀 했으면 해. 인지모델은 내가 학생들을 이해하고, 그들의 삶에서 다루고 있는 여러 문제를 이해하는 데 활용하는 것이거든. 인지모델이란 것이 어떻게 도움이 되는지 네게 이야기해 주면, 우리가 함께 대화할 때 내가 왜 어떤 질문을 하는지 혹은 왜 너에게 무엇인가를 시도해 보라고 제안하는지 네가 이해할 수 있을 거야. 우리 잠시 인지모델에 대해서 이야기를 나누어 볼까?"

당신이 문제 목록을 만들었던 학생에게 인지모델을 어떻게 소개하겠는가? 위에 제시한 것과 같이 말하겠는가, 아니면 문제에 대해서 이야기하다가 왜 인지모델에 대해서 이야기하기를 원하는지 다른 방식으로 설명하겠는가?

_____
_____
_____
_____
_____

지금은 인지모델을 복습할 수 있는 좋은 시간이다. 여기에는 1장에서 당신이 작성했던 롤러코스터 이야기와 그 이야기에 대한 다른 대안도 포함된다. 이제 당신은 인지모델에 대해서 더 많이 배웠는데, 당신이 작성한 이야기는 여전히 말이 되는가? 만일 그렇지 않다면 어떻게 상황이 아닌 생각이 감정으로 이어지는지를 설명하는 이야기를 아래에 작성해 보라. 이 책을 통해서 당신이 작업한 다른 것들로부터 인지모델에 대해서 당신이 배운 세부 사항들을 반드시 포함시키도록 하라.

_____

_____

_____

_____

_____

_____

목표 목록

일단 당신이 문제 목록을 이해하고 학생이 인지모델을 이해하면, 당신은 목표 목록을 만들기 시작할 것이다. 이상적으로 목표 목록은 세 번째 회기까지는 만들어져야 한다. 학생이 긴 목표 목록을 제시하였다고 할지라도, 상담에서 한 번에 한두 가지 이상의 목표를 다루는 것은 가능하지 않을 수도 있다. 그러므로 당신은 학교 상담에서 현실적으로 다루어질 수 있으며, 상담 목표에 관심을 갖고 있는 많은 다른 사람이나 기관의 요구나 기대와 상충되지 않고, 학생 스스로 의미 있는 변화를 느낄 수 있는 목표들의 우선순위를 학생이 정할 수 있도록 조력해야 할 것이다. 목표 설정은 매우 특정적 · 구체적으로 진전을 평가할 수 있는 방법을 포함하여야 한다. 상담자와 학생은 다음과 같은 질문에 대해 생각해 볼 수 있다.

- "네가 목표를 달성하였는지 우리가 어떻게 알 수 있을까?"
- "네가 목표를 달성하였다면 그것은 어떻게 보일까?"
- "네 인생은 어떻게 다를까? 너는 무엇을 다르게 하고 있을까?"
- "누군가가 너를 지금 보고 목표를 달성한 후에 다시 본다면 어떤 점이 달라졌다고 생각할까?"

아래에서 Anjanae와 상담자는 상담의 목표를 설정하기 위해서 작업하고 있다. 다음 대화는 3회기에 이루어진 것으로, 문제가 공유되었으며, 상담자가 Anjanae와 그녀의 문제에 대해 공감과 온정을 표현하였고, 인지모델이 설명된 이후의 대화이다.

상담자: 네 삶에서 지금 어떤 일이 일어나고 있는지에 대해서 네가 많은 이야기를 했고, 네가 나에게 진실하게 이야기한 부분에 대해 정말로 고맙게 여긴단다. 누군가 그리 잘 알지 못하는 사람에게 그런 이야기를 한다는 것이 어려울 수 있다는 것을 난 잘 알고 있거든.

Anjanae: 뭐. 괜찮아요.

상담자: 음…… 네가 정말 다루기 힘든 문제들이 많이 있는 것 같아. 네가 나와 만나면서 얻기 원하는 것을 정말 잘 이해해서 내가 네게 가능한 한 많이 도움이 되었으면 해. 그래서 네가 상담을 통해서 달성하고 싶은 목표를 목록으로 만들었으면 한다. 우리가 어디로 가고 있는지에 대해서 잘 알 수 있기 때문이지. 그리고 목표를 달성하였는지를 우리가 어떻게 알 수 있을지에 대해서도 함께 이야기를 나누고 싶고. 내 생각이 괜찮은 것 같니?

Anjanae: 그런 것 같기는 한데요. 이 모든 문제에 대해서 제가 무엇을 어떻게 해야 하는지에 대해 선생님이 말씀해 주시지는 않을 건가요? 그게 선생님이 하시는 일이라고 생각했는데. 제가 무얼 어떻게 해야 하는지 이미 알았다면 제가 왜 여기 있겠어요? 제 말이 맞지 않나요?

상담자: 내가 하는 일은 네가 원하는 것이 무엇인지를 너 스스로 결정하도록 돕는 일이란다. 나는 모든 문제에 대해서 해답을 가지고 있지 않아. 내가 할 수 있는 일은 무엇이 너에게 바른 해답인지를 결정하도록 돕는 일이지. 그러려면 네가 정말로 무엇을 원하며 필요로 하는지에 대해서 아는 것부터 시작해야 할 것이고. …… 네가 지금까지 이야기한 것을 볼 때 몇 가지 생각이 있기는 해. 그런데 내가 생각하는 방향이 맞는 것인지는 확인이 필요한 일이고…….

Anjanae: 알았어요. 지금까지 어떻게 생각하시는데요?

상담자: 음…… 내가 아는 것은 너는 지금 임신 후 다음 단계에 대해서 어떤 결정을 하길 원하고 고등학교와 대학에 대한 목표를 달성하는 방법을 찾고 있지. 또한 가정에서 맡은 책임을 잘 관리하고 싶고, 저녁에 잠을 자려고 할 때 걱정을 많이 하고, 학점에 대해서도 걱정하고 있는데 부분적으로는 가정에서 책임이 너무 많기 때문이라고도 했고. 선생님이 지금 너에게 중요한 걱정을 모두 말했니?

Anjanae: 예. 선생님이 제 걱정을 모두 말씀하시니 정말 많은 것 같네요!

상담자: 음…… 너의 삶에서 네가 지금 다루어야 하는 일들이 많이 있어. 하지만 너에게 가장 큰 차이를 가져올 문제들을 우리가 잘 다루었으면 해. 내가 하고 싶은 일은 가장 중요한 한두 가지 문제가 무엇인지 이해하고 그것들에 초점을 맞추는 것이지. 우리가 정말로 잘 이해하게 된다면, 네가 느끼기에 정말로 가치 있는 일을 하였다고 느낄 수 있는 한두 가지 문제가 있을까?

Anjanae: 네. 제가 임신을 했으니, 대학이며 좋은 직장이며 도무지 어떻게 좋은 인생을 살 수 있을 것인지…… 다른 어떤 문제를 다루기 전에 이 문제를 어찌할지 이해할 필요가 있네요.

상담자: 그렇구나. 그럼 이 문제를 목표 목록에 넣어야 할 것 같아. 그 밖에 네가 잘 살고 있다고 스스로 느끼기 위해서 반드시 다루어야 할 다른 문제가 있을까?

Anjanae: 학점요. 특히나 제가 지금 임신을 했으니, 어떻게 학점을 올려서 좋은 대학에 진학할 것인지 모르겠어요.

상담자: 그래. 그럼 두 개의 큰 목표가 있네. 만일 임신 문제를 잘 해결할 수 있는 계획을 만들고, 너의 학업에 대해서 만족스럽게 느끼도록 너를 도울 수 있다면, 네가 중요한 목표에서 정말 진척이 있었다고 느낄 수 있을까?

Anjanae: 네.

상담자: 그럼 그 두 목표 면에서 네가 보다 잘 하고 있음을 너와 내가 모두 어떻게 알 수 있을지에 대해 이야기해 보자. 두 가지 목표 중 어떤 것에 대해서 먼저 이야기를 나눌까?

Anjanae: 물론 임신 문제요.

상담자: 좋아. 너는 네가 임신한 사실을 더 잘 다루고 있음을 어떻게 알 수 있을까? 나는 네가 달라진 점을 어떻게 알 수 있을까? 아니면 네가 달리하고 있는 일은 어떤 것일까?

Anjanae: 우선 무엇을 할지 결정을 내렸을 거예요. 제 말은 내가 이 아기를 양육하려고 한다면 그건 내 계획을 정말 망쳐 놓겠지만, 입양을 선택하여 양육을 포기하는 일은 상상할 수 없어요. 제 신념이 있기 때문에 그 외의 다른 대안을 고려할 수 없다고요.

상담자: 그래. 무엇을 해야 할지 이해하는 것이 정말 어려운 일이라는 것을 잘 알겠어. 하지만 내가 약속하는 것은 네가 이 문제를 다루도록 내가 여기에 함께 있다는 것이야. 만일 네가 무엇을 해야 할지 결정을 내린다면, 그것으로 네가 너의 상황을 통제할 수 있다는 느낌을 충분히 가질 수 있을까?

Anjanae: 아뇨! 무엇을 할지 결정하고 난 후에도 어떻게 그것을 해야 할지 여전히 이해해야 하겠죠. 제 말은 제가 대학을 가고 싶다는 거예요! 결혼하지 않은 엄마로서 그렇게 할 수 있나요? 하지만 제가 어떤 다른 선택을 할 수 있나요?

상담자: 네 말은 먼저 결정을 내리고, 그리고 나서 너의 결정을 실행할 수 있는 계획을 만들기를 원한다는 뜻 같구나. 맞니?

Anjanae: 예. 그런 거 같아요.

상담자: 알았어. 그걸 여기에 적어 보자. 그리고 네가 말한 다른 문제인 학점에 대해서는, 다시 거론될 필요 없도록 네가 목표를 달성하였는지를 우리가 어떻게 알 수 있을까?

Anjanae: 전과목 모두 A를 받는 것이지요.

상담자: 그런데, 그건 정말 높은 목표이구나! 지금으로서는 네가 스스로 만족해하는 학점을 받는 것이라고 적으면 어떨까? 아마도 어떤 학점들에 대해서 네가 만족해하는지에 대해서 우리가 이야기를 좀 더 나누어 볼 수 있을 거야. 그렇게 해도 되겠니?

Anjanae: 네. 괜찮을 것 같아요.

상담자: 고맙구나. 네가 이 문제에 대해서 유연하게 생각해 주니. 시간이 좀 지나면, 내가 조금 표현을 바꾼 이유를 네가 더 잘 이해하게 될 것이라 생각해. 그럼…… 우리가 지금 말한 이 두 목표를 향해서 함께 협력한다면, 상담이 도움이 되었고, 또 현재 너에게 가장 중요한 문제에 대해 도움을 받았다고 느낄 수 있을까?

Anjanae: 네. 그럴 것 같아요.

이러한 목표 목록을 염두에 두고, Anjanae와 상담자는 그녀의 목표를 달성하는 데 초점을 맞출 수 있다. 시간이 지나고 Anjanae의 상황이 변하면서, 목표 목록 또한 변경될 수 있다. Anjanae는 또한 상담 회기에 와서 자신의 원래 목표 목록에는 없는 다른 목표에 대해서 이야기하기를 원할 수도 있으며, 그렇게 해도 전혀 문제가 되지 않는다. 목표 목록은 상담 작업에 방향성을 부여하도록 의도된 것으로, 엄격하거나 제한을 두기 위함은 아니다. 상담자는 그녀의 목표 목록과 함께 초점을 두고 있는 행동과 생각, 즉 Anjanae가 자신의 목표를 달성하는 데 방해가 되는 생각이나 행동 패턴들을 염두에 두어야 한다. 가령, 그녀는 자신의 목표를 설정하면서 자신의 신념 하나를 드러냈다. 그것을 포착하였는가? 만일 그렇다면 그것을 적어 보라.

_____

_____

_____

_____

_____

전과목 모두 A를 받는 것이 '좋은 학점'을 받는 유일한 길이라는 Anjanae의 생각을 포착하였다면 잘한 일이다. 시간이 지나면서 상담자는 '당위'나 '완벽한 재앙'과 같은 사고의 덫을 갖는 그녀의 패턴, 즉 전과목 A를 받는 것보다 낮은 학점을 받는 것은 실패를 의미한다는 신념에 초점을 둘 수 있을 것이다. 평균 평점 3.7을 받은 학생으로서, 특히 그녀가 경험해 온 모든 스트레스를 감안할 때, Anjanae는 훌륭한 학점을 받고 있다!

🖉 회기 구조

제1장에서 우리는 CT의 고유한 특징 하나를 간단히 소개했다. 각 회기를 진행하는 구조화된 방식이 그것이다. 회기 구조는 학생들에게 압도되는 것이 아니라 희망을 주며, 그들이 직면하고 있는 문제들을 체계적인 방식으로 다룰 수 있다는 것을 전달해 준다. 또한 구조는 치료를 조직화하며 초점을 유지하고 효율적으로 하는 데 도움을 주는데, 이러한 점은 학교 장면에서 흔한 짧은 상담 회기에서 특히 중요하다. 우리의 경험에 따르면 학생들은 일상의 한 부분으로서 구조를 예상하고 상담에 참여한다. 학교 상담자들을 양성할 때, 우리는 어떤 상담자들은 상담에서 구조를 활용하는 것에 대해서 자동적 사고를 가지고 있음을 보았다. 당신 자신의 자동적 사고를 포착할 수 있는가? 만일 그렇다면 그것을

적어 보라.

_____

_____

_____

_____

_____

_____

어떤 치료자들은 다음과 같은 생각을 포착하기도 한다. '회기가 너무 구조화되는 것은 학생을 소외시킬 수 있어.' 혹은 '이건 너무 엄격하군.' 만일 당신이 이러한 생각을 가지고 있다면, 우리는 일종의 행동 실험으로서 CT의 구조를 6개월간 시도해 볼 것을 권한다. 6개월이 지난 뒤에 당신이 지금 적은 자동적 사고로 돌아와서, 당신의 처음 생각들이 정확한 것인지 점검하라. 당신의 사고를 검토할 때, 우리는 당신이 이 책을 다시 가져와서 스스로에게 묻기를 바란다.

- "나는 기법들을 설명된 대로 사용하였는가?"
- "성과는 내가 기대한 것이었는가?"
- "내가 기대했던 것과 다른 것들이 있었는가?"

구조는 처음에는 이상하게 보일 수도 있지만 많은 이유에서 유용하다. 그것은 문제를 정의하고 문제에 초점을 맞추게 함으로써 학생과 보내는 당신의 시간을 최적화하는 데 도움을 준다. 그것은 또한 문제를 이해하고, 제시하며 해결하는 실제적인 방식을 보여 주며, 문제를 다루기 위해서 진정으로 당신과 함께 작업하기 원하는 학생들이 상담 회기를 십분 활용할 수 있게 하는 데에도 도움이 된다. (단지 수학 시간을 빼먹고 싶은 학생들은 종종 구조를 따르는 데 에너지를 투자하려고 하지 않을 것이다.) CT 회기에는 다섯 가지 구조화된 과업이 있는데, 바로 회기 전 기록지, 의제 정하기, 의제 항목 논의, 요약/피드백, 과제 계획하기가 그

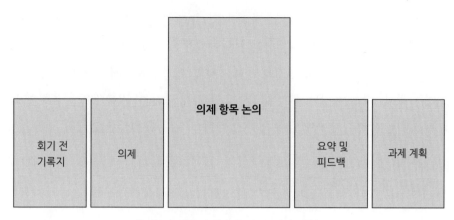

[그림 5-2] CT 회기의 다섯 가지 과업

것이다([그림 5-2] 참조).

어떤 상담자들은 이 목록을 보고 처음에는 '30분 회기 내에 어떻게 이 모든 일을 다 할 수 있지?'라고 생각하며 주저하기도 한다. 우리의 경험에 따르면, 이러한 구조가 오히려 상담자와 학생으로 하여금 30분간의 회기를 최대한 잘 활용하도록 돕는다. 이러한 시간표는 유연한 추정치이기는 하지만, 과업들을 달성하는 대체적인 시간은 보통 다음과 같다.

● 회기 전 기록지-회기 전에 학생이 작성함
● 체크인
● 의제   } 약 5분
● 의제 항목에 대한 논의-약 20분
● 요약 및 피드백
● 과제 부여하기   } 약 5분

회기 전 기록지

회기 전 기록지는 2장에서 처음 소개된 것으로, 학생으로 하여금 현재의 기분과 상황에 대한 그들의 사고를 조직화하고, CT의 개념들을 그들의 문제에 적용한 노력을 정리하도록 돕는다. 우리가 훈련시켜 온 학교 상담자들은 이 회기 전기록지를 학생들이 대기하는 장소에 비치하면 쉽고 편리하게 사용될 수 있다고 조언해 왔다. 학생은 상담 회기에 들어오기 전에 잠시 이 기록지를 사용하여 그들의 생각을 조직화하며 이는 회기를 신속히 시작할 수 있도록 돕는다.

체크인과 회기 전 기록지 검토

회기를 시작할 때, 신속한 기분 점검을 통해 현재 학생이 어떻게 느끼는지를 확인할 수 있다. 이러한 기분 점검을 쉽게 하는 방법 하나는 기록지상의 학생의 평정치를 검토하는 것이다. 그러나 만일 기록지를 사용하지 않기로 결정했다면, 단순히 학생에게 0~10점 척도로 현재 어떻게 느끼는지를 평정하게 할 수 있다. 어떠한 방식으로 평정치가 얻어지든, 그것은 상담 회기에 오는 학생의 마음 상태에 대한 손쉬운 참조점으로 유용할 수 있으며, 시간의 흐름에 따른 진전이나 향상이 있는지를 추적할 때도 사용될 수 있다.

체크인의 두 번째 부분은 지난 회기에 대한 학생의 반응들을 검토하는 것이다. 학생들은 지난 회기에서 신경이 쓰였던 부분, 도움이 되었던 아이디어, 회기 사이에 더 많이 생각해 본 문제 등에 대하여 대화하기를 원할 수 있다. 이러한 피드백은 여전히 해결되지 못한 문제에 대해 당신이나 학생이 초점을 맞출 수 있도록 도움을 주거나 특별히 도움이 되었던 대화를 확인하는 데 도움을 줄 수 있다. 만일 잠시 논의하는 것 이상의 논의가 필요한 주제가 등장한다면, 그것은 의제에 추가되어야 하는데, 이에 대해서는 잠시 후 논의할 것이다.

끝으로, 회기 사이에 시도해 보기로 하였던 연습 과제에 대해서 학생과 함께 점검해 보아야 한다. 이에 대해서는 다음 절에서 자세히 논의하겠으나, 학생들은 회기에서 논의한 주제들에 대한 팔로업으로서 회기 사이에 무엇인가를 하도록 요구받는다. 학생은 과제가 완수되었는지 기록지의 네모 칸에 체크 표시를 해야 하는데, 그것이 의제에 포함될 필요가 있는지를 신속히 판단하는 것으로 충분하다.

만일 더 논의할 필요가 있는 어떤 문제가 체크인 동안에 나타난다면, 그 주제는 의제에 추가되어야 한다. 이러한 방식으로, 회기는 계획된 회기 주제에 도달하지 않고도 체크인에서 나온 항목들에 대해 대화를 나눔으로써 주제에서 벗어나지 않게 된다.

의제

의제는 협력적으로 개발된 회기의 로드맵으로, 학생과 상담자 각각이 논의하기를 원하는 주제들에 기반을 둔다. 현실적으로, 학생과 상담자는 거의 항상 '말로 표현되지 않는 의제 항목'을 염두에 두고 회기에 들어간다. Alfred는 오늘 아침 학교 일정 시작 직전에 시작되었던 싸움에 대해서 이야기를 나눌 계획을 하면서 상담 회기에 올 수 있다. 그의 상담자로서 당신은 공격적으로 행동함으로써 자신이 연약해 보이지 않도록 하는 것과 관련된 Alfred의 치료의 초점에 대해 그와 함께 이야기를 나눌 의도를 가지고 회기를 시작할 수도 있다. 실제로 의제를 만들지 않고는 대화가 올바른 방향으로 나아가지 않음에 따라 이러한 주제들 중 하나나 모두가 간과될 소지가 있다. 당신은 전체 상담 시간에 그의 사고 패턴에 대해서 이야기를 나누고자 노력한 반면, Alfred의 입장에서는 상담이 그가 작업하기를 원하는 부분에 초점을 맞추고 있지 않기 때문에 좌절감을 느낀다는 점을 당신은 전혀 깨닫지 못할 수도 있다. 반대로, 당신은 상담 회기가 Alfred의 학교 일정 시작 전 싸움에 대해 이야기하는 데만 소모됨으로써 상담 회기가 항상 매일 다른 일상적 문제를 다루는 데만 소모되고 Alfred의 목표 측면에서는 실질적인 진척이 없다고 느껴 좌절감을 느끼게 될 수도 있다. 물론, 거의 모든 상담자가 상담 회기 종료 3분을 남겨 놓고 매우 중요한 주제를 언급하여, 의미 있는 논의를 어렵게 하는 학생을 만나 본 경험이 있을 것이다. 의제가 있는 것이 그러한 문제를

> 의제는 상담자와 학생이 회기 내의 시간을 훌륭하게 활용할 수 있도록 도움을 주며, 각각이 다루기를 원하는 주제들을 다룰 여지를 확보하도록 돕는다.

완전히 예방해 주지는 않더라도, 당신과 학생이 논의할 중요한 주제에 대해서 우선순위를 두어 충분한 회기 시간을 계획할 기회를 부여한다.

아래는 상담자가 어떻게 Alfred와 함께 의제를 신속히 개발하는지를 보여 주는 대화의 한 예이다. 학생들은 의제가 회기를 시작할 때 설정될 것으로 기대하게 되며, 흔히 의제 항목들을 염두에 두고 상담 회기에 온다. 이 경우 의제 설정은 아래 대화에서 보여 주듯이 1분도 걸리지 않을 수도 있다. 이러한 방식으로 학생은 각 주제에 대해서 어느 정도의 시간을 투자할지 조절할 수 있으며, 어떤 주제를 실수로 제쳐 놓거나 하여 막판에 특정 주제에 대하여 서둘러 피상적으로 논의하고 다른 여러 주제는 의도적으로 생략하게 되는 일이 발생하지 않는다. 의제는 회기에서 각자가 대화하기 원하는 것들을 존중하는 하나의 방식으로 작용하는 것이지, 특정 주제를 제한하는 경직된 계획이 아니다.

상담자: 그래서 오늘 우리가 꼭 이야기했으면 하는 것이 무엇이지?

Alfred: 음, Mike라는 녀석이 싸울 기회를 찾고 있어서 제가 한판 붙어 주려고요. 이 부분에 대해서 더 이야기할 수 있을 것 같은데요.

상담자: 좋아, 네가 그 아이 이름을 회기 전 기록지에 적는 것을 보았지. 그래서 무슨 일인지 궁금했거든. 그리고 지난번 우리가 만나서 계획했던 연습에 대해서도 확인해 보았으면 해. 실천하였다고 표시한 것을 보았거든. 그래 어떻게 진행되었지?

Alfred: 그리 잘 진행되지 못했어요.

상담자: 알았어. 그럼 그걸 오늘 계획 속에 포함시켜야 할까?

Alfred: 네.

상담자: 좋아. 네가 팀에 다시 합류하는 계획에도 진척이 있는지 잠깐 이야기를 나누어 보았으면 하는데, 괜찮겠니? 무슨 이야기부터 할까?

Alfred: Mike에 대한 것부터 이야기하고 싶은데요…….

상담자: 좋아! 그럼 연습 과제를 점검하는 것을 먼저 할까, 아님 나중에 할까?

<table>
<tr><td colspan="3" align="center"><u>의제</u></td></tr>
<tr><td>Mike와의 싸움</td><td>(첫째)</td><td>✓</td></tr>
<tr><td>집에서 하는 연습</td><td>(셋째)</td><td></td></tr>
<tr><td>팀에 다시 합류하는 것</td><td>(둘째)</td><td></td></tr>
</table>

[그림 5-3] Alfred와의 회기를 위한 의제

Alfred: 나중에 해요, 그럼.

Alfred와 상담자는 이제 회기를 위한 계획을 세웠으며([그림 5-3] 참조), Alfred는 어디부터 시작할지를 선택할 수 있었다. 회기 중에 논의할 중요한 것이 등장한다면, 상담자는 Alfred가 그것을 의제에 추가하길 원하는지를 묻든지, 아니면 다음 회기를 위해서 메모를 해 놓아야 한다. 그러나 대화가 주제와 상관없는 잡담과 같은 중요하지 않은 것들에 표류하기 시작한다면, 의제는 당신과 학생에게 다시 주제를 찾아 돌아올 수 있도록 안내하는 역할을 한다.

따라서 상담자는 Alfred가 우선순위를 매긴 주제들에 대해서 이야기를 나눌 충분한 시간을 확보하기 위해 시간에 유념하였다. 이 대화는 약 1분 정도 소요되었지만, 그 시간 내에 몇 가지가 달성되었다. Alfred는 회기의 방향에 대해서 책임을 지고, 자신이 생각하고 있었던 것(Mike와의 문제, 숙제가 잘 되고 있지 않은 것)에 대해 대화가 진행될 것임을 알 수 있었다. 상담자는 자기 자신의 의제 항목과 함께 Alfred가 논의하기 원했던 주제들을 확인하여 충분한 시간을 확보할 수 있었다. 이러한 대화가 없었다면, 그들은 전체 회기 동안 Alfred의 숙제 문제와 Mike와의 문제에 대해서 이야기하느라 Alfred를 레슬링 팀에 복귀시키는 것에 대해서는 전혀 작업할 수 없었을 것이다. 의제가 전혀 없었다면, 회기는 다른 주제들에 초점을 맞추는 데 그쳤을 것이며 그날의 가장 중요한 문제들을 완전히 간과하였을 것이다.

의제 항목들에 대해 생각하고 학생의 말에 경청하는 동안, 당신이 인지적 개넘화를 할 때 중요한 것으로 확인한 사고 및 행동 패턴에 논의의 초점을 맞추도록 노력하라. 이러한 초점 맞추기를 통해 당신과 학생은 기저의 어떠한 심리적 요인들이 그들이 현재의 방식대로 생각하고 느끼고 행동하도록 유도하는지 알게 된다. 많은 상담자는 학생의 사고 패턴이 그들의 현재 문제와 어떻게 관련되는지 보여 주기 위해 화이트보드나 종이를 사용하는 것이 도움이 된다고 보고한다([그림 5-4] 참조). 그렇게 할 때 학생을 이해하는 데 도움이 되며, 정확한 정

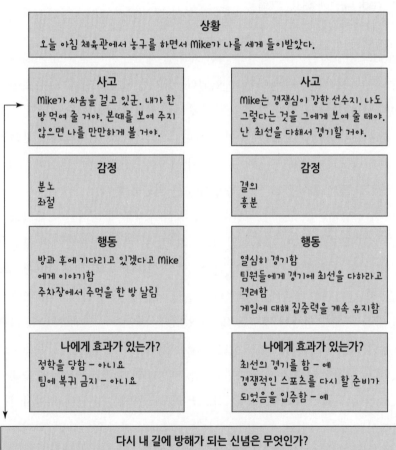

[그림 5-4] 현재 문제에 대한 Alfred의 사고 패턴 예시

보를 통해서 개입하는 것도 가능하게 된다. 보다 중요한 점은 부정적 감정을 느낄 때 어떤 일들이 일어나는지를 학생 자신에게 시각적으로 보여 준다는 점이다. 이러한 이해는 학생으로 하여금 미래에 문제가 발생할 때 자신이 스스로의 상담자로서 활동할 수 있도록 돕는데, 이는 그들의 사고 패턴과 그에 기저하는 신념이 그들이 생각하고 느끼고 행동하는 방식에서 중요한 역할을 한다는 것을 이해하기 때문이다.

고통 중에 있는 학생

학생이 정서적 고통을 호소하면서 상담실에 온 경우 어떻게 해야 하는가? 이러한 고통은 진정한 임상적 위기와는 다를 수 있음에 주목하라. 임상적 위기는 자살에 대한 진지한 사고나 이제 막 폭행을 당한

회기의 구조를 고수하면서 "위기"를 사례개념화에 따라 다룰 때, 회기가 궤도에서 이탈되는 것을 막을 수 있다.

것과 같은 상황인 반면, 정서적 고통 중에 있는 학생은 자신에게 매우 고통스러운 상황이기는 하지만 실제적인 위험이 있거나 즉각적 위기 대응이 필요하지는 않은 상황이다. 예컨대, 어떤 학생은 애인과 결별하거나, 다른 학생과 몸싸움을 하거나, 혹은 시험에 낙방한 후에 극심한 정서적 고통을 호소할 수 있다. 어떤 상담자들은 이러한 상황들을 다루는 데 어려움을 경험하는데, 학생이 정서적 고통을 호소할 때 그 문제가 전 회기를 앗아 갈 수 있기 때문이다. 의제에 맞추어 체크인을 하는 것, 과제에 대해 대화하는 것, 그 밖의 회기의 다른 중요한 부분들이 모두 생략되고 상담자와 학생은 당장 불을 끄는 일에 전념할 수도 있다. 만일 이러한 행동이 하나의 패턴이 된다면, 치료에 진전을 보이기는 거의 어려운 일이 되는데, 이는 회기가 치료 목표 대신에 그날의 위기를 다루는 데 초점이 맞추어지기 때문이다. 그러나 학생들이 보다 큰 그림과는 상관없이 현재 상황에 대한 고통에 초점을 맞춘 채 상담실에 오는 경우는 매우 흔하다. 발달적으로, 청소년들은 흔히 자기성장에는 무관심하며, 현재에 초점을 맞추고, 그들의 최근 문제에 대해서만 이야기하기를 원한다. 학생들에게 현재의 문제가 그들의

사고나 신념 패턴과 어떻게 관련되는지 이해시킨다면, 그들은 즉각적인 상황뿐 아니라 그들의 삶에서 이러한 패턴을 만드는 보다 큰 그림에 해당하는 문제들을 동시에 다룰 수 있는 기회를 얻게 된다. 이러한 패턴을 이해하고 그것을 변화시키는 것은 현재와 미래에 학생들에게 도움을 줄 수 있다.

이처럼 정서적으로 고통을 호소하는 상황은 학생을 크게 동요시키기는 하지만, 상담자가 전 회기를 재조직화해야 할 정도로 위기 대응을 요구하지는 않는다. (자살 가능성, 폭행 등 진정한 임상적 위기 상황에서 상담자는 위기를 다루는 상담실의 절차를 따라야 하는데, 이 주제는 이 책의 범위를 넘어서는 내용이다.) 특히 회기 전 기록지는 이러한 상황에서 매우 도움이 된다. 기록지는 학생이 문제 상황, 감정의 강도, 그 상황에서의 생각, 그 상황을 다루는 현재 계획 등을 기술하는 과정으로 안내한다. 이 양식은 작성하는 데 2분 정도밖에 걸리지 않지만, 학생에게는 그것이 잠시 평정을 찾을 수 있는 시간을 제공하며, 상담자에게는 학생의 고통에 대한 핵심 정보에 신속히 접근할 수 있는 방편을 제공한다. 당신은 이 기록지를 당신에게 도움이 되는 대로, 학생이 정서적 고통을 호소하며 회기에 올 때만 작성하게 하거나, 아니면 회기에 올 때마다 하나씩 작성하라고 할 수도 있다.

회기를 시작할 때 당신은 기록지를 검토함으로써 학생의 우려에 대해서 살펴볼 수 있다. 고통스러운 상황이 어떻게 다음의 요인들과 관련되는지를 고려하라.

- 인지적 개념화
- 사고 패턴
- 학생의 기저신념 } 치료의 초점
- 치료 목표

고통스러운 상황에 대해 이러한 방식으로 논의할 때 그 상황을 보다 큰 맥락 속에서 이해할 수 있으며 학생의 지속적인 목표로부터 이탈되지 않으면서 그 상황을 다루는 데 도움이 될 수 있다. 이러한 방식으로 현재 상황이 회기 내에서 다루어질 수 있으며, 주제도 사례 개념화와 치료 목표라는 보다 큰 그림과 연계된다.

과제 연습

학생들은 매주 30분 이상 상담을 받기가 어려울 수 있다. 이는 새로운 기술들이 회기 사이에 잘 숙고되고 연습되지 않는다면 실제적인 변화를 위한 충분한 시간을 확보하기가 어려울 수 있음을 의미한다. CT에서 과제는 회기에서 다룬 전략들을 정교화하고 실생활에서 실험해 볼 수 있는 기회를 부여하기 위해 회기 사이에 활용된다. 이러한 회기 외 연습은 몇 가지 목적이 있다. 첫째, 학생이 상담에서 작업한 내용을 숙고할 수 있는 시간을 늘려 준다. 30분 회기 동안만 변화에 대해서 생각하는 것이 아니라 연습을 계획하고 실행하면서 회기 사이에도 변화에 대해서 생각해 볼 기회를 갖게 된다는 것이다. 둘째, 학생들은 처음에는 회기에서 개발한 기술이나 전략들을 무시할 수 있다. 어떤 학생들은 표면적으로는 동의하더라도 '효과가 없을 거야.' 혹은 '내가 결코 그런 걸 할 수는 없을 거야.'라고 생각할 것이며, 다른 학생들은 기술을 실생활에 적용하는 것에 대해서 공개적으로 우려를 표현할 수도 있다. 과제는 학생에게 기술들을 실험하여 보고 실제로 도움이 되는지를 알아볼 기회를 부여한다. 정말로 유용한 기술들은 학생의 생활에 적용될 수 있을 것이며, 그렇지 않은 기술들은 회기에서 추가 논의를 거치거나 변경할 수 있다.

비록 일부 상담자는 심리치료와 관련하여 과제를 부과하는 것을 꺼리지만, 학교 장면에서 상담에 과제를 통합시키는 것은 잘 들어맞는다. 연구에 따르면 CT에서 과제는 학교에서 부과되는 학업적 과제와 유사한 측면이 있는데, 그것은 과제를 지속적으로 완수할 때 학생이 새로운 자료를 신속히 그리고 잘 학습하여 그들의 삶에 통합시킬 가능성이 증가하기 때문이다(Edelman & Chambless, 1995; Leung & Heimberg, 1996; Neimeyer & Feixas, 1990).

당신과 학생은 함께 협력하여 회기 끝에 과제를 계획할 수 있다. 과제는 항상 치료의 초점과 목표 그리고 회기에서 다루어진 주제와 직접적으로 관련되어야 한다. 과제를 제안하는 가장 좋은 방법은 "우리가 함께 작업해 온 것 중에서 이번 주에 시도해 보고 싶은 것은 무엇이지?"와 같이 묻는 것이다. 당신의 학생과 함께 유용하며 관리 가능한 과제를 찾으라. 학생이 과제를 할 날짜와 시간을 정하는 것이 큰 도움이 될 수 있으며, 특히 회기 초반부에 그러한데, 이는 학생이 실제로 그 과제를 시도할 가능성을 증가시킬 것이기 때문이다. 더욱이 학생이 과제를 기록하도록 하는 것이 할 일을 기억하고 과제를 진지하게 여기도록 하는 데 도움이 될 수 있다. 가능한 경우라면 언제든 과제를 계획하거나, 장애물들에 대해 생각해 보거나, 혹은 실제 과제를 시작하는 등 과제를 회기 동안에 실제로 시작하는 것도 도움이 될 수 있다.

> 작거나 단순하지만 완수된 과제가 크거나 복잡하지만 결코 완수되지 못하는 과제보다 훨씬 효과적이다.

과제가 효과적이기 위해서 큰 과제일 필요는 없다. 학생이 완수할 가능성이 적은 크고 복잡한 과제보다는 작지만 보다 실천 가능한 과제가 훨씬 더 낫다. 무슨 일이 일어나든 당신과 학생이 무엇인가를 배울 수 있는 과제를 정하도록 유의하라. 만일 학생이 과제를 하지 않았다면, 장애물은 무엇이었는가? 학생이 과제를 시도했으나 효과가 없었다면, 어떤 일이 일어났는가? 만일 학생이 유사한 과제를 하였다면, 왜 변경하였고 무엇을 배웠는가? 과제를 성공적으로 완수하였다면, 어떻게 다음 주로 확대될 수 있겠는가?

일단 과제에 대한 계획이 세워지면, 그 과제를 학생이 할 가능성이 얼마나 되는지를 1~100점 척도로 평정하게 하는 것이 도움이 될 수 있다. 만일 학생이 과제를 할 가능성을 90%보다 적게 확신한다면, 다음과 같은 조치를 취하라.

- 연습 과제를 선택하기 위해 협력적으로 작업하라.
- 이 과제를 선택한 이유를 상기하도록 요구하라.
- 장애물을 예상하고 그것을 해결하라.
- 확신 수준을 적어도 90%로 올릴 수 있도록 필요에 따라 과제를 수정하라.

　다음 회기를 시작할 때, 체크인 동안에 과제에 대해서 묻는 것을 기억하거나 기록지의 과제 점검 부분("나는 연습 과제를 하였다 _____하지 않았다 _____")에 주의를 기울이라. 학생이 과제를 완수하였는가? 예상대로 진행되었는가, 아니면 의외의 결과가 있었는가? 학생은 그 경험을 통해 무엇을 배웠는가? 우리는 이 질문들을 모두 다 하라고 제안하지는 않지만, 그것들이 상담자로서 당신이 과제에 대해서 알기 원하는 모든 것을 알아보는 틀을 제시한다. 일반적으로 과제에 대한 체크인은 아주 간단하다. 그러나 만일 과제가 대화의 중요한 주제가 된다면 의제 주제로 추가되어야 한다. 과제는 체크인이 끝난 후에도 종종 추가 논의를 위해 의제에 종종 포함되곤 한다. 이러한 방식으로 연습에 대한 팔로업을 하는 것은 학생에게 연습이 중요하며, 연습하는 것에 대해 학생을 강화하고, 과제를 통해 다루어지는 지속적인 문제들에 대한 논의의 기초를 제공한다는 메시지를 전달한다.

　이 절에서 과제를 연습, 과업, 숙제 등으로 언급한 것을 주목하라. 과제는 또한 정신강화 게임, 기술 빌더, 실천 계획, 또는 당신이나 학생의 스타일에 맞는 다른 어떤 이름으로도 부를 수 있다. 과제에 대한 이러한 이름은 과제 수행을 촉진하도록 선택될 수 있으며, 당신과 당신의 학생이 편하게 느끼는 어떠한 이름으로도 부를 수 있다. 어떤 학생들은 '과제'라고 부르는 것이 편한데, 과제는 학교 장면에서 기대되는 것들 중 하나이기 때문이다. 다른 학생들은 과제를 추가로 해야 한다는 생각이 매우 싫을 수도 있으며, '연습'이라는 용어가 더 편할 수도 있다. 다른 상담자들은 "그럼 이번 주의 계획은 무엇이지? 무엇을 하고 싶지?"에서와 같이 단순히 계획이라고 부른다. 과제와 그것의 중요성이 잘 전달되는 한, CT의 이 요소(다른 요소도 마찬가지임)에 대해 당신이 원하는 어떤 이름을 사용해도 된다.

피드백과 요약

CT 회기를 구조화하는 데 있어서 마지막으로 중요한 부분은 회기 동안에 학생에게 피드백을 제공하도록 요청하고, 회기를 마치면서 그들이 회기에서 배운 것을 요약하게 하는 일이다. 피드백을 요청하는 좋은 시간은 한 주제를 마치고 다음 주제로 넘어가기 전이며, 또한 회기 동안에 주기적으로 이해를 확인하는 것도 좋은 방법이다. 새로운 주제로 넘어가기 전에, 당신이 이제 막 마친 것에 대해서 학생에게 피드백을 요청하라. 회기에 대해 어떻게 느끼는가? 핵심을 요약할 수 있는가? 예를 들면 다음과 같이 말할 수 있다.

> "이제까지 우린 네가 Mike에 대해 가지고 있는 문제를 정리할 두세 가지 생각에 대해서 대화를 나누었어. 그럼 이제 너의 최종 계획이 무엇인지 말해 주렴. 그리고 그것이 효과가 있을 것이라고 느끼니? 네가 결정한 것에 대해 어떤 주저함이나 걱정이 있니?"

비슷한 방식으로 회기 말미에 피드백, 요약, 과제를 함께 묶는 한 가지 훌륭한 방법은 다음과 같은 질문을 하는 것이다.

- "오늘 도움이 되었니? 어떤 부분이 가장 도움이 되었지?"
- "도움이 되지 않은 부분이 있었니?"
- "오늘 우리가 다루지 않았지만 혹 네가 말하고 싶었던 것이 있니? 그걸 다음 번 의제에 넣을까?"

이어서 다음과 같이 질문할 수 있다.

- "오늘 우리가 함께 이야기한 여러 아이디어 중에서, 네가 볼 때 다음 주에 내가 너를 다시 만나기 전에 연습하면 가장 도움이 될 만한 것은 무엇일까?"

학생에게 제일 도움이 된 것, 도움이 되지 않은 것, 혹은 가장 흥미로운 것에 대해 물어보는 것은 치료의 초점이나 당신의 접근을 수정하는 데 도움이 될 수 있으며, 변경이 필요한 의제 항목들을 확인하는 데에도 도움이 될 수 있다. 요약은 또한 학생이 회기에서 그들이 배운 것이나 얻은 것을 숙고해 볼 기회를 제공한다. 게다가 학생들은 간혹 상담자가 회기를 요약하는 것과는 완전히 다른 방식으로 회기를 요약하기도 한다. 학생이 회기를 어떻게 지각하는지를 듣는 것은 상담자에게 매우 유용한 정보를 줄 수 있다. 만일 다루어야 하는 오해나 다른 차이가 있다면, 학생에게 회기를 요약하게 함으로써 이러한 것들을 찾을 수 있을 것이며 그에 대해 논의할 기회를 얻을 수 있을 것이다. 끝으로, 과제는 자연스럽게 요약과 피드백으로부터 나오며, 학생이 획득한 기술들을 더 개발할 기회를 만들어 주는 역할을 한다.

상담자들은 가끔 이러한 요소를 북엔드로 생각하면 쉽다고 한다([그림 5-5] 참조). 회기 전 기록지를 검토하는 것이 한쪽 북엔드라고 한다면, 학생으로 하여금 과제/실천 계획을 세우고 피드백을 제공하게 하는 것이 다른 쪽 북엔드라고 할 수 있다. 이러한 북엔드는 회기를 함께 지탱하는 역할을 하여, 문제에 초점을 맞

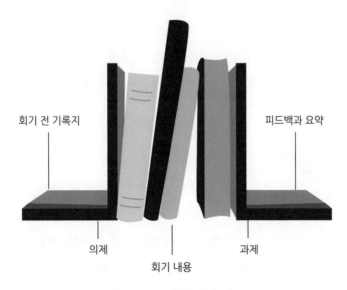

[그림 5-5] 치료의 북엔드

추고 이러한 문제가 학생이 목표에 도달하는 것을 방해하는 치료의 초점과 어떻게 관련되는지를 보여 주는 역할을 한다.

✎ 학교기반 인지치료와 가족

전통적으로, 아동 및 청소년과 함께 일하는 외래 CT 치료사들은 부모를 치료에 참여시킨다. 부모의 신념이 가족 시스템이 기능하는 방식에 중요한 역할을 하며, 가족 전체의 변화가 가족의 한 구성원에게만 변화가 있는 것보다 효과적이기 때문이다. 신념과 행동 패턴은 세대를 넘어 전수될 수 있으며, 아이들은 그들의 양육자로부터 세상에 대한 그들의 신념과 규칙을 배우게 된다. 부모의 신념은 자녀에게 종종 직간접적으로 전달된다. 가령, 어머니가 딸에게 "사람을 결코 믿지 마라! 결국 너를 떠날 뿐이란다!"라고 직접 말할 수 있다. 다른 예로, '누군가 나에게 화를 낸다면 그 사람이 나를 정말로 사랑하지 않는다는 것을 의미하지.'라는 핵심신념을 가진 아버지는 그의 딸이 자신에게 화를 낼 때마다 철회 반응을 보일 수 있다. 그는 결코 이러한 신념을 소리 내어 직접 말하지는 않았지만, 그의 딸은 아버지의 철회 반응을 관찰할 것이며, 그로부터 간접적으로 자신의 신념을 발달시킬 수 있다. 가령, 그녀는 다음과 같이 믿게 된다. '나는 결코 화를 내서는 안 돼! 왜냐하면 사람들이 나에게서 멀어지기 때문이지. 화를 내는 것은 분명 나를 나쁜 사람으로 만들거든!'

> 가족 참여가 항상 가능한 것은 아니지만, 가족이 치료에 참여할 때 학생은 강력한 지원을 받을 수 있다.

부모가 자녀와 함께 상담에 참여하지 않는다면, 학생은 자신의 신념 체계에서 가족 신념이 어떠한 역할을 하고 있는지를 파악해야 하는 부가적인 도전에 직면한다. 따라서 이상적인 상황은 부모가 치료에 참여하는 것이다. 그러나 학교 장면에서는 부모 참여가 종종 쉽지 않다. 특히 도시 지역에 거주하는 저소득층 가족들은 종종 매우 높은 수준의 스트레스를 경험하며, 학교에 와서 치료에 참여하는 것 자체가 불가능할 수도 있다. 부모 자신의 과거 경험으로 인해, 어떤 부모들은 학교 장면이 매우 불편할 수도 있다. 그들은 학교로부터 종종 '문제' 관련 전화만을 받는 데 익숙하며, 따라서 교직원들과 소통하기를 꺼릴 수도 있다. 직장 일이나 어린 자녀들을 돌보아야 하는 일 등은 가족이 학교에 와서 치료에 참여하는 것을 보다 어렵게 만드는 다른 장애물이 될 수 있다. 부모들은 또한 정신건강 서비스를 받는 것과 관련된 낙인에 대해서 걱정하여, 청소년 자녀의 치료에 참여하는 것을 꺼릴 수도 있다.

청소년들 또한 그들의 부모가 참여하는 것을 꺼릴 수 있다. 아동이 청소년기에 진입하면서 가족보다는 또래에 보다 집중하며, 가족이 참여하는 것에 대해서 관심이 적어질 수 있다. 사생활 문제도 청소년이 부모 참여를 원하지 않는 요인이 될 수 있다. 청소년들은 가족이나 가정생활과 관련된 문제로 상담을 받고 싶어 할 수 있다. 혹은 그들의 걱정을 가족으로부터 분리하여 개인적으로 유지하고 싶어 할 수도 있다. 주에 따라서 해당 법률이 다르므로, 청소년의 치료에 가족을 참여시키는 것이 법률적으로 어떠한지에 대해 당신이 거주하는 주의 법령을 숙지할 필요가 있다. 어떤 주는 청소년에게 그들 자신을 위한 정신건강 서비스에 대해서 동의할 권리를 부여하고 있는데, 이는 곧 치료에 대해서 비밀보장을 받을 법적 권한이 청소년에게 있음을 의미한다. 따라서 가족을 참여시키기 전에 가족과 접촉하기 위해 청소년의 동의가 필요한지 해당 법령을 확인해야 한다. 법적인 동의가 요구되지는 않더라도 가족을 접촉하는 것에 대해 학생의 허락을 받는 것은 치료적 관계를 보호하기 위해서 매우 중요한 절차라고 할 수 있다.

가족이 청소년의 치료에 참여할 가능성을 높이기 위해 당신이 취할 수 있는 많은 조치가 있다. 첫째, 전화, 이메일 및 편지 등을 통해 가족과 개인적·긍정적 접촉의 기회를 만듦으로써 학교는 나쁜 일에 관해서만 가족에게 연락을 한다는 부모의 예상을 바꾸도록 도울 수 있다. 둘째, 청소년이 회기 사이에 수행하는 과제에 부모가 참여하도록 독려할 수도 있다. 이러한 과제는 가정이나 이웃에서 수행될 수 있으며, 부모의 지원이 매우 도움이 될 수 있다. 가족은 또한 가능하고 또 적절하다면 학교에서 진행하는 상담 회기에 참여하도록 초대될 수도 있다. 예컨대, 부모의 점심시간에 30분 회기를 잡는 방법도 있으며, 부모는 회기에 직접 오거나 스피커폰으로 참여할 수 있다. 또한 참여하는 '가족'의 범위에 대해서 넓은 개념을 가질 필요도 있다. 청소년에게 중요하며 정기적으로 접촉하는 누구나 치료에 참여할 수 있다. 청소년의 치료 과정을 지원할 수 있는 부모, 이모, 삼촌, 사촌, 가까운 가족의 친구 등도 포함될 수 있다. 당신과 학생이 누구를 초대하기로 결정하든 간에, 학생으로부터 적절한 동의와 허락을 받는 것을 명심해야 한다. 결국에는 가족 구성원들과 접촉하는 일은 산발적인 빈도로 유지되거나, 전화나 이메일을 통해서만 이루어질 수도 있다. 그러나 가족 참여의 잠재적 유익을 고려할 때 가족이 쉽게 참여할 수 없는 학생들의 경우에도 이러한 노력을 기울이는 것은 진정 가치 있는 일이다.

✏️ 미래의 방향: 보급

이 책은 지식의 **보급**(dissemination)을 위한 작은 노력의 일환으로 집필되었다. 보급은 실험실, 대학, 여러 연구소 등 '상아탑'에서 개발된 개입과 치료법을 학생, 가족 및 다른 내담자와의 실제 임상 작업에 활용할 수 있도록 전파하는 과정이다. 보급은 통제된 환경에서 효과가 있는 것으로 알려진 치료와 통제되지 않은 장면에서 복잡한 필요를 가진 일반인들과 일하는 상담자들의 요구 간에 교량을 놓는 시도라고 할 수 있다. 학문과 임상 실무 간의 교량이 만들어질 때, 연구자와 상담자는 계속적으로 협력하여 경험적으로 입증된 치료가 학교와 같은 응용 환경에 어떻게 적용될 수 있을지를 배우게 된다. CT가 학교 장면에서 어떻게 효과적으로 활용될 수 있을지 시간을 들여 배운 상담자로서 당신이 보급의 흐름에 동참해 주기를 바란다. 증거 기반의 개입을 학교에서 어떻게 적용할지 탐색한 당신의 노력에 대해 치하하고 싶으며, 당신의 경험이 긍정적이었기를 희망하며 보급에도 더욱 앞장서 주길 바란다.

🖉 지지 증거

만일 보급이 당신에게 흥미로운 것이고, 이에 대해서 더 배우기를 원한다면 다음과 같이 지식을 넓히는 데 도움이 될 만한 여러 논문이 있다.

- Stirman, S. W., Bhar, S. S., Spokas, M., Brown, G. K., Creed, T. A., Perivoliotis, D., et al. (2010). Training and consultation in evidence-based psychosocial treatments in public mental health settings: The ACCESS model. *Professional Psychology: Research and Practice, 41,* 48-56.
- Beidas, R. S., & Kendall, P. C. (2010). Training therapists in evidence-based practice: A critical review of studies from a systems-contextual perspective. *Clinical Psychology: Science and Practice, 17,* 1-30.

이 논문들은 연구자를 독자로 염두에 두고 작성되었으므로, 정보 제시나 이를 위해 사용하는 언어가 이 책과는 다르다. 사실, 그러한 차이는 연구와 임상 실무 간에 존재해 온 간극의 한 부분을 보여 준다. 그러나 당신이 그러한 간극을 좁히는 것에 관심이 있다면 우리는 이를 환영하며, 경험적으로 지지된 치료들을 계속해서 당신의 임상 실무에 통합할 방식을 찾도록 격려한다. 사실 경험적으로 지지된 치료들에 대해 훈련을 받은 상담자들 사이에서도 개입에 대한 상담자의 개인적 신념이 어떤 개입을 실행할지를 선택하는 데 가장 큰 영향을 미친다는 증거가 있다(Forman, Fagley, Steiner, & Schneider, 2009).

학교 장면에서의 CT나 CBT 적용에 대한 연구가 일부 진행되었고, 이러한 연구들은 유망한 결과를 제시하였다. 가령, Bernstein과 동료들(Bernstein, Layne, Egan, & Tennison, 2005)은 학교 기반의 집단에서 적용된 CBT가 학생들의 불안을 감소시키는 데 효과적이었으며, 특히 부모 집단이 포함되었을 때 더욱 그러하다는 것을 발견하였다. CBT는 또한 학교 장면에서 우울(Ruffolo & Fischer, 2009; Shirk, Kaplinski, & Gudmundsen, 2009), 분노(Smith, Larson, & Nuckles, 2006), 주의력결핍 과잉행동장애(Bloomquist, August, & Ostrnader, 1991), 그 밖의 장애들(Gimpel, Peacock, & Collett, 2010)을 경감시키는 데에도 효과적으로 적용되었다. 이 책에서 당신이 배운 기술들은 이 연구들에서 사용된 매뉴얼에 적용될 수 있을 것이며, 또한 당신의 학생들 개인에게 맞추어진 임상 업무에서도 적용될 수 있을 것이다.

✎ 요약

인지치료의 회기 구조는 처음 적용하려고 할 때는 어렵게 느껴질 수 있지만, 결국 보다 생산적인 회기를 갖는 데 도움을 줄 수 있다. 목표 설정, 체크인, 의제, 의제 항목에 대한 논의, 과제, 요약/피드백은 회기에 대한 로드맵을 제시하여, 한 주에서 다음 주까지 일관되게 따를 수 있는 하나의 흐름을 유지할 수 있게 한다. 또한 학생은 회기 사이에 이러한 흐름과 관련된 다양한 과제를 수행할 수 있다. 치료의 초점을 확인해야 하는데, 이는 관련된 사고나 행동 패턴이 회기 중에 나타날 때 학생이 도달하고자 하는 목표에 어떻게 영향을 미칠 수 있는지 깨닫도록 상담자가 도움을 줄 수 있기 때문이다. 반복되며 방해가 되는 사고, 행동 그리고 기저신념들을 학생이 알아차리고, 점검하며, 변화시키는 데 이러한 틀이 도움을 준다. 어떤 상황에 대하여 학생이 강한 감정을 갖고 회기에 올 때에도, CT의 구조는 그러한 상황을 보다 큰 치료의 그림 속에 통합할 수 있도록 도움을 줄 수 있다. 이 가이드에서 제시한 인지적 및 행동적 기법들과 함께 이러한 구조는 학교 장면이 제시하는 보상과 도전들을 다루면서 인지치료를 적용할 때 특히 효과적일 수 있다.

부 록

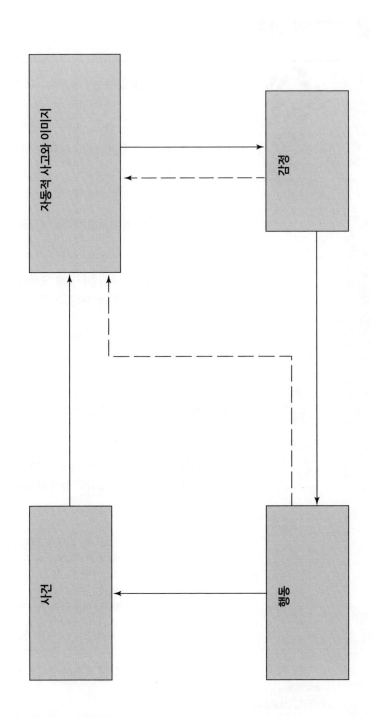

부록 1-1

인지모델

자동적 사고와 이미지

감정

사건

행동

부록 1-2 생각의 함정

반복		한 번 일어난 일이 항상 같은 방식으로 일어날 것이라 생각하는 것
'다 내 탓'		나쁜 일이 일어났을 때 사실 당신과 아무 관련이 없는데도 스스로를 비난하는 것
비관주의자		일이 항상 최악의 결과를 가져올 것이라 예상하는 것
선택적 시야		상황의 좋은 면을 보기보다는 일어날 수도 있는 혹은 이미 일어난 나쁘고 위험한 쪽만 집어내서 보는 것
증거 무시		어떤 일이 일어날지를 예상하기 위해서 모든 증거를 살펴보기보다는 최악의 일이 일어날 것을 보여 주는 증거만 선택하여 보는 것
뛰어넘기		어떤 상황에 대해서 모든 사실을 파악하기 전에 결론에 도달하는 것
마음 읽기		증거도 없이 어떤 사람이 당신에 대해서 무엇인가 나쁘게 생각하고 있다고 판단하는 것과 같이 좋지 않은 방식으로 마음을 읽는 것
당위성		'나를 거스르는 사람하고는 한 판 붙어야 해!' '나는 절대 화를 내서는 안 돼!'와 같은 '당위적' 생각
크리스털 볼		미래에 일어날 일을 예상하며 아마 일이 그르쳐질 것이라 예상하는 것
완벽한 재앙		어떤 일이 완벽하지 못하다면 완전히 실패한 일이라고 생각하는 것

부록 2-1   사례 개념화

초기 경험

이 학생에게 영향을 미쳤을 중요한 초기 경험은 무엇인가?

기저신념(들)

이 학생이 자신과 세상에 대해 가지고 있는 가장 깊은 신념은 무엇인가?

이 학생은 자신의 핵심신념과 직접 관련하여 이 세상에서 어떻게 살아갈지에 대해 어떤 신념을 가지고 있는가?

생각 및 감정 패턴

특정 상황에서 나타나는, 빠르게 지나가는 평가적 생각은 무엇인가?

그러한 생각과 연결된 감정은 무엇인가?

행동 패턴

자신의 신념을 바탕으로 이 학생이 한 행동은 무엇인가?

부록 2-2   회기 전 기록지

오늘 내가 이야기하고 싶은 것은:	내 기분은	기분의 강도:
	행복함	가장 높은
	화남	10
	슬픔	9
		8
	걱정됨	7
	흥분됨	6
내가 이 상황에 대해서 생각하고 있는 것은:	당황함	5
		4
	죄책감	3
	편안함	2
	기타	1
	_____	가장 낮은

내가 그 문제를 해결할 최선의 방법은:

지난 상담 이후 내가 생각하고 있는 것은:

나는 내 연습 과제를 했다 _____ 하지 않았다 _____

부록 3-1 두 칸 생각 풍선 연습

첫 번째 칸에는 문제 상황을 그려 보세요. 사람을 그린 후 그 사람 머리에 생각 풍선을 그려 넣으세요. 그 사람은 자신에게 지금 무엇이라고 말하고 있나요? 그 사람의 생각이 그 상황에서 어떤 감정이나 행동을 가져올지 또 생각해 보세요. 두 번째 칸에는 그 사람이 다른 생각을 생각 풍선에 적어 보세요. 새로운 생각이 어떻게 다른 감정이나 행동을 가져왔나요?

생각 1

생각 2

부록 3-2 세 칸 생각 풍선 연습

아래의 세 칸에 어떤 상황이 어떻게 생각과 반응과 관련되는지를 만화로 그려 보세요. 첫 번째 칸에는 상황을 그려 보세요. 어떤 일이 일어나고 있나요? 누가 있나요? 그들은 무엇을 하고 있나요? 두 번째 칸에는 생각 풍선이 포함된 그림을 그려 보세요. 그 상황에서 주인공이 자동적 사고는 무엇인가요? 세 번째 칸에는 주인공의 반응을 표현해 보세요. 그 사람의 감정은 어떠한가요? 그 사람은 어떻게 행동하나요?

상황   생각   반응

부록 3-3　간단한 사고 기록지

상황

당신이 그런 감정을 느끼기 바로 직전에 무슨 일이 일어났나?

자동적 사고

당신의 머릿속을 스쳤던 생각은 무엇이었나?

감정

당신이 느낀 감정을 한 단어로 표현한다면?

부록 3-4   사고 기록표

상황 무슨 일이 일어났는가?	사고 어떤 생각이 머리를 스쳤나?	감정 어떤 감정이었나?	행동 무엇을 했나?

부록 3-5 ## 3C 사고 기록지

시간과 날짜	
주변 강한 감정을 느끼기 직전에 당신의 주변에서 무슨 일이 있었나?	
생각 알아차리기 당신의 머리를 스쳐간 생각은 무엇이었나? (대개 여러 단어임을 기억할 것)	
감정 당신은 어떤 감정을 경험하였나? (대개 한 단어임을 기억할 것)	
생각 점검하기 그 생각은 사실인가? 도움이 되나? 사실인가? 도움이 되나?	
생각 변화시키기 어떤 생각이 보다 사실이거나 보다 도움이 될까?	

부록 3-6   생각 평가하기

생각을 점검할 시간?

✓ 이 생각이 사실이라는 걸 어떻게 알 수 있을까?

✓ 이 생각이 사실이 아닐 수도 있다는 걸 어떻게 알 수 있을까?

✓ 이 생각이 사실이라는 증거는 뭘까? 사실이 아니라면 그 증거는 뭘까?

✓ 일어난 일을 달리 설명할 수 있을까?

✓ 이 생각을 네가 믿고 있으면 어떤 영향이 있을까? (장점과 단점)

✓ 이 생각에 대해서 너는 무엇을 해야 할까?

✓ 만일 네 친구가 이런 생각을 한다면, 너는 어떤 말을 해줄까?

✓ 네 친구는 너의 생각에 대해 뭐라고 말할까?

✓ 이 생각은 도움이 되는 생각일까?

부록 3-7   성공을 향한 로드맵

대처 기술

부록 4-1 유쾌한 활동 목록

- 방 배치 다시 하기
- 음악을 틀고 춤을 추기
- 좋아하는 모임에 가서 자원봉사 하기
- 공원에 가기
- 중고 악기를 사서 연주법 배우기
- 연극이나 콘서트 보러 가기
- 여행이나 휴가 계획하기
- 미술이나 공예 활동하기
- 성경, 토라, 코란 등 신성한 책 읽기
- 입맞춤
- 좋아하는 옷 입기
- 책이나 잡지 읽기
- 이완음악 듣기
- 촛불을 켜기
- 향수 뿌리기
- 일광욕을 즐기기
- 보드게임 하기
- 어려운 과제를 끝내기
- 감사한 것들의 목록 만들기
- 사우나를 하거나 긴 샤워하기
- 이야기나 시를 쓰거나 작곡하기
- 시시덕거리기
- 노래하거나 악기 연주하기
- 종교 활동에 참여하기
- 다른 언어로 30단어 말하는 것 배우기
- 케이크 굽기
- 밖에서 시간 보내기
- 머리를 감고 정돈하기
- 낯선 사람과 잡담하기
- 박람회나 동물원에 가기
- 애완동물과 함께 놀기
- 음악 듣기
- 다른 사람에게 선물 주기
- 사진 찍기
- 스포츠에 대해 이야기하기
- 경기를 하거나 관람하기
- 누군가를 돕거나 보호하기
- 농담 듣기(즉, 코미디 클럽, 재밌는 영화에서)
- 아름다운 곳에서 시간 보내기
- 좋은 음식 먹기
- 늦게 자거나 낮잠 자기
- 박물관이나 전시회 가기
- 피크닉 가기
- 그림 그리기
- 친구나 친척과 함께 있기
- 카드게임 하기
- 전화 통화하기
- 백일몽에 잠기기
- 영화 보러 가기
- 이웃을 방문하기
- 비디오 게임 하기
- 공원에서 그네 타기
- 추억을 회상하며 옛날에 대해 이야기하기
- 파티에 가거나 파티를 열기
- 동물보호소에서 자원봉사하기
- 일기나 저널 쓰기
- 기도하기
- 명상하기
- 마사지나 안마를 받기
- 산보나 등산하기 혹은 달리기
- 맨발로 주변을 걷기
- 풍선껌으로 풍선 불기
- 10분간 깊은 호흡하기
- 강점을 활용하기
- 미용실이나 이발소에 가기
- 사랑하는 사람과 함께 있기
- 영화 빌려 보기
- 새로운 일을 시작하기
- 도서관에 가기
- 화분에 씨앗을 심기
- 사람들 구경하기
- 벽난로 앞에 앉아 있기
- 노숙자 보호소에서 자원봉사하기
- 자신이나 다른 사람을 위해 꽃 사기
- 아픈 사람 방문하기
- 편지 쓰기
- 운동하기
- 정원에 식물을 심거나 가꾸기
- 누군가를 포옹하기
- 아이들과 시간 보내기
- 늦게 자기
- 창고 세일에 가기
- 새로운 사람 만나기
- 수영하러 가기
- 만화나 코믹북 읽기
- 자전거 타기

부록 4-2 살아야 할 이유

여러분이 삶을 선택하는 이유는 무엇인가요? 이러한 이유는 사람들마다 다르므로 여러분의 경우는 어떠한지 아는 것이 중요합니다. 이러한 이유는 시간에 따라 다를 수도 있으니, 바로 지금 여러분이 사는 이유는 무엇인지 생각해 보세요.

_____

_____

_____

_____

_____

_____

_____

_____

_____

_____

_____

_____

_____

_____

_____

_____

_____

_____

부록 4-3 장단점 목록

> 좋은 점은
> 무엇인가?

> 좋지 않은 점은
> 무엇인가?

장점	단점

부록 4-4   공포 위계

이집트의 피라미드 그림을 본 적이 있나요? 이 공포 위계는 그 피라미드와 비슷해요. 상담자와 함께 여러분이 걱정하거나 불안해하는 상황들의 목록을 만든 후, 대처하기 가장 쉬운 것에서 어려운 것까지 서열을 매길 거예요. 그리고는 대처 기술을 활용하여 처음의 작은 단계를 정복하게 될 거예요. 할 수 있어요! 여러분의 성공 경험은 점차 쌓여 갈 것이며, 여러분이 대처할 수 있다는 사실에 스스로도 놀라게 될 거예요. 준비되었나요? 시작해 봅시다.

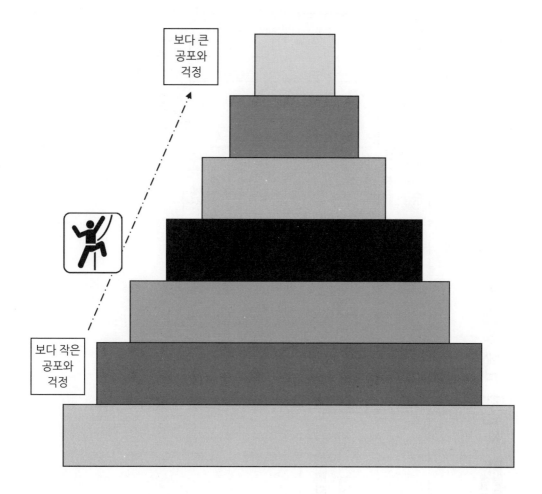

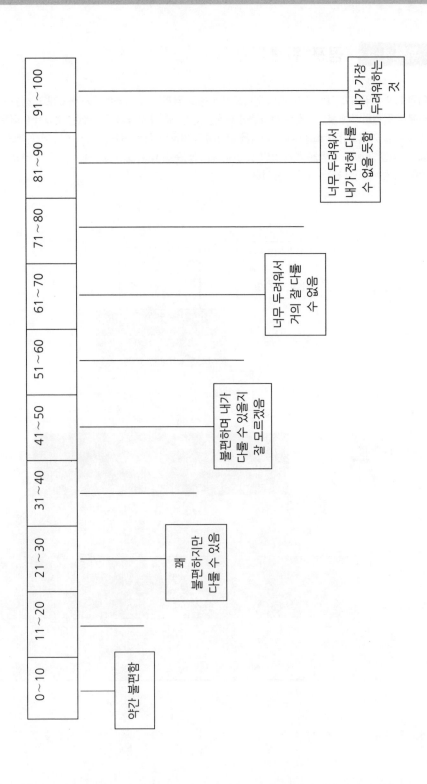

부록 4-5   주관적 고통 평정척도

0~10	11~20	21~30	31~40	41~50	51~60	61~70	71~80	81~90	91~100

약간 불편함

꽤
불편하지만
다룰 수 있음

불편하며 내가
다룰 수 있을지
잘 모르겠음

너무 두려워서
거의 잘 다룰
수 없음

너무 두려워서
내가 전혀 다룰
수 없을 듯함

내가 가장
두려워하는
것

부록 4-6 점진적 근육 이완 연습

눈을 감고 숨을 깊게, 깊게 들이마십니다. …… 깊숙이 쭉 아래로 배까지 …… 1초간 숨을 멈추고 숨을 내쉽니다. …… 좋아요. …… 이런 식으로 숨쉬기를 반복합니다. …… 다시 한 번 깊이 숨을 들이쉬세요. 공기가 발바닥을 통해 들어와서 위로, 위로, 위로 머리끝까지 쭉 퍼져 나가는 것을 머릿속에 그려 보세요. 모든 긴장과 스트레스를 걷어 갑니다. 숨을 내쉴 때 그것이 모두 당신의 몸 밖으로 나가는 걸 상상해 보세요. 자, 이제 여러분의 몸에 집중해 보고, 지금 몸의 느낌이 어떤지 느껴 보세요. 느낌이 어떤가요? 몸이 무거운가요, 가벼운가요, 긴장되어 있나요, 편안한가요, 평온한가요, 불안한 느낌이 드나요? 여러분의 몸속에 들어가서 몸이 바로 지금 어떻게 느끼고 있는지를 보세요.

자, 이제 오른손에 집중해 볼게요. …… 오른손 주먹을 꽉 쥡니다. 더 세게, 더 세게, 점점 더 세게 쥡니다. 좋아요. 꽉 쥐고 계세요. 그대로…… 그대로…… 네 이제 긴장을 푸세요. …… 긴장된 근육과 이완된 근육이 많이 다릅니다. 근육이 이완할 때 찾아오는 유쾌한 감각을 느껴 보세요.

이제 왼손에 집중해 볼게요. …… 왼손을 꽉 쥡니다. 더 세게, 더 세게, 점점 더 세게 쥡니다. 좋아요. 꽉 쥐고 계세요. 그대로, 그대로…… 네, 이제 긴장을 푸세요. 긴장된 느낌과 이완된 느낌이 다른 것을 느껴 봅니다.

이제 여러분은 점점 더 편안하고, 더 깊게 이완되고, 평온하고, 안전하게 느낍니다. 스트레스가 없어지고, 편안해진 것을 느끼고 있어요.

이제 팔꿈치에 집중해 봅니다. 알통을 긴장시켜 보세요. 할 수 있는 한 최대로 긴장시켜서 땡땡함을 느껴 보세요. …… 그대로…… 그대로…… 자, 이제 긴장을 푸시고 팔을 뻗어 보세요. …… 이완된 느낌이 팔 아래로 쭈욱 전달됩니다.

이제 여러분은 점점 더 편안하고, 더 깊게 이완되고, 평온하고, 안전하게 느낍니다. 스트레스가 없어지고, 편안해진 것을 느끼고 있지요.

자 이제 머리에 집중합니다. 최대한 세게 이마에 주름을 잡아 보세요. …… 그대로…… 그대로…… 그대로…… 자 이제 긴장을 푸세요. 이마 전체가 부드럽게, 편안하게 이완된 것을 상상해 보세요.

이제 이를 악물어 보세요. 꽉 물고 턱에 느껴지는 긴장을 느껴 보세요. …… 꽉 …… 좋아요. 이제 푸세요. 지금 이 순간 턱에서 느끼지는 긴장과 이완이 얼마나 다른지 느껴 보세요.

자, 이제 어깨를 으쓱 위쪽으로 하늘 쪽으로 쭉 올려 보세요. 어깨 사이에 여러분의 머리를 곱추처럼 아래로 움추려 보세요. 좋아요. 그대로…… 그대로…… 이제 긴장을 푸시고, 목과 어깨에 퍼져 나가는 편안함을 느껴 보세요. 편안한 어깨 사이에 자리 잡고 있는 목이 얼마나 편안한지 느껴 보세요.

이제 등에 집중해 봅니다. 살짝 둥근 활 모양을 만들어 보세요. 긴장하지는 마시고요. 허리 쪽의 긴장에 집중해 보세요. 긴장을 느껴 보세요. 푸세요. 허리와 복부 근육에 있던 모든 긴장을 날려 보냅니다.

이제 여러분은 점점 더 편안하고, 더 깊게 이완되고, 평온하고, 안전하게 느낍니다. 스트레스가 없고 편안해졌습니다.

이제 종아리가 긴장되도록 발가락을 아래로 동그랗게 말아 보겠어요. 긴장을 유지하고요, 그대로, 그대로, 그대로…… 자, 이제 긴장을 푸시고, 종아리에 느껴지는 편안함을 즐겨 보세요.

이제 정강이가 긴장되도록 발가락을 얼굴 쪽으로 구부려 보세요. 이완하세요. 다리 전체에 퍼져 나가는 묵직함과 평안함을 즐겨 보세요.

이제 몸 전체에 느껴지는 묵직함을 느껴 보세요. 즐겨 보세요. 더 무겁게, 무겁게, 무겁게 느껴지고, 더 깊이 이완된 느낌을 느껴 보세요. 이제 평온하게, 안전하게, 편안해진 것을 느낍니다. 더 깊이, 더 깊이 편안해진 걸 느낍니다.

부록 4-7 호흡 연습

지금 여러분이 앉은 곳에서 편안해진 후에 여러 번 길고 깊은 호흡을 하며 이 연습을 시작할 것입니다. 부드럽게 공기를 들이마십니다. 공기가 폐에 가득 차게 하세요. …… 그러고는 부드럽게 다 내보내세요. 지금 앉은 곳에서 더 편안해지도록 이걸 두어 번 더 하세요. 공기를 가득 들이마십니다. 공기가 폐를 가득 채우도록요. …… 이제 다시 공기가 흘러 나가도록 합니다. 두어 번 깊은 호흡을 하는 동안, 몸의 근육이 긴장을 유지하고 있는지 주목해 보세요. 여러분의 몸을 살펴보세요. 머리부터 시작해서 이마, 볼, 턱 …… 긴장된 부분이 있나요? 만일 그렇다면 모든 긴장을 풀어 보세요. 다음, 목, 어깨, 등에 집중하세요. 이 부분이 긴장되어 있다면, 마찬가지로 모든 긴장을 날려 보냅니다. 계속 당신의 몸을 살피세요. 위에서부터 팔, 손, 배 그리고 다리와 발까지. 이 부위에 남아 있는 긴장을 날려 버리세요. 근육이 다시 긴장될 수도 있어요. 괜찮습니다. 그저 숨을 매번 내쉴 때마다 모든 긴장이 떠나가게 해 보세요. 잠시 더, 여러분의 호흡에 집중해 보세요. 들이쉬고, 내쉬고…… 매번 숨을 내쉴 때마다 점점 더 긴장이 몸에서 사라져 버립니다.

여러분이 앉아 있는 곳에서 더 이완됨에 따라 여러분의 호흡에 집중하시고 정말로 느낌이 어떤지 주목해 보세요. 숨을 들이쉴 때 코와 입을 통해 부드럽게 들어오는 시원한 공기가 기관지를 통과하여 폐를 부드럽게 채우는 느낌이 어떤지 느껴 보세요. 폐가 공기를 가득 채운 순간과 숨을 내쉬기 직전 순간의 멈춤에 주목해 보세요. 그리고 공기를 가득 채운 폐가 따뜻한 공기를 내보내면서 기관지와 코와 입을 얼마나 부드럽게 통과하는지 느껴 보세요. 마찬가지로, 폐가 공기를 완전히 내뿜은 순간과 숨을 들이쉬기 직전의 멈춤에도 주목해 보세요. 호흡에 주목해 보세요. 들이쉬고…… 내쉬고…… 시원한 공기가 들어와 폐를 채웁니다. …… 따뜻하고 부드러운 공기가 다시 흘러 나갑니다. 숨을 내쉴 때마다 점점 더 긴장이 사라집니다. 호흡에 집중해 보세요. 들이쉬고…… 내쉬고…… 딴생각이 들어도 괜찮습니다. 다시 부드럽게 호흡에 주목해 보세요. 들이쉬고…… 내쉬고…… 시원한 공기가 들어옵니다. 폐를 채웁니다. …… 그리고 따뜻한 공기가 부드럽게 나갑니다. …… 들이쉬고 …… 내쉬고.

호흡에 집중하면서 숨을 들이쉬고, 내쉴 때 평온한 단어를 말해도 좋습니다. 들이쉴 때 '평화롭다.'라고 말할 수 있어요. 숨을 내쉴 때, '자유롭다'라고 말할 수 있습니다. 들이쉴 때 '평화' 내 쉴 때, '자유' 평화 …… 자유…… 평화…… 자유…… 호흡에 집중합니다. …… 들이쉬고 내쉬고. 평화…… 자유…… 평화…… 자유…… 딴생각이 나도 괜찮아요. 부드럽게 호흡에 다시 집중하면 됩니다. 들이쉬고…… 내쉬고…… 들이쉬고…… 내쉬고…… 숨을 내쉴 때마다 긴장은 점점 내 몸을 떠나갑니다. 시원한 공기가 들어오고…… 폐를 채웁니다. …… 따뜻하고 부드러운 공기가 다시 빠져나갑니다. 호흡에 집중하세요. 들이쉬고…… 내쉬고…… 들이쉬고…… 내쉬고…… 여러분이 편안히 느끼는 동안 계속 호흡에 집중합니다. 준비가 되었으면 부드럽게 여러분이 앉아 있는 방으로 다시 주의를 돌립니다. 여러분은 이제 앉아 기분 좋게 편안하게, 긴장이 풀어진 것을 느낍니다. 호흡에 집중하며…… 들이쉬고…… 내쉬고…… 들이쉬고…… 내쉬고.

참고문헌 ██████████████████████████

Albano, A. M., & Kendall, P. C. (2002). Cognitive behavioral therapy for children and adolescents with anxiety disorders: Clinical research advances. *International Review of Psychiatry, 14*, 129–134.

Baer, D., Wolf, M., & Risley, R. (1968). Some current dimensions of applied behavior analysis. *Journal of Applied Behavior Analysis, 1*, 91–97.

Baer, D., Wolf, M., & Risley, R. (1987). Some still–current dimensions of applied behavior analysis. *Journal of Applied Behavior Analysis, 20*, 313–327.

Barkley, R. (2000). *Taking charge of ADHD: The complete, authoritative guide for parents* (rev. ed.). New York: Guilford Press.

Beck, A. T. (1964). Thinking and depression: II. Theory and therapy. *Archives of General Psychiatry, 10*, 561–571.

Beck, A. T. (1976). *Cognitive therapy and the emotional disorders*. New York: International Universities Press.

Beck, A. T. (2005). The current state of cognitive therapy: A 40–year retrospective. *Archives of General Psychiatry, 62*, 953–959.

Beck, A. T., Emery, G., & Greenberg, R. L. (1990). *Anxiety disorders and phobias: A cognitive perspective*. New York: Basic Books.

Beck, A. T., Rush, A. J., Shaw, B. F., & Emory, G. (1979). *Cognitive therapy of depression.* John Wiley & Sons.

Beck, A. T., Wright, F. D., Newman, C. F., & Liese, B. S. (1993). *Cogntive therapy of substance abuse.* New York: Guilford Press.

Beck, J. S. (1995). *Cognitive therapy: Basics and beyond.* New York: Guilford Press.

Beidas, R. S., & Kendall, P. C. (2010). Training therapists in evidence-based practice: A critical review of studies from a systems-contextual perspective. *Clinical Psychology: Science and Practice, 17,* 1-30.

Bennett, H., & Wells, A. (2010). Metacognition, memory disorganization, and rumination in posttraumatic stress symptoms. *Journal of Anxiety Disorders, 24,* 318-325.

Benson, H. (1975). *The relaxation response.* New York: Avon.

Bernstein, G. A., Layne, A. E., Egan, E. A. & Tennison, D. M. (2005). School-based interventions for anxious children. *Journal of the American Academy of Child and Adolescent Psychiatry, 44,* 1118-1127.

Bloomquist, M. L., August, G. J., & Ostrander, R. (1991). Effects of a school-based cognitive-behavioral intervention for ADHD children. *Journal of Abnormal Child Psychology, 19,* 591-605.

Braswell, L., & Bloomquist, M. L. (1991). *Cognitive-behavioral therapy with ADHD children: Child, family, and school interventions.* New York: Guilford Press.

Burns, D. D. (1980). *Feeling good: The new mood therapy.* New York: Signet.

Butler, A. C., Chapman, J. E., Forman, E. M., & Beck, A. T. (2006). The empirical status of cognitive-behavioral therapy: A review of meta-analyses. *Clinical Psychology Review, 26*(1), 17-31.

Centers for Disease Control and Prevention, National Center for Injury Prevention and Control. (2006). Web-based Injury Statistics Query and Reporting System (WISQARS): *www.cdc.gov/ncipc/wisqars.*

Chambless, D. L., & Ollendick, T. H. (2001). Empirically supported psychological interventions: Controversies and evidence. *Annual Review of Psychology, 52,* 685-716.

Cisler, J. M., & Koster, E. H. W. (2010). Mechanisms of attentional biases towards threat in anxiety disorders: An integrative review. *Clinical Psychology Review, 30,* 203-216.

Clarke, G., Lewinsohn, P., & Hops, H. (1990). *Instructor's manual for the Adolescent Coping with Depression Course*. Eugene, OR: Castalia Press.

Clerkin, E. M., & Teachman, B. A. (2010). Training implicit social anxiety associations: An experimental intervention. *Journal of Anxiety Disorders, 24*, 300-308.

Coffman, S. J., Martell, C. R., Dimidjian, S., Gallop, R., & Hollon, S. D. (2007). Extreme nonresponse in cognitive therapy: Can behavioral activation succeed where cognitive therapy fails? *Journal of Consulting and Clinical Psychology, 75*, 531-541.

Cohen, J. A., Deblinger, E., Mannarino, A. P., & Steer, R. (2004). A multi-site randomized controlled trial for children with sexual abuse-related PTSD. *Journal of the American Academy of Child and Adolescent Psychiatry, 43*(4), 393-402.

Cottraux, J., Note, I., Albuisson, E., Yao, S. N., Note, B., Mollard, E., et al. (2000). Cognitive behavior therapy versus supportive therapy in social phobia: A randomized controlled trial. *Psychotherapy and Psychosomatics, 69*, 137-146.

Cromer, L. D., & Smyth, J. M. (2010). Making meaning of trauma: Trauma exposure doesn't tell the whole story. *Journal of Contemporary Psychotherapy, 4*(0), 65-72.

Crone, D. A., & Horner, R. H. (2003). *Building positive behavior support systems in schools*. New York: Guilford Press.

Davidson, J. R. T., Foa, E. B., Huppert, J. D., Keefe, F., Franklin, M., Compton, J., et al. (2004). Fluoxetine, comprehensive cognitive behavioral therapy, and placebo in generalized social phobia. *Archives of General Psychiatry, 61*, 1005-1013.

Deblinger, E., Stauffer, L. B., & Steer, R. A. (2001). Comparative efficacies of supportive and cognitive behavioral group therapies for young children who have been sexually abused and their non-offending mothers. *Child Maltreatment, 6*, 332-343.

DeRubeis, R. J., & Feeley, M. (1990). Determinants of change in cognitive therapy for depression. *Cognitive Therapy and Research, 14*, 469-482.

Edelman, R. E., & Chambless, D. L. (1995). Adherence during sessions and homework in cognitive behavioral group treatment of social phobia. *Behaviour Research and Therapy, 33*, 573-577.

Foa, E. B., Dancu, C. V., Hembree, E. A., Jaycox, L. H., Meadows, E. A., & Street, G. P. (1999). A comparison of exposure therapy, stress inoculation training, and their combination for reducing posttraumatic stress disorder in female assault victims. *Journal of Consulting and Clinical Psychology, 67*, 194-200.

Foa, E. B., Hembree, E. A., Cahill, S. P., Rauch, S. A. M., Riggs, D. S., Feeny, N. C., et al. (2005). Randomized trial of prolonged exposure for posttraumatic stress disorder with and without cognitive restructuring: Outcome at academic and community clinics. *Journal of Consulting and Clinical Psychology, 73*, 953-964.

Foa, E. B., Rothbaum, B. O., Riggs, D., & Murdock, T. (1991). Treatment of post-traumatic stress disorder in rape victims: A comparison between cognitive-behavioral procedures and counseling. *Journal of Consulting and Clinical Psychology, 59*, 715-723.

Foa, E. B., Steketee, G., Grayson, J. B., Turner, R. M., & Latimer, P. (1984). Deliberate exposure and blocking of obsessive-ompulsive rituals: Immediate and long-term effects. *Behavior Therapy, 15*, 450-472.

Foa, E. B., Steketee, G. S., & Milby, J. B. (1980). Differential effects of exposure and response prevention in obsessive-ompulsive washers. *Journal of Consulting and Clinical Psychology, 48*, 71-79.

Foa, E. B., Steketee, G., Turner, R. M., & Fischer, S. C. (1980). Effects of imaginal exposure to feared disasters in obsessive-ompulsive checkers. *Behaviour Research and Therapy, 18*, 449-455.

Franklin, M. E., Abramowitz, J. S., Kozak, M. J., Levitt, J. T., & Foa, E. B. (2000). Effectiveness of exposure and ritual prevention for obsessive-ompulsive disorder: Randomized compared with nonrandomized samples. *Journal of Consulting and Clinical Psychology, 68*, 594-602.

Gimpel Peacock, G., & Collett, B. R. (2010). *Collaborative home/school interventions: Evidence-based solutions for emotional, behavioral, and academic problems.* New York: Guilford Press.

Gotestam, K. G., & Hokstad, A. (2002). One session treatment of spider phobia in a group setting with rotating active exposure. *European Journal of Psychiatry, 16*, 129-134.

Gotlib, I. H., & Joormann, J. (2010). Cognition and depression: Current status and future directions. *Annual Review of Clinical Psychology, 6,* 285-312.

Granholm, E., McQuaid, J. R., Auslander, L., & McClure, F. S. (2004). Group cognitive behavioral social skills training for outpatients with chronic schizophrenia. *Journal of Cognitive Therapy: An International Quarterly, 18,* 265-279.

Granholm, E., McQuaid, J. R., McClure, F. S., Auslander, L. A., Perivoliotis, D., Pedrelli, P., Patterson, T., & Jeste, D. V. (2005). A randomized controlled trial of cognitive behavioral social skills training for middle aged and older outpatients with chronic schizophrenia. *American Journal of Psychiatry, 162,* 520-529.

Grossman, P. B., & Hughes, J. N. (1992). Self-control interventions with internalizing disorders: A review and analysis. *School Psychology Review, 21*(2), 229-245.

Hayes, S. C., Follette, V. M., & Linehan, M. M. (2004). *Mindfulness and acceptance: Expanding the cognitive behavioral tradition.* New York: Guilford Press.

Heimberg, R. G., Dodge, C. S., Hope, D. A., Kennedy, C. R., Zollo, L. J., & Becker, R. E. (2000). Cognitive behavioral group treatment for social phobia: Comparison with a credible placebo control. *Cognitive Therapy and Research, 14,* 1-23.

Jacobson, E. (1974). *Progressive relaxation.* Chicago: University of Chicago Press, Midway Reprint.

Kendall, P. C., Hudson, J., Gosch, E., Flannery-Schroeder, E., & Suveg, C. (2008). Cognitive-behavioral therapy for anxiety disordered youth: A randomized clinical trial evaluating child and family modalities. *Journal of Consulting and Clinical Psychology, 76,* 282-297.

Kendall, P. C., Hudson, J. L., Choudhury, M., Webb, A., & Pimentel, S. (2005). Cognitive-behavioral treatment for childhood anxiety disorders. In E. D. Hibbs & P. S. Jensen (Eds.), *Psychosocial treatments for child and adolescent disorders: Empirically based strategies for clinical practice* (2nd ed., pp. 47-73). Washington, DC: American Psychological Association.

Ladouceur, R., Dugas, M. J., Freeston, M. H., Leger, E., Gagnon, F., & Thibodeau, N. (2000). Efficacy of cognitive-behavioral treatment of generalized anxiety disorder: Evaluation in a controlled clinical trial. *Journal of Consulting and Clinical Psychology, 68,* 957-964.

Landon, T. M., & Barlow, D. H. (2004). Cognitive-behavioral treatment for panic disorder: Current status. *Journal of Psychiatric Practice, 10,* 211-26.

Lee, N. K., Pohlman, S., Baker, A., Ferris, J., & Kay-Lambkin, F. (2010). It's the thought that counts: Craving metacognitions and their role in abstinence from methamphetamine use. *Journal of Substance Abuse Treatment, 38,* 245-250.

Leung, A. W., & Heimberg, R. G. (1996). Homework compliance, perceptions of control and outcome in cognitive behavioral treatment for social phobia. *Behaviour Research and Therapy, 34,* 423-432.

March, J. S. (1995). Cognitive-behavioral psychotherapy for children and adolescents with OCD: A review and recommendations for treatment. *Journal of the American Academy of Child and Adolescent Psychiatry, 34*(1), 7-18.

Mawson, A., Cohen, K., & Berry, K. (2010). Reviewing evidence for the cognitive model of auditory hallucinations: The relationship between cognitive voice appraisals and distress during psychosis. *Clinical Psychology Review, 30,* 248-258.

Moats, L. C., & Hall, S. L. (1999). *Straight talk about reading: How parents can make a difference during the early years.* New York: Contemporary Books.

Moss, D., McGrady, A., Davies, T. C., & Wickramasekera, I. (2003). *Handbook of mind-ody medicine for primary care.* Thousand Oaks, CA: Sage.

Muhlberger, A., Wiedemann, G. C., & Pauli, P. (2003). Efficacy of a one-session virtual reality exposure treatment for fear of flying. *Psychotherapy Research, 13,* 323-336.

Muñoz, R. F., Ippen, C. G., Rao, S., Le, H.-N., & Dwyer, E. V. (2000). *Manual for group cognitive-behavioral therapy of major depression.* San Francisco: University of California. Available at *medschool.ucsf.edu/latino/manuals. aspx.*

Neimeyer, R. A., & Feixas, G. (1990). The role of homework and skill acquisition in the outcome of group cognitive therapy for depression. *Behavior Therapy, 21,* 281-292.

O'Kearney, R. T., Anstey, K. J., & von Sanden, C. (2006). Behavioural and cognitive behavioura therapy for obsessive compulsive disorder in children and adolescents (Review). *Cochrane Database of Systematic Reviews, 4.*

O'Neill, R. E., Horner, R. H., Alpine, R. W., Sprague, J. R., Storey, K., & Newton, J. S. (1997). *Functional assessment and program development for problem behavior* (2nd Ed.). Pacific Grove, CA: Cole Publishing Company.

Ost, L. G., Alm, T., Brandberg, M., & Breitholtz, E. (2001). One vs. five sessions of exposure and five sessions of cognitive therapy in the treatment of claustrophobia. *Behaviour Research and Therapy, 39*(2), 167-183.

Persons, J. B., & Burns, D. D. (1985). Mechanisms of action of cognitive therapy: The relative contributions of technical and interpersonal interventions. *Cognitive Therapy and Research, 9*, 539-551.

Rees, C. S., McEvoy, P., & Nathan, P. R. (2005). Relationship between homework completion and outcome in cognitive behaviour therapy. *Cognitive Behaviour Therapy, 34*(4), 242-247.

Reinecke, M. A., Ryan, N. E., & DuBois, D. L. (1998). Cognitive-behavioral therapy of depression and depressive symptoms during adolescence: A review and meta-analysis. *Journal of the American Academy of Child and Adolescent Psychiatry, 37*(1), 26-34.

Resick, P. A., Nishith, P., Weaver, T. L., Astin, M. C., & Feuer, C. A. (2002). A comparison of cognitive-processing therapy with prolonged exposure and a waiting condition for the treatment of chronic posttraumatic stress disorder in female rape victims. *Journal of Consulting and Clinical Psychology, 70*, 867-879.

Romens, S. E., Abramson L. Y., & Alloy, A. B. (2009). High and low cognitive risk for depression: Stability from late adolescence to early adulthood. *Cognitive Therapy and Research, 33*, 480-498.

Ruffolo, M. C., & Fischer, D. (2009). Using an evidence-based CBT group intervention model for adolescents with depressive symptoms: Lessons learned from a school-based adaptation. *Child and Family Social Work, 14*, 189-197.

Segal, Z. V., Gemar, M., & Williams, S. (1999). Differential cognitive response to a mood challenge following successful cognitive therapy or pharmacotherapy for unipolar depression. *Journal of Abnormal Psychology, 108*, 3-10.

Segal, Z. V., Kennedy, S., Gemar, M., Hood, K., Pedersen, R., & Buis, T. (2006). Cognitive reactivity to sad mood provocation and the prediction of depressive relapse. *Archives of General Psychiatry, 63*, 749-755.

Selekman, M. D. (1993). *Pathways to change: Brief therapy solutions with difficult adolescents*. New York: Guilford Press.

Shirk, S. R., Kaplinski, H., & Gudmundsen, G. (2009). School-based cognitive-behavioral therapy for adolescent depression: A benchmarking study. *Journal of Emotional and Behavioral Disorders, 17,* 106-117.

Smith, D. C., Larson, J., & Nuckles, D. R. (2006). A critical analysis of school-based anger management programs for youth. In S. R. Jimerson & M. Furlong (Eds.), *Handbook of school violence and school safety: From research to practice* (pp. 365-382). Mahwah, NJ: Erlbaum.

Stanford, E. J., Goetz, R. R., & Bloom, J. D. (1994). The no harm contract in the emergency assessment of suicidal risk. *Journal of Clinical Psychiatry, 55,* 344-48.

Stanley, B., Brown, G., Brent, D. A., Wells, K., Poling, K., Curry, J., et al. (2009). Cognitive-behavioral therapy for suicide prevention (CBT-SP): Treatment model, feasibility, and acceptability. *Journal of the American Academy of Child and Adolescent Psychiatry, 48,* 1005-1013.

Stirman, S. W., Bhar, S. S., Spokas, M., Brown, G. K., Creed, T. A., Perivoliotis, D., et al. (2010). Training and consultation in evidence-based psychosocial treatments in public mental health settings: The ACCESS model. *Professional Psychology: Research and Practice, 41,* 48-56.

Syzdek, M. R., Addis, M. E., & Martell, C. R. (2010). Working with emotion and emotion regulation in behavioral activation treatment for depressed mood. In A. M. Kring, & D. M. Sloan (Eds.), *Emotion regulation and psychopathology: A transdiagnostic approach to etiology and treatment* (pp. 405-26). New York: Guilford Press.

Treatment for Adolescents with Depression Study (TADS) Team. (2004). Fluoxetine, cognitive-behavioral therapy, and their combination for adolescents with depression: Treatment for adolescents with depression study (TADS) randomized controlled trial. *Journal of the American Medical Association, 292,* 807-820.

Van Oppen, P., de Haan, E., Van Balkom, A. J. L. M., & Spinhoven, P. (1995). Cognitive therapy and exposure in vivo in the treatment of obsessive compulsive disorder. *Behaviour Research and Therapy, 33,* 379-390.

Wenzel, A., Brown, G. K., & Beck, A. T. (2009). *Cognitive therapy for suicidal patients: Scientific and clinical applications*. Washington, DC: American Psychological Association.

Willumsen, T., Vassend, O., & Hoffart, A. (2001). A comparison of cognitive therapy, applied relaxation, and nitrous oxide sedation in the treatment of dental fear. *Acta Odontologica Scandinavica, 59*, 290-296.

Wolpe, J. (1969). *The practice of behavior therapy*. New York: Pergamon Press.

찾아보기 ━━━━━━━━━━━━━━

저자 소개

Torrey A. Creed, Ph.D.

Pennsylvania 대학교의 Psychopathology Research Unit과 Philadelphia 소아병원의 Center for Family Intervention Science의 임상심리학자이다. 그녀는 또한 Pennsylvania 대학교와 Philadelphia시의 행동건강 및 정신지체 서비스부의 협력체인 Child Expansion of the Beck Initiative의 프로젝트 디렉터이며 수석 훈련자이다. 이 협력체는 청소년의 자살, 우울, 외상, 약물남용, 우울, 불안 등을 포함한 다양한 문제와 장애를 예방하고 치료하기 위한 인지치료를 수행할 지역사회의 치료사를 훈련하는 역할을 하고 있다. 그녀의 주요 연구 관심은 인지치료, 청소년과 가족치료의 성과, 자살, 외상 등이다. 그녀는 학교의 아동 및 청소년에게 직접적 개입 서비스를 제공해 왔으며, 정신건강 돌봄 전문가들이 다양한 학교 장면에서 인지치료를 실행할 수 있도록 그들을 훈련시키는 역할을 수행해 왔다.

Jarrod Reisweber, Psy.D.

Philadelphia에 소재한 재향군인을 위한 Acute Services의 코디네이터이며, Pennsylvania 대학교 Psychopathology Research Unit의 프로그램 디렉터이다. 그의 임상적 관심은 자살예방, 약물남용 치료, 외현화 문제를 보이는 남성 대상의 개입 프로그램, 조현병의 인지치료 등이다. Reisweber 박사는 학교나 교정시설, 지역사회 정신건강 센터 등에서 인지치료를 수행하도록 상담자를 훈련해 왔으며, 고등학생을 위한 분노관리, 자살예방 프로그램 등에 대해 여러 국가에서 발표하였으며, 고등학교에서의 개입과 컨설테이션과 관련하여 출판하였다.

Aaron T. Beck, M.D.

Pennsylvania 대학교 의과대학의 정신의학 석좌교수이며, 인지치료의 창시자이다. 그는 21권 이상의 책을 저술하였으며 전문 과학 저널에 560편 이상의 논문을 발행하였다. Beck 박사는 많은 상을 받았는데, 여기에는 Rhoda와 Bernard Sarnat 국제정신건강상 (2003), Albert Lasker 임상의학연구상(2006), Gustav O. Lienhard상(2006), 미국심리학회 생애업적상(2008), Robert J.와 Claire Pasarow 재단 신경정신의학연구상(2008) 등이 포함된다. 그는 Beck Institute for Cognitive Therapy and Research의 소장이며, Academy of Cognitive Therapy의 명예회장이다.

역자 소개

이동형(Lee Donghyung)

미국 Texas A&M University 박사(학교심리학)

전) 휴스턴 교육청 학교심리학자

현) 부산대학교 사범대학 교육학과 교수

　학교심리사 1급(한국심리학회), 전문상담사 1급(학교-수련감독급, 한국상담학회)

장유진(Jang Yoojin)

미국 The University of Iowa 박사(상담자 교육 및 수퍼비전)

전) The University of Iowa 방문 교수

현) 한양대학교 상담심리대학원 부교수

　상담심리사 1급(한국심리학회), 학교심리사 1급(한국심리학회)

신윤정(Shin Yunjeong)

미국 Purdue University 박사(상담심리학)

전) Arkansas State University 심리 및 상담학과 조교수

현) 서울시립대학교 교육대학원 부교수

　상담심리사 1급(한국심리학회), 학교심리사 1급(한국심리학회), 전문상담사 1급(한국
　상담학회), Licensed Psychologist(미국 심리학자 자격증)

청소년을 위한
학교기반 인지치료
Cognitive Therapy for Adolescents in School Settings

2019년 6월 25일 1판 1쇄 인쇄
2019년 6월 30일 1판 1쇄 발행

지은이 • Torrey A. Creed · Jarrod Reisweber · Aaron T. Beck
옮긴이 • 이동형 · 장유진 · 신윤정
펴낸이 • 김진환
펴낸곳 • ㈜ 학지사
           04031 서울특별시 마포구 양화로 15길 20 마인드월드빌딩
대표전화 • 02)330-5114   팩스 • 02)324-2345
등록번호 • 제313-2006-000265호

홈페이지 • http://www.hakjisa.co.kr
페이스북 • https://www.facebook.com/hakjisa

ISBN 978-89-997-1861-8 93180

정가 17,000원

이 도서의 국립중앙도서관 출판시도서목록(CIP)은 서지정보유통지
원시스템 홈페이지(http://seoji.nl.go.kr)와 국가자료공동목록시스템
(http://www.nl.go.kr/kolisnet)에서 이용하실 수 있습니다.
(CIP 제어번호: CIP2019024335)

출판 · 교육 · 미디어기업 학지사
간호보건의학출판 학지사메디컬 www.hakjisamd.co.kr
심리검사연구소 인싸이트 www.inpsyt.co.kr
학술논문서비스 뉴논문 www.newnonmun.com
원격교육연수원 카운피아 www.counpia.com